新版

未開社会における犯罪と慣習

付 文化論

Crime and Custom in Savage Society

マリノウスキー◆著
青山道夫◆訳　江守五夫◆解説

新泉社

若き日の著者

『未開社会における犯罪と慣習』の諸版本　写真右より
第1版　改造社　1942年
第2版　日本評論新社　1955 年
原著　Crime and Custom in Savage Society
ROUTLEDGE & KEGAN PAUL LTD 1926

未開社会における犯罪と慣習

本書で使用している用語について

本書、マリノウスキー著『未開社会における犯罪と慣習』(Crime and Custom in Savage Society) の原書は一九二六年に出版されたものである。西欧の研究者の視点で、非西欧の「辺境」の地をフィールドワークする、という手法が主流であった人類学の世界において、その対象に「未開」(savage)、「原始」(primitive) といった形容詞を付けることに、当時は何らの疑問ももたれなかったのであろう。

本書においても、これらの用語が散見されるが、これが「差別意識」「特権意識」にもとづいて「他者」を一方的に定義づける不適切な表現であることを、現代のわたしたちは認識することができる。しかしながら、すでに「人類学の古典」と呼ばれる本書の歴史的位置づけをかんがみると、これを絶版にする、あるいは大幅に内容を改変する、といった行為は、かならずしも出版社の社会的使命を果たすことにはならないと小社は判断した。刊行当時における人類学の歴史的限界を冷静に認識し、個別の歴史的文脈の検証を地道に続ける作業の中から、人類学の新たなる展望と成果が生み出されんことを願い、最小限の訂正を除いては内容に一切手を加えることなく、新版としてそのまま復刻する決断をしたものである。

読者諸氏のご賢察をお願いする次第である。

二〇〇二年三月

新泉社　編集部

訳者の序

私の訳著マリノウスキーの『未開社会における犯罪と慣習』がこのたび、新泉社の〝叢書名著の復興〟の中の一冊として刊行されることになったことは、私としてまことに感慨深いものがある。私はこの旧訳著が新版として再刊されるにあたり、ふと次のような思い出がよみ返ってきた。もう十数年前にもなるがロンドンに滞在中、ある冬の夜フェスチバル・ホールで、ビーチャムの指揮するロンドンシンフォニーの〝ベートーベンの夕べ〟を聴きにいった。その夜は、曲目はコリオランの序曲のほか交響曲は第六番と第七番であったが、とくに第七は私にとって生《なま》で聴いたものとしては、これまでにない素晴らしい名演奏であった。このような感銘深い演奏の故でもあったろう、ビーチャムは、演奏後の聴衆の鳴りやまない拍手に答え、いく度もステージに歩を運んだが、あまりの拍手に、彼はステージに飾られたベートーベンの彫像を指し、拍手は自分へのではなく、ベートーベンへのものといったジェスチャーを示した。すると、とたんに拍手は一段と高まり熱狂した聴衆はなかなか退場する気配を見せなかった。

私はイギリス滞在中、幸いにもファース教授やエヴァンス・プリッチャード教授などの著名な民族学者と面談する機会をもったが、いま学術書の序文にこのような思い出を書いたのは、じつは原著者と翻訳者との関係にも作曲家と指揮者あるいは演奏者との関係に似たものがあるように思われたからに外ならない。この夜のビーチャムの態度が、あるいはとっさの機知であったかも知れない。が、それはそれとしてベートーベンの偉大さを聴衆に示した彼の態度は指揮者としてまことに立派だと思った。だから翻訳者としての私の場合をいえば、マリノウスキーの学説こそ高い評価を得ているのであり、私としては原著の意味、内容を誤りなく正確に伝える役割をもっているだけである。ところで、私がこの訳書をはじめて改造文庫版で世に送ったのは二十数年前のことであり、その頃の私は民族学に関心をもち、マリノウスキーの著書のいくつかを読み耽っていたとはいえ、どの程度にこれを理解し得たかは、はなはだ覚束かないものである。したがって、当時の私としては出来るだけの努力はしたのではあったが、訳者としての責任を十分果したかどうかは、いま反省して多少面はゆいものがある。そこでこんどの訳書の新版の刊行にあたっては、再版(日本評論社版)の際も多少は訂正したが、さらに正確を期し、全般にわたり有地亨教授の協力を得て旧訳の誤訳と思われるものあるいは不満足な表現をすべて改めた。また九州大学大学院博士課程の伊藤昌司君にも助力してもらった。

なお本書では、書肆からの懇望もあったので旧版にはなかった『文化論』(Culture) をも収めた。これも当初翻訳したのは終戦前のことであり、長く原稿のまま手許においていたものであるが、翻訳としてはわが国では未発表のものであり、かつマリノウスキーの文化についての考えを要約したものとして、『犯罪と慣習』とにも関連する点も少なくないので発表することにふっきった次第である。

このように、本書は旧稿を土台にしたものではあるが、旧訳そのものの再録ではなく、文字通りの改訳版ともいってよいと思う。次にこんどの新版にあたっては江守五夫教授に〝解説〟の労をとっていただいたし、また旧版の訳者序にも不完全ながら私じしんが解題にちかいものを書いたから、ここでは改めてこの訳書の内容には触れないことにする。ただ私としてはマリノウスキーの機能主義的立場に対しいろいろの批判はあるにしろ、マリノウスキーを除外して今日の文化人類学を考えることは出来ないのであり、またこれらの批判に対し彼の再評価も生まれていることをも併せて考えるべきものと思っている。ことに私のような民族法学に深く関心をもつ者にとって『犯罪と慣習』は画期的な意義をもつ書と考えているのである。思えば、戦後におけるわが国の民族学の発展はまことに目覚しい。マリノウスキーの著書についても私の『犯罪と慣習』の翻訳の初版以後その他の著書についても多くの翻訳がなされ、(私も有地教授との共訳で『未開家族の論理と心理』という書名で *Parenthood—The Basis of Social Structure* と *The Father in Primitive Psychology* とを訳し、有地教授が解説を書いた)また彼の学説についても数々の綿密な水準の高い紹介が行なわれている。これらについては江守教授の〝解説〟が触れられるわけであるが、私にとっては、とくに『西大平洋の遠洋航海者』における泉靖一教授の解説はまことに有益であった。私の新訂版の江守教授の解説とともに読者に是非読んでいただき、マリノウスキーへの理解を深めていただきたいと思う。

最後に Malinowski の日本語読みのことであるが、私は始めからマリノウスキーとしており、この読み方は私だけではないが、近時は、マリノフスキーとする学者が次第に増えているようにも思われる。発音の上からいえば、あるいはマリノフスキーが正確であるかもしれないが、イギリスの学者でも、私の経験では読み方は必ずしも一致してはいないようである。私はマリノウスキーが生まれはポーランドであるが、学者としてイギリスで大成し、しかも英文で書かれた著書論文が多いので、英語読みにマリノウスキーと表現し、こんどの新訂版でもそれを踏襲したわけである。しかし、必ずしも私の用語を固執しているわけではない。ただ当分の間はマリノウスキーで一貫するつもりである。

さきにもあげたように、この新訂版は江守教授の解説をはじめ、有地亨教授や伊藤昌司君の協力に負うことがきわめて大きい。これらの諸氏に対し改めて心からの感謝の意を表したい。また〃叢書名著の復興〃に本書を加えることを熱心に慫慂された玉井五一氏ならびに新泉社の小汀良久氏のご好意に対しても厚くお礼を申し上げる次第である。

一九六七年一一月

青山道夫

序

すでに十分理論において鍛えられ、問題、興味またおそらく先入観念を背負って現地研究を行なう現代の人類学研究者は、自己の研究を具体的事実および詳細な資料の範囲内に限定することもできなければまたそれほど慎重でもない。かれは原則的事態について啓発を受け、若干の自己の基本的難問題を解決し、一般的見通しに関する多くの疑点を処理すべき義務を負っているのである。すなわち、たとえば、未開人の思惟は本質的にわれわれ自身のものと異なるかあるいは同一であるのか、未開人はたえず多くの超自然的威力と危険のなかで生活しているのか、あるいはその反対にわれわれのいかなる者とも同程度に平静期を有するかどうか、氏族連帯は、あのように圧倒的なまた普遍的な力であるかどうか、あるいは邪教徒は、キリスト教徒と同様に利己主義であり自分勝手となることが可能かどうかなどについて、なんらかの結論に到達するはずである。

現代の人類学者は、その研究結果を詳細に記述するに際して、しぜん、確定した事実の記述にたいして自己のいっそう広汎なそしていくぶん散漫で把握し難い経験を付加し、原始文化の一般理論の背景にたいして慣習・信仰・組織の細目を提供する誘惑に陥りがちである。そしてこの小著もまた一現地調査者がかような誘惑に屈して生み出されたものである。しかし、わたくしはこの過誤——たとえこのことが過誤であるとしても——を軽減するために民族法学（*anthropological jurisprudence*）におけるより多くの理論、とくに未開人との実際的接触から生まれる理論がきわめて必要であることを力説したい。また、わたくしはこの著書において省察や概括が記述的部分から明瞭に区別されていることをも指摘したい。そして最後に大事なことを付言するならば、わたくしはわたくしの理論が臆説や仮説的再構成から成るものではなく、単に問題を系統立てて説こうとする試み、すなわち、この主題に正確な概念と明瞭な定義を導入しようとする一つの試みにほかならないことを主張しておきたいのである。

この論文が生まれるにいたった事情が、またこの論文が現在の形態をとることになったのにあずかっている。わたくしに大英王立学会（*Royal Institution of Great Britain*）の招請に応じて、はじめてこの論文の資料を整備し結論を構成した。そして一九二五年二月一三日の金曜の夜、該学会において『未開社会における法と秩序の力』と題する一編を朗読したのである。しかし、あいにく、わたくしの手にしている資料やわたくしの構成した結論は、一時間の講演ではとうてい包含しえなかった。でわたくしはそのいくつかを『自然《ネイチユア》』（*Nature*）誌上（一九二五年八月一五日の論文および一九二六年二月六日の補遺参照）に発表する特典を得た。そしてその全文がこの小著におさめられたのである。

わたくしは王立学会評議会にたいし、紙型の貸与を快くうけ、しかもその再刊の許可を得たことを感謝したい。わたくしが前記の論文の再刊の許可をうけえたのは、ひとえに『自然《ネイチユア》』の編集者たるリチャード・グレゴリ卿（Sir Richard Gregory）の尽力による。なおそのうえに、わたくしは以前の著述においても卿から受けた援助と激励とに負うことが多いのである。

この著書を準備するにあたって、わたくしはロンドン・スクール・オブ・エコノミックス（*The London School of Economics*）の民族学部において研究に従事されているレイモンド・ファース氏（Raymond Firth）から多大の援助を受けた。わたくしが氏の助力を得ることができたのは、ローラ・スペルマン・ロックフェラー記念学会（*Laura Spelman Rockefeller Memorial*）の援助による。この学会の委員会は近時社会科学の発達にたいするその関心の一端として、人類学の助成に格別の注意を払っている。急速に滅亡しつつある未開民族を研究することは文明――それは現実には原始的生活の破壊に携わっているのであるが――の義務の一つである。残念なことに、この義務は従来はなはだしく閑却されてきたのである。この作業は単に高い科学的、文化的意義を有するのみならず、またかなり大きな実践的価値をもたないわけではない。すなわち、実践的価値としてのこの作業は、白人が原住民にたいしてあまり有害な結果をもたらすことなく、原住民を支配し、搾取し、かつ、「改善」することの助力を与えることができるのである。

ローラ・スペルマン・ロックフェラー記念学会は、社会科学の一部門としての人類学にたいするその啓発的関心を通して、高貴な婦人――この人を記念するために学会は設立せられた――の永遠にわたる記念碑を建設することについて、現在および将来のヒューマニストの深い感謝を受けるであろう。

一九二六年三月　ニューヨーク市において

B・M

緒言

人類学はいまなお一般の素人や多くの専門家にとって主として好古的興味の対象である。未開という言葉は、いまなお荒唐で残酷なまた風変りな慣習や奇妙な迷信および戦慄すべき慣行などと同義語である。性的放縦、幼児殺戮、首狩、擬胎分娩《クウヴァード》、人肉嗜食などは、人類学をして大多数の人々にとっての魅力ある読み物としたのであり、また、それ以外の人々にとっても、厳粛な学問よりもむしろ好奇心の対象となしたのである。しかしながら、人類学には純粋に科学的性格を有する側面があり、それらの側面はわれわれをして経験的事実をこえて無制約な臆測の領域に導き入れることがなく、また、われわれの人間性についての見聞を広め、直接の実際的応用を可能ならしめている。たとえばわたくしはかかる題目の一として原始経済学をあげうる。それは人間の経済的傾性に関するわれわれの知識にとって重要であり、また、熱帯地方の諸国の資源を開発し、原住民の労働者を雇い、原住民と交易しようとする人々にとって重要である。さらにまた、未開人の思惟過程の比較研究のような題目もまたそれであり、この方面の研究はすでに心理家にとって実り豊かなことを証明しており、おそらく原住民の教育あるいは道徳的改善に携わる人々にたいしても有益なものとなるであろう。最後に大事なことを一つ言い残したが、原始法の問題、すなわち、未開部族の内部における秩序・統一・凝集を促進する各種の力の研究がある。これらの力についての知識は、原始的組織に関する人類学的理論の基礎をつくり、植民地立法や行政の指導原理を提供すべきものだったのである。いわゆる未開人についての知識が豊富になった結果、「なんじら邪教徒のみだらな装置」が放逸な欲情や無拘束な不節制の結果としてよりはむしろ、人間性の生物学的・精神的・社会的必要に基づく確固たる法と厳格な伝統の産物として生じたことが明らかになった。法と秩序は未開民族の部族の慣行に浸透し、日常生活の単調な過程もまた公的生活の主要な活動をも――それらが奇妙で煽情的なものであるとまた重要で神聖なものであるといなとをとわず――、支配するのである。しかし、人類学のあらゆる部門のうちで、原始法学は、近時において非常にぞんざいでまたきわめて不満足な処遇をうけたのである。

人類学は現代におけるほど、未開人の裁判やその執行の方法にたいして、無関心であったのではない。約半世紀以前には、とくにヨーロッパ大陸、とりわけドイツにおいて原始法研究は積極的に行なわれたのであった。バッハオーフェン (Bachofen)、ポスト (Post)、ベルンヘフト (Bernhüft)、コーラー (Kohler) その他比較法学雑誌 (*Zeitshrift für vergleichende Rechtswissenschaft*) をとりまいた著者などの名前を挙げれば、これらの人々によって為された業績の範囲と量と質を社会学者に想起せしめるに十分であろう。しかしながら、この業績はいちじるしく不利の地位におかれていた。これらの著者などは初期の非専門的民族誌学者の供する資料に依拠しなければならなかった。すなわち、問題についての方法・目的・知識をもってなされる現代の正規の教育を受けた専門家の実態調査は、いまだその当時は存在しなかったのである。原始法のような抽象的で複雑な問題については、非専門的な観察は概して役に立たないのである。

さらに未開人の法についての初期のドイツの研究者たちは、ことごとく「原始乱婚」と「集団婚」の仮説に陥ったのであり、それは、あたかもその当時のイギリスのヘンリー・メーン卿（Sir Henry Maine）があまりにも偏狭に父権的構成を固執して不利な地位にたたせられたと同様である。民族法学におけるこれらヨーロッパ大陸の努力の多くは——事実は徒労に帰したのであるが——モルガン（Morgan）の理論が正当であることを証明する仕事に向けられたのであった。「集団婚」の神話はかれらの議論や記述のすべてにその影を宿し、かれらの法的構成にその類似概念たる「集団責任」「集団的裁判」「集団的財産」および「共産主義」の概念、要するに未開人の間における個人的権利や責任の不存在の独断《ドグマ》の影響を及ぼせしめたのである。

すべてこれらの観念の基底には、原始社会においては個人は完全に集団——ホルド、氏族あるいは部族によって支配され、したがって、個人はその属する共同体の命令、その伝統、世論、命令にたいし隷属的、麻痺的、受動的に服従するという仮説が存している。そしてこの仮説は、未開人の精神状態や社会性についての現代のある論争の導因をなすものであり、いまなおフランスのデュルケーム（Durkeim）学派、大多数のアメリカおよびドイツの著書ならびに若干のイギリスの著書のうちに残っているのである。

このように初期の民族法学の学派は不十分な資料と根拠なき仮説によって不利な地位に立ったので、不自然でしかも役にたたない理論構成の袋小路に追い込まれざるをえなかった。その結果、この学派は真の持続力をもたないことを証し、当初はかないブームを喚びおこしただけでその後はこの問題のあらゆる興味はいちじるしく失われた——事実はほとんどまったくなくなった——のである。この問題についての一、二の重要な書物が現われた——すなわちシュタインメッツ（Steinmetz）の刑罰の起源に関する研究、デュルケームの原始刑法および民法の分析がそれである——。しかし全体としては、最初の刺激があまり生気づけるようなものでないことを示したので、現代の人類学者の大多数は理論においても現地調査においてもともに、その存在そのものすらをも無視しているのである。標準的な概説書《マニユアル》の『人類学についての覚書と質疑』（*Notes Queries on Anthropology*）のなかでは、「法」はその索引中にも内容目次のなかにも現われていない。そしてわずか数行が「政府＝政治」の項目のもとに法のためにあてられているにすぎない。もっともその説明はすぐれたものではあるが、いずれにしてもこの問題の重要性に相応するものではない。「社会組織」（*Social Organization*）についての故リヴァーズ博士（Rivers）の著書においては、原始法の問題はただ付随的に論じられているにすぎない。そして後にわれわれが知るように、著者の簡単な論及によっては、この問題は原始社会学のなかに包含せられるというよりはむしろ、追放されているのである。

現代の人類学におけるこの欠陥は、原始人の遵法性（*legality*）を見落したためではなくて、その反対に遵法性を過度に強調したことに基づくのである。このことは、逆説的に響くかもしれないが、しかし今日の人類学は、まさに原始法の完全性についての誇張した観念のみならず——同時にわたくしが付言するならば——その誤った観念のゆえにこそ、原始法を無視しているということが真実なのである。

未開社会における犯罪と慣習

目次

付録　原始法の特性——Hogbin, Law and Order in polynesia, 1934 への序文——

付 文化論

装幀　勝木雄二

未開社会における犯罪と慣習

第一部　原始法と秩序

1　慣習への自動的服従と現実の問題

未開人の間においては、行為の規範がたとえ厳格であり、面倒であり、また不愉快なものであっても、なぜそれが遵奉されるのであるか、私的生活、経済的協同、公的事件をきわめて円滑に進行せしめるものはなにであるのか、要するに未開人の法と秩序の力をかたちづくるところのものはなにであるか、われわれがこれらを調べてゆくとき、その回答は容易に与えられないし、人類学がこれまでに当然の任務として述べたものはけっして満足すべきものではない。「未開人」が真実未開人であり、その有するなけなしの法をただ気紛れにかつ放縦に遵守するにすぎないと主張されることが可能であったかぎりは、問題は存在しなかった。問題が現実となり、法の欠如というよりむしろ規範の過多が未開生活の特徴であることが明らかになったとき、科学的見解は反対の点に向き直ったのである。すなわち、未開人は法を遵奉する市民の典型とされたのみならず、部族の規則や羈絆に服する場合には、自己の自発的衝動の自然の傾向に従うのである。未開人はかようなやり方で、いわば、もっとも抵抗のすくない線に沿って生活してゆくということが公理になったのである。

未開人は――これは今日の有力な人類学者の見解であるが――伝統や慣習にたいして深い尊敬をもち、それらの命ずるところに自動的に服従する。そして未開人は世論や超自然的刑罰への恐怖と結合した「心理的惰性」を通して、あるいはさらに「集団本能ではないにしろ、普遍的な集団感情」を通してそれらに服するのである。こうして、われわれは最近の著書のうちにつぎの言葉を見出すのである。「未開人はルソーの想像した自由な束縛のない人間からははるかに離れた存在である。それどころか、かれはあらゆる方面において周囲の人々の慣習によって閉じこめられている。未開人はただに社会関係においてのみならず、宗教において、呪術において、産業において、芸術において、要するに生活の各方面において、記憶をこえた昔からの伝統の鎖のなかに縛られている」(ハートランド『原始法』*E. Sidney Hartlond, Primitive Law*, 一三八頁)と。われわれは「伝統の鎖」なるものが芸術において、社会関係において、産業において、また宗教において同一ないしは類似すらしているかどうかは疑わしいようにおもわれるという点をのぞけば、以上のすべてに同意していいかもしれない。しかし、すぐ「これらの羈絆はかれ(未開人)によって当然のこととして受けいれられており、かれはけっしてこれを破棄しようとはしない」と語られるとき――われわれは異議を申し立てなければならない。いかなる強制でもこれを当然なこととして受けいれるということは、人間性に反するのではないか。そして、人間は、文明人であると未開人であるとをとわず、不愉快で、わずらわしく、残酷な規則やタブーを、かつて強制せられることなしに遂行することがあったであろうか。かれが抗することのできないなんらかの力あるいは動機によって強制されるのではなかろうか。

だが、かような部族のすべての構成員の部族法にたいする自動的黙従、本能的服従は、原始秩序や規範にたいする帰依の探究の基底に横たわる根本的公理である。このようにして、この問題についての他の最高権威者たる故リヴァーズ博士は、まえに挙げた著書のうちで「社会生活を規整する無意識的もしくは直観的方法」について語っているのであり、この方法は、かれに従えば、「原始共産主義と密接に関連している」のである。そして、かれはさらにすすんでわれわれにつぎのように語っている。「メラネシア人のような原住民の間には集団感情が存在し、この感情は、あたかもそれが共同所有権の調和的作用を可能ならしめ、性関係の共産主義的組織の平和的性格を保証すると同様の方法で、権威の行使にたいして特定の社会機構をすべて不必要とするのである」(『社会組織』*Social Organization*, 一六九頁)。

かようにして、われわれはここでふたたび、「無意識」あるいは「直観的方法」、「本能的服従」およびいくぶん神秘的な「集団感情」が、法、秩序、共産主義さらに性的乱婚をも同様に説明することを確めるのである! これはまったくボルシェビキの楽園のように響く。しかしわたくしが直接に知ったメラネシアの社会に関してはたしかに正確ではない。同様の見解が社会学者たる第三番目の著者によって述べられている。かれはおそらく現存の人類学者の誰にもまして、精神および社会進化の観点からわれわれの未開人の組織の理解にたいして多くの貢献をなしてきた。すなわち、ホブハウス教授(Hobhouse)は文化のきわめて低い水準にある部族について語り、「かような社会は、もとよりその部族の構成員によって疑いもなく拘束として感得される慣習をもっているのであり、もしわれわれが法の意味をもって親族関係や友人関係の個人的紐帯から独立している権威によって強行される一連の規範と解するならば、かかる制度は、かれらの社会組織と相容れないものである」(『道徳の進化』

Morals in Evolution, 一九一五年 七三頁）と確言している。ここでわれわれは「拘束として感じられる」という言葉を問題にし、この言葉が問題を解決するかわりに現実の問題を隠蔽するのではないかどうかを尋ねねばならない。すくなくとも若干の規則に関してはおそらく中心的権威によって強制されるのではなく、現実の動機、利害関係および複雑な感情によって支持される拘束的な機構があるのではなかろうか。厳重な禁止、苛酷な義務、きわめて重苦しいそして苛烈な責任が、単なる「感情」によって拘束力あるものとなされうるであろうか。われわれはこのはなはだ貴重な精神状態についてもっと多くを知りたい。しかし著者は単にそれを当然のこととしているのである。さらに「個人的紐帯から独立している権威によって強行される一連の規範」としての法の最小限の定義は、わたくしにはあまりに狭隘にすぎ、適切な要素を強調するものではないとおもわれる。未開社会における多くの行為の規準のなかには、ある個人あるいは集団にたいする他の個人あるいは集団の強制的義務とみなされる若干の規範が存する。かかる義務の履行は、通常はその完了の程度に従って報いられる。しかるに一方怠惰な者にたいしては不承諾が報復されるのである。われわれの立場をかかる広い包括的な法律観のうえにおき、法を義務的のものとする力を探究するならば、われわれは権威や政府や刑罰の問題を論議するよりもはるかに満足すべき結果に到達することが可能であろう。

さらに他の代表的見解、すなわち、合衆国における最高の人類学的権威の一人の見解をとりあげるならば、われわれはローウィ博士（Lowie）がこれと非常に類似する見解をつぎのごとく発表しているのを見出す。「一般的にいうと、慣習的習俗の不文法はわれわれの成文法よりはるかにすすんで遵守せられる。いなむしろそれは自発的に遵守されるのである」(1)と。オーストラリアの未開人の法の遵守におけるる「欣然さ」をニューヨーク人と比較したり、あるいはメラネシア土人のそれをグラスゴーの非国教徒《ノンコンフオーミスト》と比較することは、危険な方法であって、その結果は、事実きわめて「一般的」なものとならざるをえず、またついにそれはあらゆる意味を失うのである。事実はいかなる社会も、法が「すすんで」また「自発的」に守られぬかぎり能率をあげて作用を営むことができないということである。強制の脅威や刑罰の恐怖は未開人たると文明人たるとをとわず、普通の人には影響しない。しかるにこれに反して、いずれの社会においても、不逞なあるいは罪を犯す分子に関しては、これらは不可欠のものである。また、あらゆる人間の文化のうちには多数の法、タブーおよび義務が存在し、これらはあらゆる市民を重圧し、大なる自己犠牲を要求し、そして道徳的、感情的な理由あるいは実際的理由から遵守せられる。がしかし、これにはなんらの「自発性」もないのである。

さらに言葉を加え、慣習にたいする自動的服従の独断《ドグマ》が原始法研究のすべてを支配していることを示すことは容易であろう。しかしながら、公平に言って、理論あるいは観察における不備は、すべてこの問題にきわめて多い真の困難と陥穽とに基づくものであることが強調されなければならない。

おもうに、この問題を極度に困難ならしめているのは、原始法を構成する力のきわめて複雑で、散漫な性質に存している。われわれは法の制定・施行・強制についての確定した機構を求めることに慣れているので、未開社会においてもこれと類似せるものを探し求め、そこに類似の規制を見出すことに失敗するや、われわれは、あらゆる法は、法を守らんとする未開人のこの神秘的な性質によって遵守せられると結論するのである。

人類学はここで、タイラー（Tylor）がその「宗教の最小限の定義」によって克服した困難と同様の困難に直面するかのようにおもわれる。法の力を中央権力・法典・裁判所および警察吏の点から定義すれば、われわれは法は原始社会ではいかなる強制をも必要とせず、自発的に服従されるとの結論に到達せざるをえない。未開人がきわめてまれではあるが、法をときおり破るという事実は、観察者によって記録されてきたし、人類学理論の樹立者によって考慮されてきたのである。そしてかれらは、刑法が未開人の唯一の法であることをつねに主張してきたのである。しかし、法が遵守されて無視されることのない正常な状態のもとにおいて未開人が法の規則を遵守することは、せいぜい部分的、条件的遵守にすぎず、しかも潜脱されがちであるということ、ならびに法は、処罰の恐怖とかあるいはあらゆる伝統にたいする一般的服従のような大仕掛の動機によって強制されるのではなく、きわめて複雑な心理的・社会的誘因によって強制されるということ――すべてこれらのことは近時の人類学が今日まで完全に看過してきた事態である。わたくしは以下においてこれを一民族誌学的地域、すなわち北西メラネシアにたいして実証し、その他の社会における法の状態に関するなんらかの観念を得ようものと、わたくし自身によって行なわれた観察と同性質の観察がそれらの社会にたいして拡張されなければならない理由を示すであろう。

われわれは諸事実にたいして目のまえにある問題についての弾力性あるそして広汎な概念をもって接近するであろう。そして「法」や法的力を探求するに際しては、われわれはただ、拘束力ある義務として受け入れられ、遵守されるところのあらゆる規範を発見し、分析し、その拘束力の性質を見出し、そしてまた規範が有効ならしめられる態様に従って規範をば分類することのみを試みるであろう。かくしてわれわれは、先入観念や既定の定義をもつことなく事実を帰納的に検討することによって、原始社会の規準や規範の満足をすべき分類に到達することができ、また原始法の他の慣習形態からの明確な区別および未開人の社会組織の新らしき動的な概念に到達することができることを了解するであろう。この論文のなかで述べられる原始法に関する事実は、メラネシア、すなわち、「共産主義」と「乱婚」、「集団婚」、「氏族連帯」および「自発的遵守」の古典的地域において記録されたものであるから、われわれが下しうるであろう結論――それはこれからの見出語とその象徴するすべてを処理するであろう――は、とくに興味あるものでありうるであろう。

註1　『原始社会』*Primitive Society* 裁判（"Justice"）の章、英国版三八七頁。

2　メラネシアの経済状態および原始共産主義の理論

さきにあげたメラネシア社会が存在しているトロブリアンド（Trobriand）群島は、ニューギニアの北東に位し、広い礁湖《ラグーン》を囲んでいる平坦な珊瑚島の集団から成立している。陸地の平野は豊沃な土壌で覆われ、礁湖は魚類にみちみちている。そして一方この平野や礁湖はともに住民に交通の便宜を与えているのである。したがって、この島嶼は主として農業と漁労に従事するが、また諸種の工芸技術に堪能であり、また商業交易に熱心な稠密な人口をささえている。

すべての珊瑚島嶼民と同様に、かれらはその時間の大部分を中央部の礁湖で費している。静かな凪の日には、湖は人や獲物を運ぶカヌーや、また多種多様の漁業組織のうちのどれかに従事しているカヌーで賑わっている。これらの営みについての表面的知識は人に恣意的な無秩序、無政府状態、組織の完全な欠如等の印象を残すのであるかもしれない。しかしながら、忍耐強き丹念な観察をすれば、やがて、原住民は単に漁労の一定の技術的組織や複雑な経済上の協定を有しているのみならず、またかれらの労働仲間の間には親密な組織があり、しかも社会機能の一定の部分を担当していることが明らかにされるであろう。

かくして、各カヌーのなかには一人のカヌーの正当な所有者がおり、一方その他の者は乗組員として働いていることが見出されるであろう。これらの人々はすべて一般には、同一の亜氏族（*sub-clan*）に属しており、相互的義務によって、相互にまた部落仲間に結合されている。全共同体が出漁するときは、カヌーの所有者は自分のカヌーの提供を拒絶することができない。かれは自分で出かけてゆくかまたはだれか他の者を自分のかわりに出さなければならないのである。乗組員も同様にカヌーの所有者にたいして義務を負っている。その理由はやがて後に明らかになるであろうが、各人は自己の仕事によって職分を果さなければならない。各人はまたその勤労に相当するものとして、獲物の分配で公平な分け前を受ける。かくしてカヌーの所有と使用は、一団の人々を労働仲間に結合する明確な責任と義務との系列から成立している。

事情をさらに複雑ならしめるものは、所有者や乗組員がかれらの特権をその親族や友人のだれにでも譲り渡す資格を有していることである。これはしばしば行なわれる。しかしつねにそれは報酬や報償を求めてなされるのである。かような事実の細部にいたるまですべてを把握せず、また各々の取り引きの複雑さのすべてをつきつめてゆかない観察者にとっては、かかる事態は共産主義に酷似してみえるのである。すなわち、カヌーは集団によって共同に所有され、その団体のすべての人々によって無差別に使用されるようにみえるのである。

リヴァーズ博士は、じじつ、われわれに「一般に必ずしもつねにではないが、共同所有の問題となるところのメラネシア文化の対象の一つはカヌーである」と語り、さらにすすんでこの説明に関連し、「財産についての共産主義的感情が、いかに広くメラネシアの原住民を支配しているか」に論及している（『社会組織』*Social Organization* 一〇六頁、一〇七頁）。別の著書において、この同一著者は「メラネシアのような社会における社会主義的、いなむしろ共産主義的行動」について述べている（『心理学と政治学』（*Psychology and Politics* 八六頁・八七頁）。なにものもかかる概括化よりはなはだしい誤謬はありえない。各人の権利には厳密な区別と限定とがあり、そしてこのことが所有権をして共産主義的でない他のものたらしめるのである。われわれはメラネシアにおいて複合せるまた複雑せる財産保有の組織をもつ。そしてこの組織はけっして「社会主義」とか、あるいは「共産主義」とかの性質を有するものではない。かくては現代の株式会社もまったく同じように「共産主義的企業」と呼んでもいいことになるであろう。じじつ、未開人の制度を今日の経済状態や政治的論争から借用した「共産主義」とか、「資本主義」とか、または「株式会社」といったような言葉で説明することは、誤解に導く以外にはありえない。

唯一の正当な方法は、法的事態を具体的事実の観点から記述することである。かくしてトロブリアンドの漁業用のカヌーの所有権は、カヌーを生産しその占有を享受している人々の集団によって、このカヌーが作られ使用され、また顧慮される態様に従って決定されるのである。カヌーの持主は、同時に仲間の首長として、またカヌーの漁労の呪術師として行動するのであるが、かれは古い舟が朽廃するときはまっさきに新らしい舟の建造の費用を負担せねばならない。そして新らしい舟を手入が行きとどいた状態で保存しておかねばならない。もっともこの場合は他の乗組員等の助力を受けるのである。以上の点においてはかれらはお互に相互的義務を負担して各自その部署につくのであるが、一方共同の漁労が取りきめられたときは、各カヌーが出漁せねばならぬ義務を負うのである。

舟を使用する際には、各共同所有者は舟のうちの一定の場所にたいして権利を有するのである。各人はカヌーのなかに各人の持場を有し、そのなすべき仕事をもち「船長」とか「舵主」とか「網係り」

とか、または「魚の見張り」とかのいずれかにあたる肩書をもっている。かれの持場や肩書は階級・年令・個人的能力の結合また技能によって決定される。各カヌーはまたカヌー隊のなかで各自の位置を占め、共同漁労の作業においてそのなすべき役割をもっている。かくして綿密に探究するときは、われわれはかかる仕事のなかに機能の分配の一定の組織と相互的義務の厳格な組織が存し、それらのなかへ義務の感覚と協同の必要の認識が、私利、特権、利得の認識をともなって、相ならんで入りこんでいるのを発見するのである。だからして、所有権をば「共産主義」とか、「個人主義」とかいったような言葉でもっても、また、「株式会社」組織とか、あるいは「個人企業」に関連せしめても定義づけることはできない。それは具体的事実と使用の状態によって定義されうるのである。それは共同所有者を目的物にまた相互の間に結びつける義務と特権と相互主義の総和である。

かくして、われわれの注意をひいた最初の目的物——原住民のカヌー——に関連して、われわれは法・秩序・一定の特権ならびに十分に発達した義務の体系に直面したのである。

3 経済的義務の拘束力

これらの拘束力をもつ義務の性質をいっそう深くみきわめるために、われわれは漁夫に従って浜辺へ行ってみよう。そして魚獲物の分配についてなにが起るかをみよう。大多数の場合に、ほんの少量の魚獲物しか村の人々には残らない。概して、われわれは島の奥地の共同体から出かけてきた多数の人々が、浜辺で待っているのを見出す。かれらは漁夫から数多の魚を受けとり、魚のまだ新鮮なうちにつくように走って家へ持って帰るが、その家は数マイルも離れていることが多い。われわれはふたたびここに二つの村落共同体の間の常設の協定に基礎をおく相互的奉仕と義務の組織を見出すのである。奥地の村落は漁夫に野菜を供給し、海岸の共同体は魚でその返済をする。この協定は元来は経済的協定である。がそれはまた儀式的側面をももっている。というのは、その交換は手のこんだ儀式に従ってなされねばならないからである。しかしまた法的側面、すなわち相互的義務の体系も存在するのであり、それによって漁夫は奥地の相手方から贈り物を受けたときはつねにお返しを強制させられ、またこの逆の関係も行なわれているのである。相手方は拒絶することもできなければ、そのお返しの贈り物を節減することもできず、また遅延することもできない。

これらの義務の背後にある原動力はなになのか。海岸および奥地の村落は、それぞれ食物の供給を受けるために互に返礼しあわねばならない。海岸では原住民はけっして十分な野菜類の食糧を持つことはできないし、一方奥地では住民はいつも魚類を必要としている。のみならず慣習によれば、海岸では盛大な儀礼の挙行や食物の分配がこれら原住民の公的生活のきわめて重要な部分をつくるのであるが、それらはつねに奥地の肥沃な平野にのみ産する野菜類の食物の一定のとくに種々取り混ぜたものをもってなされねばならぬことになっているのである。他方において、奥地においては分配と饗宴の相応の物資は魚類なのである。このように相互に稀少な食物を尊重するという理由はその他にもいろいろあるが、すべてこれらに二つの地方の人為的、文化的につくられた相互依存が付加されている。したがって、すべての点から考察して、各共同体はその相手方をきわめて必要としているのである。ところで、もしあらかじめいつでもかれらが怠慢の罪を犯すならば、かれらはなんらかの方法で厳しく処罰されることを知っている。それゆえに、それぞれの共同体は、その権利を強制する武器を有している。これが相互主義（*reciprocity*）である。これは魚類と野菜類との交換に限定されるのではない。一般に二つの共同体は、ひとしく他の通商や相互的奉仕の形態で相互に依存している。かくして相互主義のすべての連鎖は、相互関係の全組織の重要な部分であることによって、さらにいっそう拘束的のものとされるのである。

4　相互主義と二分組織

未開人の社会組織における相互主義の重要性を十分認識している著者はただ一人しかない。ドイツの指導的人類学者たるベルリンのトルンワルト教授（Thurnwald）は「社会組織の均衡」（*Symmetrie des Gesellschaftsbaus*）とそれに対応する「行為の均衡」（*Symmetrie von Handlungen*）とを明瞭に認めている。(1) トルンワルト教授はおそらく、現存の未開部族の社会組織についてのもっともすぐれた説明とおもわれる教授の論文を通して、どのように社会構成の均衡が原住民の生活に浸みわたっているかを示している。しかしながら、法的拘束の形態としての均衡の重要性は、著者によって明白には述べられていない。著者は相互奉仕の継続と妥当性を保護する均衡の社会的機能よりはむしろ、「人間の感情における」その心理学的基礎に注目しているようである。

部族双分制（*tribal dichotomy*）の古い学説、すなわち、「胞族」（*phratries*）あるいは「半族」（*moieties*）の「起源」および部族の再区分における二分性に関する論議は、この双分の外面的現象の内的または示差的基礎に立ち入ることはなかった。故リヴァーズ博士およびその学派による「双分組織」についての最近の研究は、現象それ自体を分析するかわりに秘められた原因を探し求めるという欠陥にひどく災されている。二分の原理は「融合」の結果でもなければ、「分裂」の結果でもなく、またその他の社会学上の異変の結果でもない。それは、それを欠けばいかなる原始共同体も存在することができない、あらゆる社会的取り引きの内部的均衡と奉仕の相互主義の主要な帰結である。二分組織は一つの部族が二つの半族に区分される際にあきらかに現われる場合もあるし、あるいはほとんど全面的に抹殺される場合もあろう――しかしあえて述べるならば、注意深き調査がなされるときはいつでも、あらゆる未開社会において、構造の均衡が相互的義務の不可欠の基礎として見出されるであろう。

相互主義の関係がとりきめられるのは社会学的な方法においてであるが、それはこの関係をさらにいっそう厳格なものとする。二つの共同体間においては、交換は偶然的に行なわれるのではなく、また二人の個人がでたらめに相互に取り引きするのではない。それとは反対に、すべての者が交換においては恒久の相手方を有し、この二人が互に取り引きしなければならない。かれらはしばしば法律上の親族か、しからざれば盟友か、あるいはクラ（kula）と称される重要な儀礼的交換組織中の相手方である。さらに各共同体の内部では、個々の相手方はトーテム亜氏族（*sub-clan*）のなかに組み入れられる。それゆえ、交換は経済的性質をもつ社会学的紐帯の体系を確立する。しかも、それは、個人と個人、親族集団と親族集団、村落と村落、地域と地域との間の他の紐帯と結合することもしばしばである。

さきに述べた関係や取り引きをもう一度調べてみると、相互性についての同じ原則が各規範を是認しているのが容易にわかる。あらゆる行為には社会学的二分性が存在している。すなわち、奉仕と役目を交換する二人の当事者があって、それぞれは他方の行為の遂行の程度やその公正さを見守っている。カヌーの舟主はその利害も野心も舟と切っても切れない関係にあり、かれは舟の乗組員間の内部的取り引きの秩序に注意し、外部的には乗組員を代表するのである。かれにたいしては、舟の各乗組員は舟の組み立ての際に――またその以後においてさえも、共同作業を必要とするときはいつでも義務を負うのである。その代償に舟主は、進水式の祝宴の際には各人に儀礼的給付をしなければならず、まただれにたいしてもその舟のなかの役目を与えないわけにはいかない。しかしてまた、舟主は、各人が獲物の公平な分け前を受けるのを監視しなければならない。以上の点において、またあらゆる多種多様な経済的活動において、原住民の社会的行動はよく評価されたギブ・アンド・テイクに基礎をおき、つねに精神的に照査されており、結局において均衡が保たれているのである。無差別な免責あるいは特権の承認も存しない。また貸借関係の証拠たる割符（tally）や所有の記号たる耳じるし（ear-mark）にたいする「共産主義的」な蔑視もない。あらゆる取り引きが自由で容易な方法で行なわれることや、すべてのものに行きわたり、どんな障害や不調節をもカバーしているよい身だしなみによって、皮相的な観察者が一貫して流れている強烈な私欲や油断のない勘定を看取することを困難ならしめられている。しかし、現住民をしたしく知る者にとっては、これ以上に明白なものはない。舟主が舟のなかで行使すると同様の統制が、共同体の内部においては、一般には世襲的呪術者でもあるところの酋長によって行使されるのである。

註1 「しかしわれわれは行為の均衡を報償の原理と名づける。これは人間の感覚のうちに——適正な反動として根強く横たわっており、すでにはやくから、社会生活における重要な意義が付与されている」（*Die Gemeinde der Bánaro*, Stuttgart, 一九二一年、一〇頁）。

5 法・利己主義および社会的野心

相互的義務の強制以外にも漁夫をしてその仕事を引き受けさせる他の原動力があることを付言す

る必要はほとんどない。労働からもたらされる利益、新鮮なすてきな食物にたいする欲望、おそらくそれにもまして、原住民にとり強烈に心を奪う気晴らしとなっているものの誘引力がある——これらはわれわれが法的義務として述べたところのものよりも、はるかに明確に、はるかに意識的ですら、またはるかに効果的にかれらを動かすのである。しかし、社会的強制、すなわち、他人の有効な権利や主張にたいする尊敬は、それがひとたびのみ込まれさえするならば、原住民の精神にもまた行動にもつねに支配している。そしてまたそれは、かれらの制度の円滑な活動を保証するためにも欠くべからざるものである。なぜならば、あらゆる楽しさや誘惑にもかかわらず、それぞれの場合に気乗りがしない、不気嫌な、またなにか他の対象に——きわめてしばしば不当な男女関係に——心を奪われている少数の人々があり、かれらはできるならば自己の義務を免れようと欲しているからである。一群のメラネシア人を共同一致の行為をとることを必要とする簡単な興味ある労働のためにさえ組織することは不可能ではないにしても、いかに困難であるかを、また、原住民はかれらの慣習的な仕事にはいかに都合よく容易に従事するかを心得ている者はだれでも、他人はそれが自分の労働であると主張する権利があるという原住民の確信に基づく強制の機能と必要とを理解するであろう。

義務をさらにいっそう拘束的のものとする他の力がまだ存在する。わたくしはすでに取り引きの儀礼的側面を述べたことがある。すでに述べた交換の組織における食物の供与は、厳格な形式に従って、すなわち、とくに作られた木の枡に入れ、儀式的な行列をつくり法螺貝を吹き鳴す一定の方法で運ばれ提供されねばならないのである。メラネシア人の精神を支配するものは、食物と富の誇示に結びついた野心と虚栄より大なるはない。贈り物をする際や自分の余剰物を分配する際には、かれらは権力の表示と人格の誇張とを感得する。トロブリアンド島民は自分の住んでいる小屋よりも立派に作られ、非常に飾りたてられた家屋のなかに食物を貯蔵する。鷹揚さはかれにとっての最高の美徳であり、富は権勢と位階の本質的要素である。半商業的取り引きと一定の公的儀礼の結合は、特殊の心理的機構、すなわち、誇示の欲望、気前がよいとおもわれたいとする野心、富と食物の蓄積とにたいする極端な尊敬を通して義務の履行についての別箇の拘束力を与えるのである。

　われわれはかくして、ある種の行為の規範を拘束的法となすところの精神的および社会的力の性質について若干の洞察を得たのである。しかも、この拘束力は、必要なものではない。原住民はその威厳を失うことなくまた将来の所得を失うことなく義務を避けることができるときにはいつでも、文明社会の実業家がなすとまったく同様に義務を回避する。義務の履行に際して、しばしばメラネシア人に帰せられる「自動的円滑」をいっそう綿密に研究するならば、取り引きにはたえず障害がともない、また多くの不平やせめ合いがあり、完全に相手方に満足する者は稀であることが明らかになるであろう。しかし全体としては、かれは提携関係を維持し、また全体として、すべての人が自分の義務を履行せんと試みるのである。というのは、その者は一部はすすんだ利己心により、また一部はかれの社会的野心と感情によってそのようにすることを強制されるからである。熱心に義務を回避したがるが、また義務を果したときは威張り散らし、自慢する実際の未開人をとりあげ、これを奴隷のごとく慣習に服従し、あらゆる規則を遵奉する人類学者の手先と比較してみるがよい。その問題についての人類学の教えるところと原住民の生活の実態との間には、わずかな似寄りすらも存しない。われわれは、法にたいして機械的に服従するという独断《ドグマ》が、現地調査者をしていかに原始的法組織の真の関連した事実を調査することを妨げたかをいまや知りはじめているのである。われわれはいまや法的規範、すなわち、一定の拘束的義務をともなう規範は、単なる慣習の規範からは離れていることを理解する。われわれはまた実定的命令よりなる民事法は単なる禁制の集りよりもはるかに発展していること、しかも、未開人の間における純然たる刑法の研究は、かれらの法生活のもっとも重要な現象を見落すものであることを知ることができる。

さらにまたわれわれがこれまで議論してきたところの規範の類型は、疑いなく拘束力ある法的規範ではあるが、絶対的に規定され、厳格にまた完全に遵守されるところの宗教的おきての性質をけっしてもっていないことは明らかである。ここに述べられた規範は、本質的に弾力性をもちかつ調整しうるものであり、相当の範囲の自由が許されている。そしてその範囲内において規範が履行されることをもって満足すべきものとみなされるのである。魚のかたまりや、ヤム芋の山やタロ芋の束はただ大ざっぱに算定され、当然、交換される量も、漁期や収穫期に獲物が豊富であるかいなかによって異なるのである。すべて以上のことは考慮に入れられ、ただ故意の吝嗇、不注意あるいは怠慢のみが契約の破棄と考えられるのである。さらに、贈り物は名誉と賞讃の原因になる事であるからして、一般の原住民は多くのものを惜し気もなく与えて自己の全資力を濫用するのである。のみならず、原住民は、極端な熱心や気前のよさは、はやかれおそかれ当然報いられることになることを知っている。

いまやわれわれはこの問題の狭い厳格な概念――すなわち、犯罪の場合における裁判の遂行の機構としての「法」の定義――は、われわれがこれまで挙示してきたあらゆる現象を無視するものであるということを知りうるのである。これまで述べたすべての事実において、法の要素あるいは法の様相、すなわち、有効な社会的強制のそれは、人々をしてかれらの義務を守らしめるところの複雑な取りきめのうちに存するのである。そのうちでもっとも重要なのは、多くの取り引き行為を相互的奉仕の連鎖に結合させるところの態様である。もっともこれらの奉仕のすべては、来るべき日に返礼されれねばならないのである。一般にこれらの取り引きを遂行する公的なかつ儀礼的な方法は、メラネシア人の大きな野心や虚栄をともない、これまた、法の保護力を増大するのである。

6 宗教行為における法規範

わたくしはこれまで主として経済的諸関係を挙げてきたのである。なぜならば、民事法は未開人においてもわれわれと同じように、主として所有権とか富に関連するからである。しかし、われわれは部族生活の他の領域にも、法的様相を発見することができたのであった。一例として、儀礼的生活のなかでもっとも特徴的な行為――死者にたいする服喪や涕泣の儀式をとりあげてみよう。もとよりまず第一に、われわれはその儀式のうちにそれらの宗教的性格を看取する。すなわち、それらは死者にたいして向けられた敬虔な行為であり、故人の霊魂にたいする畏怖とか愛惜とかまたは気遣いの感情からひき起されたものである。それは儀礼および感情の公的表示として、共同体の儀礼的生活の一部である。

しかしながら、かかる宗教的行為にたいしてだれが法的側面を感づく者があるであろうか。がしかし、トロブリアンドにおいては、それが他の遺族のある者にたいする履行者の義務と考えられないところの埋葬行為や儀式は一つとてない。寡婦は儀式的涕泣のうちにまた宗教的敬虔や畏怖のうちに悲しみ慟哭する――しかしそれはまた彼女の深い悲しみは死んだ夫の兄弟や母方の親族等に直接の満足を与えるという理由からでもある。親族関係や服喪についての原住民の理論に従えば、実際に親族を失うことになる者は母系親族集団である。妻は、たとえ夫と一緒に生活したのであるにしろ、また、夫の死の際には悲嘆すべきであるにしろ――もっとも妻は実際に、心から悲しむ場合が多いが――母系親族関係の規範によっては、単に他人としてとどまるにすぎない。したがって、夫の氏族の生残構成員にたいして、悲しみを表示し、長期間の喪に服し、夫の死後数年間は夫の顎の骨を携えることは、彼女の義務である。しかしてまた、この義務は相互主義をともなわないのではない。夫の死後約三日たって行なわれる最初の大規模な儀式的分配に際して、彼女は夫の親族から彼女の悲嘆の代償として儀礼的報酬と実質的報酬とを受ける。そしてその後の儀式的饗宴に際しては、つぎの服喪の尽力の代償としてさらに多くの報酬を受けるのである。原住民にとって服喪は、夫婦間また夫婦のそれぞれの家族間における相互主義の生涯の連鎖のなかの一つの環にすぎないことをもまた、心にとどむべきである。

7 婚姻法

このことは、現住民の法の理解にきわめて重要な婚姻の問題にわれわれを導く。婚姻は単に夫と妻の間に紐帯を確立するのみならず、夫と妻の家族、ことに妻の兄弟との間に互恵性の永続的関係を課するのである。婦女とその兄弟は、独特でまたきわめて重要な親族紐帯によって相互に義務を負わされている。トロブリアンドの家族においては、婦女はつねに一人の男——彼女の兄弟の一人か、兄弟がなければ最近の母系親族の男子——の特別の保護のもとに立っていなければならない。彼女はその男子に服従しなければならず、また多くの義務を果さねばならない。同時に、その男子は彼女の幸福に留意し、また、彼女が結婚したのちでも、彼女に経済上の援助をしなければならない。

兄弟は彼女の子供らの当然の監護者となる。したがって、彼女の子供らは、父親ではなくかれをその家族の法律上の家長とみなさなければならない。そのかわり、かれはそれらの子供らの面倒をみ、その世帯に消費する食物のかなりの分量を供給しなければならない。しかしこのことは、婚姻が夫方居住制（*patrilocal*）であり、娘は夫の共同体へ移っているのであるから面倒である。したがって、収穫期にはいつもこの地域全般にわたって、一般に経済上の変転（*chassé-croisé*）が存在するのである。

作物が取り入れられたのちには、ヤム芋が類別され、おのおのの畑から摘み取ったヤム芋が円錐形の山に積み重ねられる。各菜園にある主要な堆積はつねに姉妹の世帯のためのものである。この食物の誇示にささげられた一切の手腕と労働の唯一の目的は、栽培者の野心を満足することである。全共同体が、いな全地域が畑の作物を見、その説明を加え、批評を下し、また賞讃するのである。わたくしの報告者の言葉に従えば、大きな堆積はつぎのごとく語るのである。「わたくしが自分の姉妹やその家族のために為したものを見給え。わたくしは良い畑作りだ。わたくしの最近の親族や姉妹やその子供らは食物の不足で困ることはけっしてないだろう」と。数日の後にはその堆積は取り払われ、ヤム芋は籠に入れられて姉妹の村落へ運ばれ、そこでは、ヤム芋が姉妹の夫のヤム芋小屋のまえに以前とまったく同じような形に積み重ねられる。そこでふたたびその共同体の人々がその堆積を見物し、それを感嘆するのである。この行為のすべての儀式的側面がわれわれがすでに知ったところの拘束力をもっている。誇示、比較、公開の評価は贈与者に一定の心理学的強制を課する——すなわち、それらは、仕事が成功してかれに気前のよい贈与をなすことを可能ならしめるときは、かれに満足と報償を与える。そして無能・吝嗇または不運の報いとしてはかれを罰し、その自尊心を傷つけるのである。

野心以外に相互主義が、他のあらゆる場所におけると同様にこの行為のなかに浸透している。じっさいときには、この行為はほとんど義務の履行の行為に近いものとなるのである。まず第一に夫は毎年の収穫期の贈物にたいし、一定の定期的な贈与によってお返ししなければならない。後になって、子供が成長すると、子供は直接その母方のおじの権力に直接服するようになる。すなわち、少年たちはおじの手助けをし、あらゆる事でおじを援助し、おじがなさねばならない一切の支払の一部の分担をしなければならない。母系社会においては、かれの姉妹の娘は直接かれのために尽すことはほとんどなく、間接的である。すなわち、その彼女らはかれに二世代以下の相続人と子孫を供与するのである。

このように、収穫物の提供をその社会学的な脈絡のうちにおき、それらの関係の将来を展望するならば、その行為のいずれもがすべて相互主義の連鎖のなかの一つの環として承認されていることを理解する。しかし、行為を一つとりあげその周囲から引き離すならば、各行為は意味をなさない。それは、負担に堪え難い、また社会学的に無意義な、しかもまた疑いなく「共産主義的」のものにみえるであろう! この農作物の間接な分配よりも、なおいっそう経済的にばかげたものが他になにがありえようか。この分配ではすべての男子がかれの姉妹のために労働し、そのかわりにかれの妻の兄弟に依存しなければならず、またそこでは、実際の労働よりも、誇示や陳列や物資の移動にはるかに多くの時間と精力が浪費されるようにみえるのである。がしかしいっそう綿密な分析をすれば、この一見不必要にみえる行為のいくつかは有力な経済的刺激であり、また、他の行為は法的拘束力を与え、しかしてさらに別箇の行為は、原住民の親族観念の直接の結果であることがわかるのである。それからまた、もしわれわれがこの相互的義務の連鎖のなかのどの環をも強調しすぎることなく、これらの諸関係を全体的に観察しさえするならば、われわれはかかる諸関係の法的側面を理解することができるということも明らかである。

8 部族生活に浸透せるギブ・アンド・テイクの原則

前述の諸章のなかで、われわれは、婚姻関係、漁労仲間における協同、奥地村落と海岸村落間の食物の交換、服喪の一定の儀式的義務などの法的様相を例証する一連の光景を原住民の生活のなかにみたのである。これらの実例はかなり詳細に提示されたのであって、それは、わたくしにとって法の真の機構とおもわれるものの具体的な作用、すなわち、人にその義務を遵守せしめようとするところの社会的、心理的強制、現実の力、動機、事由を明らかならしめんとする目的に出たのである。もし紙幅が許すならば、これらの孤立せる事例を一つの論理的統一ある絵とし、部族生活のあらゆる社会的関係やあらゆる種類の領域において、同一の法的機構が正確にたどりうること、しかも法的機構は拘束的諸義務を特殊の範疇におき、それらを他の慣習的規範の類型から取りのけておくことを示すのは容易である。しかし、包括的ではあるがそそくさとした概括で満足しなければならないであろう。

まず最初に経済的行為をとりあげてみよう。物資や奉仕の交換はたいがい常置的な共同関係の内部で行なわれるか、あるいは一定の社会的紐帯と結びつくか、または非経済的事態の相互性と連結する。全部ではないとしても大多数の経済行為は、結局において均衡をとり双方を平等に利する相互主義的な贈与とその返礼の贈与の連鎖に属することが見出される。

わたくしはすでに北西メラネシアにおける経済事情についての説明を『トロブリアンド島民の原始経済事情』(“*The Primitive Economics of the Trobriand Islanders*” *Economic Journal*, 一九二一)および『西太平洋のアーゴノーツ』(*Argonauts of the Western Pacific*, 一九二三)のなかで与えておいた。その書の第六章はここで議論されている事柄、すなわち、経済的交換の形態に関する、原始法についてのわたくしの考えはその当時においては熟していなかった。したがって、その書では、諸事実はいま議論しているものとなんらの関連もなく提示されたのである――もっともそのゆえにそれらの検証はいっそう有効ではあったろう。しかしながら、わたくしが提供（*offerings*）の範疇を「純粋の贈与」として述べ、夫の妻にたいする贈与として記述し、この項のもとに夫の妻にたいする贈与と父の子にたいする贈与をおいたときには、わたくしはあきらかに誤謬を犯していたのである。わたくしは実際その当時において、さきに曝露した誤謬、すなわち、行為をその前後の脈絡から切り離す誤謬やまた行為の連鎖について十分長期にわたる観察をしない誤謬を犯したのであった。しかしながら、同じ節において、わたくしは「父から子にたいしてなされる贈与は、夫の親族からの母への返償であると（原住民によって）いわれている」（一七九頁）と述べて、わたくしの誤りを、暗黙のうちに訂正する補足をなしている。わたくしは同書では、妻にたいする「自由贈与」もまた同じ観念に基礎をおいていることを指摘した。しかしこの事情についての本当に正確な――法的見地および経済的見地の双方からの正確な――説明は、一方では夫と他方では妻、子、妻の兄弟との間で交換される贈与、義務および相互的利益の全組織を包含しなければならないものであったろう。もしそうならば、原住民の観念においてはこの組織がきわめて複雑なギブ・アンド・テイクに基礎をおいていることおよび結局において相互奉仕が均衡をとるものであることが見出されたのであろう。(1)

なぜすべてこれらの経済的義務が正常に遵守されまた周到に遵守されるかの真の理由は、義務を履行しえないということが、人をして堪うべからざる地位におき、また履行の懈怠は人に汚名をきせるからである。経済的取り引きにおいて頑強に法の支配を拒否せんとする者は、やがて社会的および経済的秩序の埒外におかれると感ずるのであろう――そしてかれは十分にこのことを知悉している。多数の原住民が怠惰・偏屈あるいは仕事における非協力的精神から、かれらの身分にともなう義務をあえて無視して、自動的に浮浪者となり白人の厄介者となる今日において、実例はあるのである。

立派な市民は自分の義務を履行すべき拘束を受ける。もっとも、かれの服従は本能、直覚的衝動あるいは神秘的「集団感情」に基づくのではなく、あらゆる行為が固有の役割をもち、失敗をすることなく遂行されねばならないところの、組織の委曲を尽した精巧な作用に基づくものではあるが。しかし原住民は、どんなに怜悧であろうとも、この事情を一般的抽象的方法で体系的に述べたり、あるいは社会学的理論としてそれを示すことはできない。もっとも、すべての者がその存在を十分よく知悉しており、しかも、それぞれの具体的事例では、その結果を予見することができるのである。

呪術的および宗教的儀式においては、ほとんどすべての行為はその第一義的目的と結果のほかに、団体と個人の間の義務として考えられ、またここでもはやかれおそかれ慣習によって要求される等価値の返報あるいは奉仕のお返しが生ずるのである。呪術はそのもっとも重要な形態においては公的制度であり、その制度において、一般にその地位を世襲によって保持している公共的呪術者が全集団のために職務を行なわなければならない。かくのごときが、菜園、漁労、戦争、天候およびカヌーの建造の呪術において存在する事情である。しかして適当な季節あるいは一定の事情において必要が生ずるときは、呪術者は呪術を遂行し、タブーを守り、そしてときによってはまた全事業を支配する義務を負うのである。これにたいして、かれは少量の供物をもって酬いられるが、それはただちに与えられ、また、しばしば儀式の手続のなかに組み入れられている。しかしながら、真の報酬はかれの地位に基づいて授与される名声、権力、特権のうちに存するのである。(2) 小さなあるいはたまに行なわれる呪術、たとえば恋の呪禁術、治病の儀式、妖術、歯痛や豚の安泰の呪術が他のなにびとかのために行なわれるときには、報酬は十分に支払わねばならない。そして、依頼者と本職の呪術者との間の関係は慣習によって定められる契約に基礎をおくのである。いまわれわれが論じている見地からは、われわれは、公共的呪術のすべての行為が施術者にとっての義務であり、また、それを遂行する義務は大多数の場合世襲的であって、しかも、つねに権力と特権の地位である公的呪術者の身分にともなうことを記録しなければならない。いかなる呪術者でもその地位を放棄し、それをつぎの承継者に引き渡すことはできるであろう。しかし、かれはひとたびその地位を引き受けた以上は、義務としてかかる仕事を遂行せねばならぬ。そして共同体はそのかわりかれにその当然の受くべき一切のものを与えなければならない。

一般に呪術的よりはむしろ宗教的と考えられるであろう行為——生誕あるいは婚姻の儀式、死あるいは葬礼や服喪の儀礼、亡霊、霊魂あるいは神話的人物の祭祀——については、それらの行為もまた、まえに述べた埋葬の行為の場合に明瞭に検証された法的側面を有している。宗教的性質のあらゆる重要な行為はその対象、すなわち、崇拝される亡霊、霊魂あるいは力にたいする道徳的義務として考えられる。またそれは行為者のなんらかの感情的欲求をも満足せしめるのである。しかし、すべてこれらのほかに、この行為は事実として社会組織のうちにその地位を占め、第三者たる個人あるいは集団によってその者の当然なすべきものと考えられる。そして監視されたのちにその行為は報いられ、あるいは物で報酬を受けることがある。たとえば、毎年死者の亡霊がその村落に帰ってくるときには、だれでも死せる親族の霊魂に供物をささげ、かれの感情を満足させ、また疑いもなく食物の霊的要素を食べるかれの霊的食欲を満足させるのである。おそらくだれでも愛する死者にたいする自身の感情をもまた表現するであろう。しかしまたそこには社会的義務も包含されているのである。すなわち、数日の間食物が曝され、霊魂がその霊魂の分け前を平らげてしまうと、その残余の部分は――霊魂がそれを取り去ったのちも通常の消費として普通より悪くはみえない――まだ生きている友人あるいは法律上の親族に与えられる。すると、その者たちは後になって貰ったものに相応する贈り物を返すのである。(3) わたくしは宗教的性質の行為として、行為の主要な宗教的機能と多少とも直接に結合せるなにかかかる社会学的傍系現象をともなわないものは、一つとして心に想い浮べることはできない。かかる行為の重要性は、宗教的義務であることのほかに、その行為を社会的義務となす事実に存するのである。

わたくしはなお部族生活の他の現象を概観しつづけ、すでにまえに例証した家族関係の法的様相をさらに十分に論議するか、あるいは大仕掛な事柄の相互主義に及ぶことなどもできたのである。しかし、いまやこれまでに挙げた委曲を尽した事柄が例外的孤立的事例ではなく、原住民の生活のあらゆる活動において得られるところの代表的事例であることは、明瞭になってきたに違いない。

註1 マルセル・モース氏 (Marcel Mauss) によって *L'Année Sociologique, Nouvelle Série* の第一巻一七一頁以下においてなされたわたくしの「純粋贈与」の表現およびその意味するすべてのものにたいする適切なる批判をも対照せよ。わたくしはこれらの節をモース氏の批評を知るまえに書いたのであったが、その批評も本質的にわたくし自身の見解と一致するのである。現地調査者にとっては、その観察が十分に提供され、それらの資料から導き出された結論の誤りを指摘する余地を他の者に与えることができるのは、愉快なことである。わたくしにとって、わたくしの熟慮した判断が著名なわたくしの友人であるモース氏の結論と同じ結論に独立に到達するに至らしめられたことを見出すのは、さらにいっそうの喜びである。

2 世襲的呪術者の社会的および法的地位に関するこれ以上の資料については、『西太平洋のアーゴノーツ』のなかで「呪術」を取り扱った第一七章ならびにカヌー呪術、航海呪術、カロマ (Kaloma) 呪術についての記述と種々の引用を見よ。また一九二一年の『経済雑誌』(*Economic Journ.*) 上の『原始経済学』(*Primitive Economics*) に論じた菜園呪術の小論考、一九二〇年の『マン』（*Man*）誌に論じた戦争呪術（論説第五号）および一九一六年の『マン』誌上の漁労呪術（論説第五号）をも対照せよ。

3　著者の『トロブリアンド諸島における死者の霊魂たるバロマ（Baloma）』（一九一六年、王立人類学協会雑誌〔*Journ. of the R. Anthrop. Institute*, 1916〕所収）のなかのミラマラ（Milamala）、すなわち、霊魂復帰の年祭についての説明を対照せよ。問題の食物の供御については三七八頁に述べられている。

9　社会構成の基礎としての相互主義

さらにわれわれの展望の全部をやり直し、事実を社会学的見地から観察するならば、すなわち、部族の行動の諸種の類型を概観するかわりに、部族の構成の特徴を順次にとりあげるならば、トロブリアンド社会の全構造が法的状態（*legal status*）の原則に基礎をおいていることを示すことが可能であろう。この意味は、酋長のその庶民にたいする要求、夫の妻にたいする要求、親の子にたいする権利および以上の反対は、恣意的、一方的に行使せられるのでなくて、一定の規則に従い、相互的奉仕のよく均衡のとれた連鎖に整序されているということである。

酋長の地位は世襲的であり、非常に尊敬すべき神話的伝統に基礎をおき、いくぶん宗教的な畏敬にとりかこまれ、遠慮、屈辱および厳格なタブーの壮麗な儀式によって高められ、酋長は多くの権力、富および行政手段を有しているのであるが、かれでも厳格な規範に同調しなければならず、また、法的羈絆に拘束されるのである。酋長が戦を宣しようとしたり、遠征隊を組織しようとしたり、あるいは祭を挙げて祝おうとおもうときは、形式の整った召集状を発し、彼の意思を公式に表示し、有力者と評議し、儀式的な方法で配下の貢納、奉仕や助力を受けなければならないし、また、最後には一定の割合に従って、それらの者にお返しをしなければならない(1)。ここでは、以前に、婚姻の社会学的地位、夫婦間の関係、法律上の親族間の地位について述べたところのものを挙示すれば十分である。(2) トーテム氏族、地縁的性質の亜氏族および村落共同体への全区分は、相互的奉仕と義務の体系によって特徴づけられていて、しかも、その体系においては、それらの集団はギブ・アンド・テイクの手段を用いているのである。

おそらく社会関係の法的性質のなかでもっとも顕著なのは、相互主義、すなわち、ギブ・アンド・テイクの原則が氏族の内部で、いな最近の親族集団の内部でも絶対的に支配しているということであろう。すでにわれわれが知ったように、母方のおじとその姪との関係、兄弟間の関係、いなもっとも利他的関係たる男子とその姉妹の関係のごときも、ことごとく相互性と奉仕の応酬に基礎をおいている。従来たえず「原始共産主義」の非難を受けてきたのは、まさにこの集団である。原始法学において、氏族はしばしば唯一の法的人格者、一つの実在の組織体として述べられている。「単位は個人ではなくして、親族である。個人は単に親族の一部にすぎない」とは、シドニー・ハートランド氏の言葉である。このことは、もしわれわれが親族集団――トーテム氏族、胞族、半族あるいは分族《クラス》――が整合的な集団にたいして相互主義に基づく手段を用いる社会生活のその部分を考慮するならば、たしかに真実である。しかし、氏族内部における完全な統一体についてはどうなのか。この点について、われわれは「集団本能ではないとするも、普遍的集団感情」という一般的な解決を供される。そしてこの感情はわれわれが取り扱っている地域の部分、すなわち、「メラネシア人を動かしているような集団感情によって支配される氏族」（リヴァーズ）が居住しているところでは、とくに一般的であるといわれる。われわれはこれがまったく誤った見解であることを知っている。最近の親族集団の内部においても、対抗、軋轢、烈しい利己主義が優勢であって、実際親族関係のあらゆるすう勢を支配するのである。わたくしは、やがてこの点に立ち帰らねばならないであろう。なぜならば、この親族共産主義の神話、直系卑属によって結ばれた集団内部における強固な連帯性の神話、すなわち、近時リヴァーズ博士によって復活され、それゆえに一般に流行するおそれのある神話を最後に論破するためには、さらに多くの事実とより明確に効果ある事実が必要であるからである。

以上わたくしはわれわれの論証が適用される事実の範囲を示し、じつに法はこれらの原住民の全文化と部族構成の全部をおおうものであることを示したのである。だからしてわれわれは結論を論理的に一貫した方法で組織的に述べることにしたい。

註1 さらに細部については、前掲の論文『原始経済学』前掲書(アーゴノーツ)に展開せる酋長の職務の諸様相ならびに「戦争」および「霊魂」についての諸論文、さらにまた、まえに引用した論文を参照せよ。

2 この点についてもまた、わたくしはこれらの事柄を——現在の見地からではないが詳細にわたって取り扱っているわたくしの他の論著の若干を引用しなければならない。『サイキ』(*Psyche*)誌上の三つの論文、すなわち、一九二三年一〇月(『原始社会における性の心理』"*The Psychology of Sex in Primitive Societies*")、一九二四年四月(『精神分析と人類学』"*Psycho-Analisis and Anthropology*")および一九二五年一月(『母権における複合と神秘』"*Complex and Myth in Mother Right*")を見よ。これらの論文のなかで、わたくしは性心理の多くの側面、また、血縁関係や親族関係の根本的観念および慣習の多くの側面について述べたのである。そしてこのうち後の二つの論文は本書と同体裁の拙著『未開社会における性と抑圧』(*Sex and Repression in Savage Society* 1926)に現われている。

10 慣習規範の定義および分類

第一章のはじめに、未開民族は法にたいして自動的に服従すると考える通説についての事例を挙げた。ところで、この臆説には、人類学では一般に通用しているのであるが、しかし原始法学の研究にとって致命的であるいっそう特殊的な若干の命題が結びついている。

まず第一に慣習の諸規範は、単にそれらを破棄することが絶対不可能ということで未開人によって遵守されるとするならば、法について定義を下すことはできないし、法律規範、道徳、風習およびその他の慣行間に区別を設けることはできない。なぜならば、われわれが行為の法則を区別することのできる唯一の方法は、それが強制される動機や制裁に関連せしめることによってであるからである。それゆえに、あらゆる慣習にたいする自動的服従の臆説をもってしては、人類学は科学の最初の仕事であるところの、事実に秩序と分類とをもたらすすべての試みを放棄しなければならない。

われわれはすでにシドニー・ハートランド氏があらゆる未開社会においては、原住民自身の理解においてもまた社会生活の実際においても、ともに技芸、呪術、社会組織、労働その他のものの規範がいかんともなし難く混合し、ひと塊りになっていると考えることを知ったのである。かれはこの見解を種々な機会に強調して述べている。「……未開人の類似の概念は、われわれ自身のそれとはまったく異なっている。未開民族はわれわれから見れば一点の共通点すらも存しない対象の間に類似を見出すのである」(前掲書一三九頁)。「未開人にとって……部族の政策は一つであり、不可分のものである。かれら〔未開人〕は儀式的、道徳的、農業的および呪術的なものとわれわれが厳格に法的規定と理解するものとが結合している法典を神の名において公布することに、なんらの怪奇さも不合理さも感じないのである。……われわれは宗教を呪術からまた呪術を医術から切り離すことができるであろう。が、共同体の成員はなんらかような区別を設けない」(二一三頁、二一四頁)。

このすべてにおいて、シドニー・ハートランド氏は「原始的先論理的心性」、「混乱した未開の範疇」および初期文化の一般的な無定形性に関する通説を明瞭で穏健に表現している。しかしながら、この見解は問題の一面のみを包含するだけで、ただ半面の真理のみを述べるにすぎない——そして法についていうならば、そこに挙げられた見解は正確ではない。未開民族は一種の義務的規範を有しているが、その規範はなんら神秘的な性格を帯有するものでなく、「神の名」において発せられたものでもなく、また、なんら超自然的制裁によって強制されるのでなくて、純粋に社会的な拘束力をもつものである。

もしわれわれが規範、慣例、行為類型等の総計したものを慣習の実体と称するならば、原住民はこれらのすべてにたいして強い尊敬を感じ、他人がなす行為や、またあらゆる人が是認する行為をみずからもなす傾向を有する。そして、欲望とか、興味によって他の方向に惹かれたり、あるいは駆られたりするのでもなければ、他のいかなる針路をすすむよりも慣習の命ずるところに服従するのであることはなんら疑いない。習慣の力、伝統的命令にたいする畏怖およびそれにたいする感傷的執着、世論を満足せしめようとする欲望——すべては慣習をして慣習自体のために遵奉せしめられるべく結合している。この点において、未開民族は、その社会が東ヨーロッパのユダヤ街であろうと、オックスフォードのカレッジであろうと、またアメリカ中央西部のキリスト教基本原理信奉者《ファンダメンタリスト》の社会であるとをとわず、一定の範囲をもつ自給自足的共同社会の構成員と異なるところはない。しかし、伝統への愛、遵奉主義および慣習の支配は、紳士《ドン》、未開民族、農民あるいは貴族《ユンケル》の間における規範への服従をごく一部の範囲において明らかにするにすぎない。

さて、ふたたび問題を未開民族に厳密に限定すると、トロブリアンド島民の間では、職人にその仕事にいそしむ方法を教える若干の伝統的規範がある。そして、これらの規範が無抵抗に無批判に守られるのは、いわば一般的未開民族の「同調主義」とも称しうべきものに基づいている。しかし主として、これらの規範が守られるのは、その実際的効用が理性によって認識せられ、また経験によって検証されているからである。さらにまた、友人、親族、目上の者、同輩たちと交る際に、いかに振舞うべきかを教える他の命令が守られるのは、それからの偏倚が、ばかばかしい、みっともない、また、社会的にぶざまと感じられ、他の者の目にもそのように映えるからである。これらは、メラネシアにおいて非常に発達し、もっとも厳格に遵守せられているよい身だしなみの規範である。さらに勝負ごと、競技、演芸、祭礼等のやり方を定めた規範があり、これらの規範は遊びまたは娯楽の精神と真髄であり、また、これらの規範が遵守されるのは「勝負をする」ことにたいするいかなる不首尾も——すなわち、その勝負ごとが真に勝負ごとであるならば——せっかくの骨折りをむだにすると感じられ、また、認められるからである。これらのすべてにおいて、規範に背致しその履行をもって負担とする傾向あるいは利己主義の精神力あるいは惰性さえも存在しないことは注目せらるべきであろう。規範に従うことは従わぬとまったく同様に容易である。そしてひとたびだれかが競技あるいは愉快な娯楽をやりだすときは、その者はそれが技芸であると、作法であると、あるいは勝負であるとをとわず、すべてその規範を遵守する場合にのみその娯楽を本当にたのしむことができるのである。

さらにまた神聖で重要な事柄に関する規範、すなわち、呪術的儀式や葬式の行列などについての規範がある。これらは主として超自然的制裁によって、また、神聖な事柄はみだりに変更を加えるべきではないという強烈な感情によって支持されているのである。同様に強烈な道徳力によって、近親者、世帯の他の成員および友情、忠誠、献身の強い感情が感ぜられる人々にたいする個人的行為のある種の規範が支持される。そして、その規範は、社会慣例の命じるところを支えるのである。

この簡単な目録的記載は分類の試みではない。その主に目的としているのは、法規範以外にもほかに数種の規範や伝統的命令の型があり、それらは、ともかく、当該共同体における法の特徴であるところのものとまったく異なる、主として心理学的な動機あるいは力によって支えられていることを明確に示そうとするところである。かようにして、わたくしの概観においては、関心はおのずから主として法組織に向けられてきたけれども、わたくしはすべての社会規範が法であるということを立証しようと試みたのではなくて、逆に、法規範は、慣習の実体の内部においては、唯一の輪郭の克明な範疇を形成するにすぎないということを示そうとおもったのである。

11　法の人類学的定義

法規範はある人の義務であり、また、他の人の正当な要求として受けとられ、また、考えられる点において、それは他の規範と異なっている。法規範は単なる精神的動機によってではなく、われわれがすでに知ったように、相互依存に基礎をおく拘束力の明確な社会機構によって承認され、しかも、相互的奉仕の同等の取りきめにも、また、かような要求の多様な関係の撚《より》への結合にも同様に実現されるのである。大部分の取り引きが行なわれる儀式的方法は、また必然の結果として公的統制をともなうのであるが、それはさらにいっそうそれらの拘束力を増大するのである。

それゆえに最後にわれわれは、「集団感情」あるいは「集団責任」をもって、慣習への同調を保証し、それを拘束的なもの、すなわち、法的のものたらしめる唯一の力あるいは主要な力であるとする見解すらを放逐してさしつかえないであろう。団体精神《いいい》(*Esprit de corps*)、連帯責任、自己の共同体や氏族を自慢することは、うたがいもなくメラネシア人の間に存している――これらのものなくしては、その高低をとわず、いかなる文化においても社会秩序は維持されることが不可能である。わたくしはただ、この没我的、非個人的、無制限な集団的忠誠を原始文化のあらゆる社会秩序の礎石たらしめようとするリヴァーズ、シドニー・ハートランド、デュルケームその他の人々の見解のような誇大な見解にたいして警告を提出しようと欲するのみである。未開民族は極端な「集産主義者」でもなければまた非妥協的な「個人主義者」でもない――未開民族は、人間一般と同じく、その両者の混合体である。

ここに述べた説明からは、また原始法はもっぱらあるいは主にでさえ、否定的な禁止から成るのではなく、また、あらゆる未開民族の法は刑法から成るのでもないという結果になる。が、しかし、一般には、原始共同体に関するかぎり、法学の対象は犯罪と刑罰の叙述に尽きると考えられている。実際、自動的服従の独断《ドグマ》、すなわち慣習規範の絶対的な厳格性の独断《ドグマ》は、原始共同体における刑法の不当な強調と、それに対応する民法の可能性の否定を含むのである。絶対的厳格な規則は、生活に利用されえないし、また、適用されえない。それは強制を必要としない――しかし、かかる法則は破棄されうるのである。未開社会の超法律厳守主義の信奉者さえ、これだけは承認しなければならない。それゆえに、犯罪は原始共同体における唯一の研究せらるべき問題であり、未開民族の間にはいかなる民法も存在せず、また、人類学が解決すべきいかなる民法学も存在しないのである。この見解はヘンリー・メーン卿からたとえばホブハウス教授、ローウィ博士およびシドニー・ハートランド氏のごときごく最近の権威者にいたるまでの法の比較研究を支配してきたのである。こうして、われわれはハートランド氏の著書のなかに、原始社会においては「法の核心は一連のタブーである」とか、また「ほとんどすべての古代の法典は禁止から構成されている」(『原始法』二一四頁) さらに、「超自然的刑罰の確実さについての一般的信仰と仲間の同情を他に向けるということが、部族的慣習の破棄を防止するにたりる恐怖の雰囲気を生みだすのである……」（傍点はマリノウスキー）とかなどを読むのである。おそらく、儀式や宗教の少数の非常に例外的で、かつ神聖な規則の場合をのぞいては、かかる「恐怖の雰囲気」は無いであろう。そしてこれとは反対に、部族の慣習の破棄は特殊の機構によって防止されていて、その研究こそ原始法学の真の領域なのである。

さらに、これらすべての考えはひとりハートランド氏だけなのではない。シュタインメッツはその原始的刑罰の学究的で、十全な分析において、古代法学の刑法的性質、処刑の機械的で、峻厳で、ほとんど無指図で、また、非意図的性質やその宗教的基礎を強調している。かれの見解は、偉大なフランス社会学者デュルケームやモースによって完全に確認されただけでなく、かれらはさらにもう一つの言葉を付加している。すなわち、責任、復讐など、じじつすべての法的反動は集団体の心理に基礎をおき、個人の心理に基礎をおくのではないと。(1) たとえば、ホブハウス教授やローウィ博士のごとき才知の鋭い博識の社会学者でさえ、ことに後者は未開民族に直接接したのであるが、原始社会における裁判に関する諸章において――その章たるやこの点をのぞけば傑出したものなのである――一般の偏見の傾向を踏襲するようにみえる。

われわれはわれわれ自身の領域においては、これまでただ肯定的おきてにだけ出くわしたのである。そしてこのおきての破棄は罪を宣せられるが、刑を科せられるのではなく、その機構はどんな暴力をもって基準にあわせる方法によっても民事法を刑事法から分かつ分界線を超えて拡大解釈されえないのである。もしわれわれがこれらの論文に述べられた規範に、なにか現代的な、したがって、必然に不穏当なレッテルを貼らねばならぬとするならば――それはトロブリアンド島民の「民事法」典とよばれなければならない。

かようにして、「民事法」、すなわち、部族生活の全面を支配する実定法は、一団の拘束的義務から成立するものであり、しかして、それは一方からは権利とみなされ、他方からは義務と認められ、しかもまた、かれらの社会構造に固有な相互主義と公共性の特殊の機構によって実施されているのである。これらの民法の規範は弾力性をもち、またある程度の自由な解釈の余地がある。それは不履行にたいして違約金を科するのみならず、履行のやり過ぎにたいしては割増を与えるのである。これらの規範の厳格性は、原住民によって、原因と結果についての合理的な評価によって保証されるのであり、そして、これには野心、虚栄、矜持、誇示による自己増大の欲望および親族にたいする愛着、友誼、献身および忠誠といったような若干の社会的および個人的感情が結びついている。

「法」および「法的現象」は、われわれがメラネシアの一部において発見し、叙述し、定義づけたように、独立な制度のうちに存するものでないことは、いまさら、付言する必要はほとんどないであろう。法は独立的、自足的社会調整としてよりは、むしろ、かれらの部族生活の一様相、部族構造の一側面を示すのである。法は不履行の可能な形態を予見し、定義づけ、適当な防塞と救済策を用意する特殊な命令の体系のうちに存するのではない。法は原住民が将来それがために処罰を受けずには、かれの責任を免かれえないところの義務の統合体系の特殊の結果である。

註1　シュタインメッツ『刑の初期の発達に関する民族学的研究』(Steinmetz, *Ethnologische Studien zur ersten Entwicklung der Strafe*, 1894).『社会学年報』(L'Année Sociologique) 第1巻三五三頁以下におけるデュルケーム、『宗教史評論』(*Revue de l'Histoire des Religions*, 1897).

12　特殊の法的規整

ひどい紛争はまれにしか起らないが、それは双方の当事者が友人や親族に援けられて向い合い、互に大声で喚き、罪をならしあうヤカラ（*yakala*）という公開のいさめあいの形式をとるのである。かかる訴訟は人々にかれらの感情のはけ口を与え、世論の傾向を示すのであって、したがって、争いを解決するたすけにもなる。しかしながら、ときには、それは訴訟当事者を硬化せしめるにすぎないようにおもわれることもある。いかなる場合にも、第三者によって宣告される確定的な処罰はないし、即座に合意に達するようなことはほとんどない。それゆえに、ヤカラは特殊の法的規整であるが、あまり重要なものではなく、法的強制の核心に本当に触れるものではない。

ここで、他の特殊な法的機構の若干を挙げておきたい。そのうちの一つは、カイタパク（*kaytapaku*）と称せられるものであり、制約的な呪詛による財産の呪術的保護である。人が遠方にココヤシやびんろうじゅを所有しており、その場所でそれらを監視することができないときは、かれはその木の幹にヤシの葉を貼りつける。これは泥棒に自動的に不快を及ぼす呪文が唱えられていることを指し示すものなのである。法的側面を有する他の制度は、カイツブタブ（*kaytubutabu*）であり、これは、一般に、祭礼が近づいてくるのを考慮して、豊作にしようと共同体のあらゆるココヤシの樹になされる呪術の一形式である。かかる呪術はその結果としてココヤシの実を採取したり、あるいはこれを食べたりすることにたいして、それがもって来られたものであってさえも厳格な禁制を課する。同様な制度はグワラ（*gwara*）(1)である。珊瑚礁のうえに棒がたてられるが、これはクラ（*kura*）で儀式的に交換された一定の貴重な物をもち出すことにたいしてはタブーをかけるのである。しかし、逆に、それらの物をもってくることは奨励されるのである。これは受領にはなんら干渉せず、一切の支払を停止する一種のモラトリアムである。そしてはこれはまた、大規模の儀礼的分配を目前にして貴重な物を蓄積することを目的とするものである。他の重要な法的形相をもつのはカヤサ（*kayasa*）と呼ばれる一種の儀礼的契約である。(2) ここでは遠征の指導者、祝宴の主人公あるいは産業上の冒険の発起人（*entrepreneur*）が大仕掛な儀礼的分配を行なう。それに関与しそしてその恩恵に浴する人々は、その企ての間中指導者を助ける義務を負うのである。

すべてこれらの制度、カヤサ（*kayasa*）、カイタパク（*kaytapaku*）、カイツブタブ（*kaytubutabu*）は、その結果として特殊な拘束的紐帯をもたらすのである。しかしそれらのものでさえもっぱら法的なのではない。それぞれが特殊の目的に役立ち、そしてきわめて部分的な機能をみたすところのこれら少数の規整を単に枚挙するだけで、法の問題を取り扱うのは大きな誤りであろう。法の主たる領域はあらゆる実際の義務の奥底に見出され、そしてまたわれわれの知るごとく、けっしてそのすべてではないが、その義務の慣習の大部分をすらもおおっている社会的機構のなかに存するのである。

註1 『西太平洋のアーゴノーツ』におけるこの制度の説明を参照せよ（索引中グワラの語の項を参照）。なおまたセリグマン教授（Seligman）の「メラネシア人」（Melanesians）の記述およびわたくしの『マイルの原住民』（"*The Natives of Mailu*"）（『南濠王立協会議事録』*Trans. R. Soc. of S. Australia* 三九巻）における西・パプオ＝メラネシア人の間におけるゴラ（*gola*）あるいはゴラ（*gora*）についての記述を参照せよ。

2 『アーゴノーツ』、索引中カヤサ（*kayasa*）の項を見よ。

13 結論と予測

わたくしはここでは、ただメラネシアの一地域を取り扱ったにすぎないし、その到達した結論ももとより一定の限界をもつものである。しかしながら、これらの結論は新らしい方法によって観察された事実に基礎をおき、そして新らしい見地から考察されたものである。したがって、これらの結論は、他の観察者等に世界の他の地域で同一方向の研究に携わる刺激を与えることになるかもしれないのである。

　この問題について通説とここに提示された事実との間の対照を概括しておこう。現代の民族法学においては、未開民族にとってあらゆる慣習が法であり、未開民族は慣習以外に法を有しないということが、全般的に仮定せられている。さらに、あらゆる慣習は純然たる惰性によって自動的にかつ厳格に遵守せられる。未開社会には民法あるいはそれに相当するものは存在しない。唯一の関連する事実は、慣習を無視してときおり行なわれる違反――すなわち、犯罪である。現行犯の処罰をのぞいては、原始社会の行為の法則の強制の機構はない。それゆえに、現代の人類学は、未開民族をして純粋に社会的理由である種の慣習に服従せしめるところの、いかなる社会的規整の存在あるいはいかなる心理的な動機の存在をも無視し、またときには明瞭に否定しさえするのである。ハートランド氏や他のすべての諸権威に従えば、宗教的制裁、超自然的刑罰、集団責任と連帯、タブーや呪術は、未開社会における法学の主たる要素である。

　すべてこれらの議論は、すでにわたくしが指摘したごとく、まったく誤っているか、あるいは単に部分的に真実にとどまるか、あるいはすくなくとも原住民の生活の実態をみ誤ったと称しうべきものかのいずれかである。なにびとといえども、どんなに「未開」でありまたは「原始的」であろうとも、かれの本能に反して本能的に行動し、あるいは自分が狡猾に回避したいとおもい、または故意に無視したいとおもう法則に従うとか、あるいは人はそのすべての欲望や志向に反する態度で自発的に行動すると、これ以上議論する必要はおそらくないであろう。法の根本的機能は、ある種の自然的傾向を拘束し、人間の本能を閉塞し、統制し、しかも、非自発的、強制的行為を課すること——換言すれば、協同の目的に向って相互的譲歩と犠牲とに基礎をおく協同の類型を確保することにあるのである。そしてこの職能を果すためには先天的、本能的賦性と違う新らしき力が呈示されなければならない。

この否定的批判を決定的ならしめるために、われわれは具体的事例を明確に陳述し、原始法の事実を真に在るがままに示し、そして原始的法規範の強制的性質がなにに存するかを示してきたのである。

ここで取り扱った地域のメラネシア人は、疑いもなく、その部族の慣習や伝統などにたいしては最大の尊敬を払っている。かようにして、最初の古い見解にたいしては容認さるべき多くのものがあるかもしれない。その部族の規則は些細なものも重要なものも、愉快なものも煩わしきものも、また道徳的のものも功利的のものも、そのすべてが尊敬視され、義務的なものと感じられるのである。しかし、慣習の力、伝統の魔力は、もしそれが孤立して存在するならば、食欲とか色欲の誘惑あるいは私利私欲の命令をくじくことは十分でないであろう。伝統の単なる制裁——「未開民族」の同調主義と保守主義——は、ある規則が共同生活や協同の機構を確立し、秩序ある行動を与えるために必要であるが、あらゆる場合に——もっとも、私欲や惰性を侵害するとか、あるいは不愉快な行為を刺激するとか、あるいは天賦の性癖を妨害するとかの必要のない場合であるが——、作法、慣習的習俗、私的および公的の行為を強制するためにしばしば作用を営むのであり、しかし単独に作用を営むのである。

伝統の単なる魔力のほかに、その制裁の特殊の類型を要求しかつこれを有する他の規則、命令、強制行為が存在する。たとえば、メラネシアの上述の地域の原住民は、宗教的儀式のきわめて厳格な形式に従わなければならないのであって、それはとくに埋葬や服喪においてそうである。さらにまた、親族間の行為についての命令がある。最後に、全共同体の憤怒や憤激のなかの反動に基づく部族的刑罰の制裁がある。そしてこの制裁によってメラネシア共同社会では、人間の生命、財産および――最後に述べるが、けっして軽んずべきではない――個人の名誉が、かれらの部族構成において最重要の役割を果している酋長の地位、外婚制、階級《ランク》や婚姻のごとき制度と同様に、保護されるのである。

いまここに列挙した各種の法則は、その制裁によって、また、部族の社会組織や文化にたいする関係によって、爾余の法則と区別されるのである。それらは、部族の習俗のかの無定形の集合とか、あるいはわれわれはあまりにもしばしば聞かされている「慣習の塊り」(*cake of custom*)をかたちづくるのではない。最後の範疇、すなわち、生命、財産および人格を保護する根本的法則は、「刑事法」と称されうるかもしれない種類――人類学者によってきわめて頻繁にも過大に強調され、あやまって「統治」や「中央権力」の問題と結びつけられ、そして、きまって他の法規範との妥当なる脈絡関係から引き離されたもの――をかたちづくるのである。なんとなれば――そしてここで、われわれは最後にもっとも重要な問題に直面するのであるが――、部族生活面の大部分を統制し、親族、氏族員、部族員の間の個人的関係を規定し、経済関係、権力や呪術の行使、夫婦の地位やその各自の家族の地位を定める一種の拘束的法則が存在するからである。これらはわれわれの民法に該当するところのメラネシア共同体の法則である。

これらの法則にたいしてはいかなる宗教的制裁も存しない。迷信的あるいは合理的な恐怖もそれを強制しない。そしてその違反にたいしても部族的刑罰が下されることもなく、世論または道徳的非難の汚辱さえも加えられないのである。われわれはこれらの法則を拘束的のものとする力を曝露し、そしてその力が単純ではないが、明確に限定しうるものであり、また一つの言葉や一個の概念で述べうるものではないが、それにもかかわらずきわめて実在的なものであることを見出すであろう。メラネシアの民法の拘束力は、諸義務の連鎖のなかに、また、諸義務が長い期間にわたって拡がり、利害関係と活動の広汎な面をおおうている相互的奉仕、すなわちギブ・アンド・テイクの鎖のなかに整序されるという事実のなかに見出されるのである。そして、これにたいしては、そのなかにおいて大多数の法的義務が履行されなければならないところの、顕著で儀式的な方法が付加されている。これは人人を彼らの虚栄や自愛への訴え、また、誇示による自己誇張の好みへの訴えによって拘束するのである。かようにして、これらの法則の拘束力は、利己心、野心および虚栄の自然の精神的傾向に基づくのであり、義務的行為が構成されるところの特殊の社会機構によって活動するのである。

法のより広汎な、より弾力性ある「最少限の定義」を用いるならば、北西メラネシアにおいて発見されたものと同一の類型の新らしい法現象が発見されるということは疑いない。慣習が単に普遍的で、未分化で、遍在的な力にのみ基礎をおいているものでないことは——もっともこの精神的惰性が存在し、そして他の拘束にたいしてその制前を付加するのではあるけれども——明白なことである。すべての社会において、宗教的制裁によって支持せられるにはあまりにも実際的な、単なる好意にゆだねられるにはあまりにも負担の多い、また、抽象的力によって強制されるには個人にとってあまりにも一身上重大な、ある種の規則が存在するにちがいない。これが法的規制の領域である。そしてわたくしはあえて予言するが、相互主義、組織的負担、公共性や野心は、原始法の拘束的機構における主たる要素であることが発見されるであろう。

第二部　原始的犯罪とその処罰

1　法の侵害と秩序の回復

通常で当然のものよりも異常で強烈に感動的なものにたいして向ってゆきがちになるのは、洗練された好奇心にほかならぬところの科学的興味の本質上当然である。新らしい方向の探究あるいは日浅き研究の部門において、最初注意を惹き、そして漸次新らしい普遍的な秩序の発見を導くのは、例外であり、自然法則のあきらかな破棄である。なんとなれば――そしてここに科学的情熱のパラドックスが横たわるのであるが――、組織的研究は奇蹟的のものをただ自然的のものに変形するためにそれを取り扱うにすぎないからである。科学は究極において、一定のあまねくゆきわたった力に駆り立てられ、若干の根本的原則に従って命ぜられ、一般に有効な法則に基礎づけられ、整然と秩序づけられた宇宙を建設するのである。

がしかし、驚異、すなわち、超経験的現象や神秘的な現象の空想《ロマンス》が科学によって現実から追放せらるべしと考うべきではない。哲学的思惟は新らしい世界や新らしい経験への欲求によって、つねにその歩みを続け、そして形而上学は空想の頼もしさによってもっとも遠い地平線のかなたにわれわれを誘うのである。しかしながら、珍奇という性質や奇怪なものの評価は、科学という学問によってやがて変化を受けたのである。世界の偉大な輪郭、直接の既知件《データ》および究極の目的の神秘、「創造的進化」の意味なき刺激についての冥想は、もし博物学者あるいは文化研究者にたいして、自分の知識の総量を反省しその限界を凝視するならば、かれらにたいして実在を十分悲劇的な、神秘的な、疑わしきものとなすのである。しかし、完全に発達した科学的精神にとっては、実在の探求に際して、もはや予期せざる偶発事から生ずる戦慄も、新らしい、関係のない光景についての絶縁された感動もありえない。すべての新たな発見はただ同一路上における一つの進展にすぎず、すべての新らしい原理は単にわれわれの古い限界の拡大かあるいは変化にすぎないのである。

人類学はいまなお日浅き学問であるが、いまや前科学的興味の支配からみずからを解放せんとする途上にある。もっとも、文化のあらゆる難問について、すこぶる簡単であると同時に扇情的な解決を与えようとするある種の最近の試みは依然として露骨な好奇心によって支配されているのではあるが。原始法の研究において、われわれはこの健全なる傾向を、未開民族は気分、熱情や偶発によってではなく、伝統や秩序によって支配されるという漸次的ではあるが明確な認識のうちに看取することができるのである。かかるときにおいてさえ、古い「俗悪な際物小説」的興味のいくつかがその刑事裁判の過大な強調ならびに法の違反やその処罰に向けられた注意のなかに残っているのである。現代の人類学において、法はほとんどもっぱらその異常で扇情的な操作、すなわち、部族的復讐をともなう戦慄的犯罪の事例、報復をともなう犯罪的呪術の事項、近親相姦、姦通、タブーの違反あるいは虐殺の事項等において研究されるのである。すべてこれらの点において、人類学者は事件の劇的な刺激のほかに、原始法のある種の予期しない、風変りな、驚異すべき特徴、すなわち、あらゆる私欲の感情を排除する親族集団の超越的連帯、法的ならびに経済的共産主義、厳格で未分化な部族法への服従といったようなものを跡づけることができるのである。あるいはできると考えるのである。(1)

いまここに述べた方法や原理への反動として、わたくしは他の端から、トロブリアンド諸島における原始法の事実に近づこうと試みたのである。わたくしは奇異でなく通常なものについての、違反される法でなく遵守せられる法についての、また、その社会生活の偶発的な騒動ではなくその永久的な風潮と形勢についての叙述をもって発足したのである。そして既述の説明からして、わたくしは大多数の定説に反対して民法——あるいはそれらの未開社会のそれに相当するもの——は極度に十分に発達しており、そして、それは社会組織のあらゆる面を支配していると結論することができたのである。われわれはまた法は、道徳とか作法とかあるいは技芸の法則とか宗教のおきてとかをとわず、他の規範の類型から明瞭に見分けがつくものであり、かつ、原住民によって区別されていることを発見した。かれらの法の諸規則は、厳格で絶対的なもの、つまり、神の名によって発せられたものであるどころか、合理的で必要なもので、弾力性を有し調整の可能なものとして解される社会力によって維持されている。さらにまた、原住民の権利や義務はもっぱら全集団的事柄であるどころか、主として個人の関与するところであり、個人は自己の利害をいかに留意するかを十分に知っており、また、自己の義務の履行しなければならないことをも了解している。実際われわれは義務や特権にたいする原住民の態度は単に法を曲解するのみならず、ときには法に違反するという事実の点にいたるまでも、文明社会におけるときわめて類似していることを発見した。そしてこの問題はまだ論じなかったが、以下の章でわれわれの注意に値するであろう。もし規則がただ立派に作用している状態においてのみ示され、また、その体系がただ均衡の状態にある場合のみ述べられるならば、それは実際、トロブリアンド諸島におけるきわめて一面的な法の描写にすぎないであろう！　法はきわめて不完全にのみその機能を営むにすぎないものであること、そして多くの障害や頓挫のあることは、わたくしがしばしば述べてきたところである。しかし、すでに述べたように、刑事的、劇的な問題を十分に述べることは不当に強調すべきではないけれども必要なのである。

われわれがなぜ原住民の無秩序な生活を綿密に観察しなければならぬかは、なお一つの理由がある。われわれはトロブリアンド諸島において、社会関係が、幾多の法的原理によって支配されていることを発見した。これらのうちでもっとも重要なのは母権であって、それは子はその母親に、しかも母親にたいしてのみ肉体的に結びつき、また親族関係によって道徳的に恩義をうけているということを規定するのである。この原理は身分、権力、地位、経済的相続ならびに土地にたいする権利、地域的公民権およびトーテム氏族の成員たる権利の承継を支配する。兄弟姉妹間の地位、両性間の関係ならびにその個人的および公的な社会的接触の大部分は、母権的法律の一部を形成する規則によって決定される。ある男子の婚嫁した妹やその世帯にたいする経済的義務は、この法の奇妙かつ重要な特徴を構成する。全体系は神話、原住民の出産についての考えおよび若干のかれらの呪術=宗教的信仰に基礎をおき、そしてそれは部族のあらゆる制度と慣習とに浸透しているのである。

しかし、母権の体系とならんで、いわばその影に法的規範のより小さい体系が存在する。婚姻法は夫と妻の地位を決定し、夫方居住規制をともない、ある特定の場合においては、夫には権力を、また、その妻子にたいしては保護を制限されてはいるものの明瞭に与えるものであるが、母権とは独立な法的原理に基礎をおいているのである。もっとも、それは種々の点で母権とからみ合いそれに適応してはいるけれども。村落共同体の構成、村落における首長の地位、また、地方における酋長の地位、公的呪術者の特権と義務——すべてこれらは独立な法律体系である。

さて、われわれは原始法は完全でないことを知るからには、つぎの問題が生じてくる。この体系の合成体はいかにして周囲の圧力のもとにおいて作用するか。各体系はそれ自体の限界内でよく調和するか。それのみならず、かような体系はその限界内にとどまっているのか、それとも他の領域を侵害する傾向を有するのか。またそうとすれば、これらの体系は牴触を来すようになるのか、そしてかかる牴触の性質はいかなるものなのか。ここでいまいちどわれわれは、われわれの疑問に答えることのできる素材を提供するために、共同体の犯罪的、無秩序的、反忠誠的要素に訴えてみなければならない。

われわれがいま着手しようとする説明において——それは具体的また多少詳細にわたって与えられるであろうが——、われわれはまだ解決されていない主なる問題をもちつづけてゆくであろう。犯罪的行為とその処置の性質およびその民法との関係、攪乱された均衡の回復に活動する主たる要素、原住民の法の各種の体系間の関係と起りうる牴触がそれらの問題である。

トロブリアンド諸島において現地調査に従事している間、わたくしは村落に天幕を張り、まったく原住民の間にあって生活するをつねとした。かくてわたくしは些細なものも、厳粛なものも、また平凡なものも劇的なものも、そこに発生したすべてに接せざるをえなかったのである。いまわたくしがここに詳しく述べようとしている事件は、わたくしの最初のトロブリアンド島訪問の間、わたくしがこの群島における現地調査を始めて後わずか数ヵ月後に生じたものである。

ある日突然泣き叫ぶ声と大騒動が起り、わたくしはどこか近所で死人ができたことを知らせられた。わたくしの知っているキマイ（kima'i）という一六歳ばかりの若者がヤシの木から飛びおりて自殺したとの知らせであった。

わたくしはこの事件の起った隣村へと急いでいったが、そこで見出したのはただ葬式の全過程が行なわれていることだけであった。これは死、服喪および埋葬についてのわたくしの最初の事件であった。そこで、わたくしはこの儀式の民族誌学的《エスノグラフィカル》側面に関心をもつのあまり、わたくしの不審を当然ひきおこすべき一、二の異様な事実がその村落に同一時刻に生じたにかかわらず、その悲劇の環境を忘れたのであった。わたくしは若者がもう一人なにか不思議にも一致して重傷を負わせられているのを発見した。そして、その葬式の際には少年が死んでいた村落と少年の肉体が埋葬のために運ばれていった村落との間にあきらかに一般的な敵対感情が存していた。

だいぶ後になって、やっと、わたくしはこれらの事件の真の意味を悟ることができた。その少年は自殺を遂げたのであった。その真相は少年が外婚制の規則を破ったのであって、かれの犯罪の相手はかれの母方の従妹、すなわち、かれの母の姉妹の娘だったのである。このことはすでに知られており一般に非難されていた。しかし、その少女と結婚を欲しそして人格的に傷つけられたと感じた少女の棄てられた恋人が口火を切るまでは、なにごとも起らなかったのである。この恋敵は最初罪を犯した少年にたいして黒呪術《ブラック・マジック》（悪霊をつかって行なう呪術――訳者）を用いるぞといって威嚇した。しかし、これは大した効果がなかった。そこで、ある夜かれは犯人を公然と侮辱した――すなわち、全共同体の者が聞いているところで、かれの近親相姦を非難し、原住民にとって堪えられぬ表現をもってかれを怒鳴ったのである。

これにたいしてはただ一つの救済方法があった。ただ一つの逃避の手段がこの不幸な若者に残されていた。翌朝かれは祭りの盛装と装身具をつけ、ヤシの木にのぼりヤシの葉の間から話しかけ、共同体の者に別れを告げた。かれは自分の自棄的な行為の理由を説明し、そしてまた自分を死に追いやった男にたいして非難を含んだ言葉を浴びせた。そしてこの非難によってかれの復讐をはかることがかれの氏族員の義務となった。それからかれは慣習に従って大声で号泣し、およそ六〇フィートの高さのヤシの木から身を躍らせその場で死んだ。村落ではそれに続いて争いが起り、その争いでかれの恋敵が傷つけられた。そして、争いは葬式の間中繰り返されたのであった。

さて、この事件は多くの重要な探求の方向を開いたのであった。ここでわたくしは明白な犯罪に当面した。すなわち、トーテム氏族の外婚制の違反である。外婚の禁止はトーテミズム、母権および親族の級別式組織（*classificatory system*）の礎石の一つである。同一氏族のすべての女子は男子によって姉妹とよばれ、そして姉妹として婚姻の禁止が行なわれる。そしてこの禁止に違反することよりも大きな恐怖を惹き起すものはなにもないということ、およびこの犯罪を罰するのは世論の強い反動のほかにもまた超自然的な刑罰があるということは人類学の公理である。そしてこの公理は事実において基礎を欠いているのではない。もし諸君がトロブリアンド島民の間でそのことを探求するならば、諸君はあらゆる陳述がこの公理を確めること、および原住民は外婚制の法則を破るという考えに恐怖の観念を示すこと、そしてかれらは痛苦、疾病また死さえも氏族相姦の結果として生ずることを信じていること、を見出すであろう。これは原住民の法の理想である。そして道徳問題において――他人の行為を判断しあるいは一般的な行為についての意見を表わす際において、この理想を厳格に固守することは、容易なそして快適なことである。

しかしながら、道徳や理想を実生活に適用することになると事情はまったく異なってくる。上述の事件においては事実が、行為の理想と一致しないことは明白である。世論は犯罪を知ってもすこしも激することなく、また、直接反動を起したのではなかった――それは犯罪の公表と利害関係者が犯人に侮辱の言葉を投げつけることによって動かされなければならなかった。がそのときですらも、犯人は自分で刑罰を実行せねばならなかった。したがって、「集団的反動」や「超自然的制裁」は能動的原則ではなかったのである。わたくしはさらにその事件を精密に調査し、具体的報告を集めた結果、外婚制の違反――性的交渉関係と考えられ婚姻ではない――はけっしてまれな出来事ではなく、また世論も明白に偽善的ではあるが、寛大であることを見出した。もし事件が相当の体裁をもって内密に(*sub rosa*)運ばれ、そしてだれも特別に面倒なことを惹き起すことがないならば――「世論」はこれをゴシップとはするが、なんら苛酷な刑罰を要求しないのである。これに反して、もし誹謗が勃発すると――すべての者が罪を犯した男女にたいして嫌悪の感情をいだき、擯斥や侮辱によって男女のどちらかを駆って自殺にいたらしめることも生じうるのである。

超自然的制裁に関しては、この事件はわたくしを興味ある重要な発見に導いた。わたくしはこの犯罪の病理学的結果にたいして十分完全に確立されている救済、すなわち、もし適当に行なわれるならば実際において必ずきくと考えられる薬があることを知った。言い換えれば、原住民は水・草・石について行なわれる呪文や儀式から成立する呪術の組織を有しており、この呪術が正当に行なわれるときは、氏族相姦の悪結果を抹殺するに完全に効力があるのである。

以上は、わたくしの現地調査において、回避の確立された体制と呼ばれうるもの、しかも部族のもっとも根本的な法のうちの一つの場合におけるそれに出会った最初であった。のちになって、わたくしは部族秩序の本源のうえのかかる寄生的成長は、近親相姦の中和以外にも各種の場合において存在することを発見した。この事実の重要なことは明らかである。それは超自然的制裁が、自動的効果をもって行為の規範を保護する必要のないことを明白に示すのである。呪術的影響にたいしては反呪術の存在が可能であろう。もとより危険を犯さぬことの方がいいのである――反呪術は不完全に学ばれ、誤って行なわれるかもしれない――。しかし、その危険は大きなものではない。かようにして超自然的制裁は適当な矯正手段とともに、かなりの弾力性を示すのである。

この組織的矯正手段はわれわれにほかの教訓を教える。法が単にときどき違反されるのみならず、確定せる方法によって組織的に潜脱される社会においては、法にたいする「自動的」服従とか、伝統にたいする奴隷的固執の問題は存しえない。なんとなれば、この伝統は人にその厳格なおきての若干をいかにして回避するかをひそかに教えるものだからである――だれでもが自発的に前進し、同時に退かせられるということは不可能である!

氏族相姦の結果を抹消する呪術は、おそらく法の組織的回避のもっとも明瞭な例であろう。しかしこのほかにも別個の事例がある。かようにして、妻の愛情を夫から遠ざけ、彼女を誘惑して姦通を犯させる呪術の体制は、婚姻制度と姦通の禁止とを嘲弄する伝統的方法である。そしてこれとわずかに異なった範疇には、作物を台無しにし、漁夫の妨害をし、豚をジャングルのなかに追い込み、バナナやヤシまたはびんろうじゅを枯らし、祝祭やあるいはクラ(*kula*)の遠征を滅茶苦茶にするといったような、有害で悪意の呪術の種々な形態がおそらく属するのである。かかる呪術は、確立された制度や重要な仕事に向けられるのであるが、まさしく伝統によって補充された犯罪の手段である。そしてかかるものとして、呪術は伝統の一部であり、それは法に反対の作用を営み、直接法に抵触するものである。なんとなれば、法は種々の形態でこれらの仕事や制度を保護するからである。黒呪術《ブラック・マジック》の特殊なそしてきわめて重要な形式である魔術（sorcery）の事例は、部族法の回避についての、ある種の非呪術的組織として、やがて論議されるであろう。

外婚制の法則、すなわち、氏族内部における婚姻および性的交渉の禁止は、二人の当事者間の親等関係を無視して同一の厳格さをもって氏族内の性関係を禁止する点において、原始法のもっとも厳格な、また、大規模なおきての一つとしてしばしば引用されるのである。氏族の統一および「親族関係の級別式組織」の実態は、氏族相姦のタブーのなかでもっとも完全に擁護されると論ぜられている。それは氏族のすべての男女を相互に「兄弟」および「姉妹」として一まとめにする。そしてかれらが性的関係を結ぶのを絶対に阻止するのである。トロブリアンド諸島のように関連する事実の注意深き分析は完全にこの見解を打破する。再言すれば、それは人類学によって額面通りにひきつがれ、そっくりその独断論のなかに編入された原住民の伝統についての作り話しのうちの一つである。(2) トロブリアンド島においては、外婚制の違反は、その罪を犯した男女が親密な親族関係にたつか、あるいはかれらが協同の氏族員たる紐帯によって結びつけられているかに従って、まったく異なって考えられている。姉妹との相姦は、原住民にとって言語道断のほとんど考えられぬ犯罪である――がこれもまたけっして犯されることがないということを意味するのではない。母系の従兄弟姉妹（first cousin）の場合の違反は重大な罪である。そしてそれはわれわれがみたように、悲劇的な結果を生じうるのである。親族関係が遠くなるに従って厳格さが緩和され、そして単に同一氏族に属する者と犯したときは、外婚制の違反は軽い罪にすぎず、容易に宥恕されるのである。かようにして、この禁止の点では、その氏族の女子らは、男子にとって一つの緊密な集団でもなく、また一つの同質の「氏族」でもなく、女子が男子の系統において占める地位に従って、各自が特殊の関係に立つ個人の十分分化せる社会である。

放縦な原住民の見地からは、スヴァソヴァ（*suvasova*＝外婚制の違反）は実際とくに興味あるまた味のある情事の一形式である。わたくしの報告者の大多数は、この罪やあるいは姦通（カイラシ＝*kaylasi*）の罪を犯したことを承認したのみならず、実際それを自慢にしているのである。そしてわたくしは多くの具体的で十分に検証された事例を記録にとどめている。

以上わたくしは性関係について述べたのである。同一氏族内における婚姻はよりいっそう重大な事件である。伝統的法律の厳格性が一般に弛緩した今日においてすら、同一氏族内でわずかに二、三の婚姻の事例が存在しているにすぎない。そのもっとも著名なのはオブウェリア（Obweria）という大村落の村長のモドウラブ（Modulabu）と有名な巫女のイプワイガナ（Ipwaygana）との婚姻で、イプワイガナはまた疾病をもってくる超自然的悪霊のタウバウ（tauva'u）と性関係があると疑われているのである。そしてこの者らは双方ともマラシ（Malasi）氏族に属している。この氏族は因襲的に近親相姦と結びついていることは注意すべきことである。恋愛呪術の根源である兄弟姉妹の相姦の神話があるが、これはマラシ氏族に生じたものであった。最近の兄弟姉妹相姦のもっともよく知られている事件もまたこの氏族で生じた。(3) かくして伝統的道徳や法に反映した現実生活と理想的事態との関係は、非常に教えられるところが多いのである。

註1 かく、リヴァーズは、メラネシアにおいて存在すると仮想された「共産主義的慣行をともなう氏族組織の集団感情」について述べている。そして、かれはかくのごとき原住民にとって「『各人は各人のために』なる原理は到底理解の達しえないものである」と付言している（『社会組織』一七〇頁）。シドニー・ハートランドは未開状態においては「同じ法典が、同じ神の名でまた同等の権威をもって、商取り引きの行為にたいしても、もっとも親密な夫婦関係の行為にたいしても、また同様

に神の祭祀の複雑な素晴らしい祭祀にたいしても、規則をつくることができるであろう」と想像する（『原始法』二一四頁）。双方の叙述とも人を惑わしめるものである。第一部第一章および第一〇章における引用を参照せよ。

2 例を一つ挙げよう。未開人と文明人の役割と民族誌学者と報告者との役割を逆にするものである。わたくしのメラネシアの友人の多くはクリスト教の宣教師等によって説教された「同胞愛」の教義と政府の役人によって説かれ、ひろめられた戦争や殺戮についてのタブーを額面どおりに受け入れたので、植民者、商人、監督者、植民地の雇人を通じて、このもっとも遠隔のメラネシアやパプアの村落に達した欧州大戦についての話を調和させることができなかった。かれらはある日のこと、白人がおそらくメラネシアの最大の部族の幾つかと同数のかれら自身の種族を殲滅しつつあるということを聞いて真に当惑したのであった。かれらは無理やり白人は恐ろしい虚言者であると結論した。しかし、かれらはその虚言がどっちの目的でなされたのか――道徳的口実であるか、あるいは白人の戦争の効果の自慢であるのかについては、はっきりしなかったのであった。

3 この問題についてのより十分な説明については『サイキ』五巻三号、一九二五年一月号の著者の論文『母権における複合と神話』をみよ。これは本書と同一体裁の前掲『未開社会における性と抑圧』のなかに再刊されている。

2 法的勢力としての魔術と自殺

前章においてわたくしは部族法の違反についての一事例を述べ、さらに、犯罪的傾向の性質ならびに秩序と部族の均衡が顚覆されるやいなやただちにそれを回復することに着手する力の性質をもあわせて論じたのであった。

われわれはその説明において二つの出来事――強制の手段としての魔術と贖罪および挑戦としての自殺の遂行に触れたのである。いまや、これらの二つの問題にたいしていっそう詳細な議論が捧げられねばならぬのである。魔術はトロブリアンド島では、一定数の専門家によって行なわれる――その人々は概して卓越した知識と人格とを有する男子で、多数の呪文を学びある状態に身を任すことによってこの技術を修得するのである。かれらはかれらの力を自分自身のために行使し、また職業的に報酬を得ても行なう。魔術の信仰は深く根柢を有し、かつ、あらゆる重病や死が黒呪術に帰せられているので、魔術師は大いに畏敬されており、一見したところでは、かれの地位は濫用や恐かつに用いられることを避け難くしているようである。じじつ、メラネシアやその他の地域に関していえば、魔術は主なる犯罪的作因であるとしばしば確言せられてきた。わたくしが個人的経験から知っている地域、すなわち、北西メラネシアについていうならば、この見解はその映像の一面を表わすものである。魔術は人に権力と富と勢力を与える。そして人はこれをさらに自己自身の目的のために用いる。しかし、このはなはだしき濫用によっては失うところが多く得るところがすくないという事実そのものは、概してかれを非常に穏健ならしめるのである。酋長、著名な者や他の魔術師がかれを注意深く監視する。のみならず、一人の魔術師が酋長に代ってまた酋長の命令によって、他の魔術師に追い払われると信ぜられることもすくないことではない。

職業的に対価の支払われるかれの職務について述べるならば、権力のある人々――酋長、高い階級および富のある人――は、これまたかれにたいして要求する第一の権利を有している。これらの人々より劣った人から依頼されるときは、魔術師は不正なあるいは気紛れな要求には応じようとはしない。かれはあまりに富みかつ偉大な者なので法にはずれたことはなすことはできない。かれは正直にかつ正しくしている余裕を有している。しかるに他方、本当に不正なあるいは完全に不法な行為が罰せらるべきときには、魔術師は自己にたいする世論の重力を感じ、正当な理由を擁護し、十分な報酬を受くることを辞せないのである。かような場合はまた、その魔術の被術者は、魔術者が自分に不利に活動していることを知ると、気が畏縮するようになり、改心して公平な処置をなすようになるかもしれない。かようにして黒呪術《ブラック・マジック》は、一般に純然たる法的力として働く。なんとなれば、それは部族法の規則を遂行するために用いられ、暴力の行使を阻止し、均衡を回復するからである。

魔術の法的側面を説明する興味ある結末は、魔術によって人が殺された理由を与える慣習によって供される。これは墓をあばいて掘り出された肉体に見出されるある種のしるしまたは徴候の正確な解釈によって遂げられる。仮埋葬ののち約一二時間ないし二四時間たって、つぎの最初の日没時に墓があばかれる。そして肉体が洗われ、油が注がれ、その肉体は検査されるのである。この慣習は政府の命令によって禁止されている――それは、いずれにしてもその場に臨む機もなくまた用もない白人にとってても嫌厭を催させる――。しかし、僻遠の村落ではいまなお秘密裡に行なわれている。わたくしは数回この発掘に臨んだことがある。そしていちどは、いくぶんはやく太陽がまだ没しないうちに行なわれたので、わたくしは写真を撮ることができた。この事件の運びはまことに劇的である。群集がその墓のまわりに群がる。そして、号泣するさなかにある者が急いで土をとり除ける。ある者はム﹅ル﹅ク﹅ワ﹅ウシ (*mulukwausi*) (屍体を喰いつくしまた人を殺し飛び廻る魔女) にむかって呪文を詠唱し、その場にいるすべての人々に嚙んだ生薑と一緒に唾を吐きかけるのである。人々は屍体をつつんでいる薦の包みに近づくと、ますます声高に号泣し歌唱し、そして遂に屍体は叫喚のさなかに覆いをとられ群集はすばやく身を動かし、その近くに群がるのである。すべての者がそれをみようと先を争って進む。そしてヤシの実のクリームをいれた木の大皿がもっとも近くに来た者等にそれでもって屍体を洗うために与えられるのである。屍体から飾りが取りはずされる。屍体はすばやく洗われ、ふたたび包まれ、そして埋められるのである。人々は屍体が外にある間にしるしを心に留めておかねばならない。これは形式的な事柄ではない。そして意見の相違は頻繁である。しばしば明瞭なしるしのないことがあるが、人々の判断に一致をみることのできないことは、それよりもいっそうしばしばである。

しかしながら、疑問の余地が存在しえないしるし（カラ・ワブ＝*kala wabu*）があるのであって、それは疑いなく死者の癖、性向あるいは特質を示し、また、それは当時においてある者の敵意を生ぜしめ、その者が被害者を殺すように魔術師に依頼したものである。もし肉体が、ことに肩の上に、情事で戯れている間につけられるエロチックな搔痕であるキマリ（*kimali*）に似た搔痕を示すならば、これは死者が姦通の罪を犯していたか、あるいはあまり女に成功しすぎて酋長や権力者やあるいは魔術者に迷惑をかけたことを示すのである。この頻繁な死の原因は、また他の徴候をも示している。掘り出された屍体をみると両脚が離れていることがあり、あるいは思う人を密会に呼び出すときに用いる舌打ちの音を出しているかのごとく口をすぼめていることがある。あるいはさらに屍体が虱でウジャウジャしていることも見出される。それはお互に虱をとりあうことが、恋人同士の好んでやる優しい仕事だからである。ときには死のまえに一定の徴候が現われる。いつぞや瀕死の男が手招きするような恰好で腕をあちこちと動かしているのが気づかれた。ところが！　彼の屍体が発掘された後で、その両肩にはキマリのしるしがあった。さらに具体的事例では、瀕死の男が舌打ちの音を出しているのが聞えた。そして後に発掘のとき、かれには虱が沢山たかっていた。この男が公然と、かつてのキリウイナ（kiriwina）の最高の酋長の一人のヌマカラ（Numakala）の複妻のうちのある者に自分の虱をとらせ——そして、かれが目上の者の指図によってあきらかに処罰されたことは有名なことであった。

装飾とか、顔の彩色とかあるいは舞踏の装飾を暗示するようなしるしが発見されたとき、あるいは屍体の手が音頭とりの踊り手がカイデブ（*kaydebu*＝舞踏用の楯）とか、ビシラ（*bisila*＝たこのきの葉の束）を振り廻す際になすようにふるえるときは、——かれの容姿の美しさあるいは女性の寵愛を得るにいたったその成功が魔術師をしてこの死せるドン・ファンに敵対せしめたものだったのである。皮膚についた赤、黒および白の色彩、貴族の家や貯蔵庫の意匠を暗示する模様、金持のヤム芋小貯蔵庫の梁に似た脹れ上り――これは死者がその小屋や貯蔵庫の度をすぎた大がかりな装飾に耽ったので、そのために酋長の怨恨を買ったことを表わしている。タロ芋の形をした瘤とか、死ぬ直前にこの野菜を極端に欲しがることは、死者があまりにすばらしいタロ芋畑をもっていたとか、あるいは酋長にこの産物を十分に貢納しなかったとかを示すのである。バナナ、ヤシの実、甘蔗は必要な変更を加えて（*mutatis mutandis*）同様な効果を生み出す。しかるにびんろうじゅは屍体の口を赤く染めるのである。もし屍体が口から泡を吹いているのであれば、それはその人がぜいたくで見えを張った食事にはなはだしく耽溺したとか、あるいは食物の自慢をしたとかを示す。皮がむけて皺になっている弛緩した皮膚は、とくに豚の食事を濫用するとかあるいは豚の賄賂を不正直に行なったとかを示す。豚は酋長の独占で、身分の低い者にはただその世話が托されるにすぎない。酋長はまた人が礼儀を守らず、また、かれのまえで十分低く身をかがめないときは憤慨する。そしてかような者は墓のなかに身をかがめているのが見出されるのである。鼻孔から糸をひいて流れている腐敗物質は、この死後の魔術の規則によれば、円く平たい貝でできた貴重な頸飾りを示し、したがって、クラ（*kula*）の交易でたいそう成功したことを示すのである。これにたいして、両腕の環状の腫れは、ムワリ（*mwali*＝腕に似た貝）の手段で同様であったことを指示するのである。最後に、かれ自身が魔術師であるという理由で殺された人は、普通の霊（*baloma*）のほかに墓の周囲にあらわれ、種々な悪ふざけをする有形の亡霊（*kousi*）を産み出す。(1) そしてまた、魔術師の屍体はしばしば墓のなかで攪乱され、ゆがめられているのが発見される。

わたくしはこの目録《リスト》を具体的事例を検討し、また、実際心に留められていた徴候に注意することによって得たのである。そしてしばしば――わたくしはあえて大多数の場合といいたいのであるが――身体になんらのしるしも見出されないことがあり、また、しるしについて意見の一致しないことがあることを理解することはきわめて重要である。病人が、かれの病気にたいして責を負う魔術師はだれなのであるか、そしてだれのためにかれは行為し、また、それはなんの理由のためにということをつねに疑い、じじつかれはそれを知っているとおもうことは、ここにいうまでもない。だからして、しるしの「発見」はすべてすでに知られていることについての帰納的（*a posteriori*）証明の性格を有するのである。かような見地にたつならば、公然と論議せられ、容易に見出された「死の原因」を含む以上の目録《リスト》は、特殊の意義を与えられるのである。すなわち、それはどの罪が不名誉ともまた卑しむべきものとも考えられないかを示し、また、生残者にたいしてあまり重荷でない罪をも示すのである。実際、性的成功、美貌、舞踏の熟練、富にたいする野心、誇示および財産の享有における傍若無人、魔術によるあまりにも過大な権力――これらは権力者の嫉妬を惹起するから危険ではあるが、しかし、犯罪を栄光の光輝でとりかこむ羨望すべき欠点あるいは罪である。他方、これらの罪はほとんどすべてが、その地域の酋長の憤激を買い、しかも、その憤激は正当であり、また、法的に罰せられるのであるから、生残者は血讐の義務の重荷から解放されるのである。

しかしながら、われわれの議論において真に重要な点は、すべてこれらの標準的徴候はわれわれに、社会的地位によって保証されない能力や財産の卓越や過剰、また、階級や権力と結合しない顕著な個人的業績や美徳がいかに多く憤激を受けているかということである。これらの事柄は罰せらるべきものであり、人々の凡庸さを監視する者は酋長である。そして、かれの伝統にたいする本質的権利と義務は他人に中庸を強制することである。しかしながら、酋長はかかる事柄にあっても、ただ嫌疑とか、ほんのすこしの疑いとかあるいは傾向が違反者に不利なことを告げるにすぎぬときは、直接肉体的暴行を加えることはできない。かれにとって妥当な法的手段は魔術に訴えることであって、そして記憶すべきことは、かれはこれにたいしてかれの個人の資金から支払をしなければならぬことである。作法や礼儀の直接の違反は酋長の妻との姦通、かれの私有物の窃取あるいは人格にたいする侮辱などのような極悪の犯罪と同様に、酋長がこれを罰するためには暴力を行使することが許された（すなわち、白人の「治安」がまだ行なわれぬまえである）。もしだれかがあえて酋長の頭に自分の身体をのせたり、かれの頸あるいは肩のタブーになっている部分に触れたり、かれの面前である種の卑わいな言葉を用いたり、性関係についてかれの妹ににおわすような作法に反することをなせば――この者はただちに酋長の武装した従者の一人に槍で突かれるのである。これが完全な厳格さで適用されるのは、キリウィナ（Kiriwina）の最高の酋長にたいしてだけである。そして、ある男がたまたま酋長の感情を害し、必死で逃げなければならなかったという事件が記録されている。また、最近の事件では、交戦中に敵陣から酋長を大声で侮辱した者の事件がある。この男は平和が締結されたとき本当に殺された。そしてかれの死はその罪にたいする正当の応報と考えられた。しかも、いかなる血讐も起らなかったのである。

かようにしてわれわれは、多くの場合、じじつ大多数の場合に、黒呪術《ブラック・マジック》は酋長の独占的特権や大権を強行する際におけるかれの主な道具と考えられているのをみることができる。もとより、かかる事例はきわめて徐々に現実の圧制やお話しにならない不正へ移行するのであって、それについて、わたくしはまた多くの具体的事例を挙げることができたのである。が、かようなときですら、魔術は相変らず権力を有し、裕福で、勢力をもつ者の側に味方するのであるから、魔術は既得利権の支持、したがって、結局において法と秩序を支持するものとなっているのである。それはつねに保守的な力である。そして、それは現実にどの秩序ある社会にも不可欠の刑罰と応報についての、穏健な恐怖の主たる淵源を提供するものである。それゆえに、未開民族に干渉する多くのヨーロッパ人のやり方において、宣教師、植民者および官憲がひとしく魔術師に加える激しい憎悪以上に有害なものはないのである。(2) 原住民の社会にたいしてわれわれの法、道徳、慣習を性急に、でたらめに、また、非科学的に適用し、そして、原住民の法、準法的機構および権力の道具を破壊することは、ただ無政府状態と道徳の衰退とを招来し、結局において文化と種族の絶滅に導くにすぎないのである。

　要するに、魔術はもっぱら裁判執行だけの方法でもなければ、また、刑事訴訟手続の形式だけのものでもない。それは両者の方法に用いることができるのである。もっとも、それはきわめてしばしば権力者の利益のために、弱者にたいして悪を犯すために用いられることがあるとはいえ、けっして法に直接に反対して用いられることはない。そしてそれがどのように作用するとしても、それは現状(*status quo*)を強調する方法であり、伝統的不平等を表現し、またあらゆる新らしいものの形成を阻止する方法である。保守主義は原始社会におけるもっとも重要なすう勢であるから、魔術は全体として有益な媒介があり、未開文化にたいして莫大な価値を有するものである。

　これらの考察は、魔術の準法的適用と準刑事的適用との間に一線を画することがいかに困難であるかを明確に示すのである。未開社会における「刑事的」側面はおそらく「民事的」側面よりもさらにいっそう漠とさえしているものであろう。そして、われわれの意味における「裁判」の観念はほとんど適用できず、攪乱せられた部族の均衡の回復手段は緩慢であり、煩雑である。

われわれは魔術の研究からトロブリアンドの刑事学について多少学んだのであるから、今度は自殺にうつることにしよう。自殺はけっして純然たる法律制度ではないが、付随的に明白な法的側面をもっている。それは二つの重大な方法、すなわち、ルウ（*lo'u*＝ヤシの梢から飛び下りること）と、ふぐ（*soka*）の胆嚢からとった回復不能の毒を服用することと魚を仮死させるために用いられる植物性の毒のツヴァ（*tuva*）の若干を用いるききめが緩慢な方法とによって実行される。そして、吐剤の多量な服用によってツヴァの毒を仰った人をも蘇生せしめる。そこで、ツヴァは恋人の争いや結婚上の意見の相違やそれと類似の場合——これらはわたくしのトロブリアンド諸島滞在の間にも数回生じた——に用いられているが、致命的なことは一回もなかった。

二つの致命的な自殺の形式は逃げ道のない立場からの脱出の手段として用いられるのである。そして、その基底に在る心的態度はやや複雑であり、自己処罰の欲求、復讐、復権の願いおよび感傷的な不平の因素を含んでいる。つぎに二、三の具体的事件を簡単に述べよう。それは自殺の心理をもっとも明瞭にするであろう。

前述したキマイの事件にやや類似した事件にボマワク（Bomawaku）という少女の事件があった。この少女は少女自身の氏族の若者と愛し合っており、公認の立派な求婚者もあったが、その求婚者にたいしては少女は顧みることがなかった。少女は父親が彼女のために建てたブクマツラ（*bukumatula*＝若者宿）に住んでいた。そしてそこで彼女の非合法の恋人を迎え入れたのである。彼女の求婚者はこれを発見し彼女を公然と侮辱した。そこで、彼女は祭礼用の着物と飾りをつけ、ヤシの木の頂から嘆き悲しんで、飛び下りたのである。これは古い話であり、目撃者が、キマイの事件を回想してわたくしに語ったのである。この少女もまた彼女の情熱と伝統的な禁制によって追い込まれた耐え難い行き悩みからの脱出を求めたのであった。しかし、自殺の真の理由は侮辱の瞬間にあった。もしそのためでないならば、恋愛とタブーの深刻ではあるが、それほど激しさのない葛藤によっては、かような性急な行為に導かれはしなかったであろう。

リルタ（Liluta）のムワケヌワ（Mwakenuwa）は高い階級に属し、偉大な呪術力をもち、卓越した人格者であり、その名声は二世代も後の今日にまで及んでいるが、複妻のなかにイソワイ（Isowa'i）という、かれが非常に惹きつけられている一人の妻があった。かれはときには彼女と争うこともあったが、ある日、激しい争いのさなかに、かれはクウオイ・ルムタ（*kwoy lumuta*）というもっとも悪い方式の一つで彼女を侮辱した。この方式はとくに夫から妻にたいするときは、堪え難きものと考えられているのである。[3] イソワイは伝統的な名誉の観念に則って、ただちにロウ（ヤシから飛び下りる）によって自殺をとげた。翌日、イソワイのための涕泣が行なわれている間に、ムワケヌワは彼女の後を追い、そして、かれの屍骸は彼女のそばにおかれ、涕泣はこの二人のために行なわれることになった。ここには法よりもむしろ熱情の問題がある。しかしながら、この事件は、伝統的感情や名誉の感覚がいかに強く、行き過ぎや違反を——そのおだやかな調子のものでさえ——嫌悪するものであるかをよく示している。さらにまた、このことは、女子の生命を奪った男子のみずからに加えた運命によって生存者がいかに強く動かされうるかを示すものでもある。

これに似た事件はすこしまえに起ったが、その事件では、夫が妻の姦通を非難した。そこで、妻がヤシの木から飛び下り、夫がその後を追ったのであった。もっと最近に起った他の出来事は、夫に姦通を非難されたシナケタ（Sinaketa）のイサカプ（Isakapu）が服毒して自殺したことであった。また、シナケタの酋長のクタウヤ（Kouta'uya）の妻のボゴネラ（Bogonela）はかれの留守中に、不義の罪を犯したことを僚妻の一人に発見され、ただちに自殺を遂げた。数年まえシナケタでは、一人の男が妻の一人からうるさく悩まされ、毒を仰いで自殺した。妻はかれの姦通や他の違反行為を責めたのであった。

キリウィナ（Kiriwina）のかつての大酋長の一人であった者の妻のボルベセ（Bolubese）は、夫のもとから彼女自身の村へ逃げてきたのであった。ところが、彼女自身の親族（母方のおじや兄弟）に暴力をもって送り帰されるぞと言っておどされたので、ルウ（*lo'u*）によって自殺を遂げた。夫婦間、恋人間、また、親族間の緊張関係を示す幾多の同じような事件がわたくしの注意を惹くにいたったのである。

自殺の心理には二つの動機が銘記されなければならぬ。第一には、外婚の規則の違反にしろ、姦通にしろ、不当な侮辱にしろ、また、自己の義務を回避しようとする試みにしろ、つねになんらかの罪科、犯罪あるいは罪を償う情熱の爆発がある。第二には、かかる違反行為を明るみに出し、違反者を公然侮辱し、かれをして堪え難き状態に陥らしめた者にたいする反抗がある。ときにはこれらの二つの動機のうちの一つが他の一つよりも顕著なことがありうる。しかし一般には、両者が同じ割合で混淆しているのである。公然と非難された者は自分の罪を認め、そのあらゆる結果を引き受け、自己自身に刑罰を科する。しかし同時に、その者は虐待されたことを宣言し、もしかれをしてかような極端な手段に訴えるにいたらしめた者が友人あるいは親族であるならば、その者の感情に訴え、もしその者が敵であるならば、自分の親族の連帯性に訴え、血讐（*lugwa*）を行なうことを依頼するのである。

自殺はたしかに裁判を執行する手段ではない。しかし、それは非難され抑圧された者に——罪を犯した者であると無辜の者であるとをとわず——脱出と名誉回復の手段を与えるのである。自殺は原住民の心理には大きくぼんやりと浮き上っているのであるが、他人を傷つけあるいは怒らす言語や行動の暴力にたいし、または、慣習または伝統からの偏倚にたいし永久的な制動機なのである。このように、自殺は魔術と同じく原住民をして法を厳格に遵奉せしめる手段であり、人々を極端で異常な行為の類型へ赴くことを妨げる手段である。両者とも明白に保守的勢力であり、そして、そういうものとして法および秩序を強く支持するのである。

われわれは本章や前章に記録した犯罪およびその刑罰の事実からなにを学んだのであろうか。われわれは犯罪を罰する原則がきわめて漠然としていること、また、応報を行なう方法は固定した制度の体系によってよりもむしろ機会と個人的熱情によって支配された偶発的のものであることを発見した。じじつ、もっとも重要な方法は、魔術と自殺、酋長の権力、呪術、タブーの超自然的結果および個人の復讐行為等のごとき非法律制度、慣習、規制および事件の副産物である。これらの制度や慣行は、その主要な機能において法的であるどころではなく、きわめて部分的かつ不完全に伝統の命令を維持し、強制する目的に役立つにすぎない。われわれはいかなる規制や慣行も法典や固定した方法に従って「裁判の執行」の一形式として類別されうるものを見出さなかった。われわれが見出した法的効果をもつすべては、むしろ不法あるいは堪え難き事態を断絶する方法とか、社会生活における均衡を回復する方法とか、また、個人の蒙った圧迫や不正の感情にはけ口を与える方法とかである。トロブリアンド社会における犯罪はただ漠然と定義されうるにすぎない――それは情熱の爆発であったり、あるいは一定のタブーの違反であったり、あるいは身体あるいは財産にたいする攻撃(殺人、窃盗、暴行)であったり、あるいは伝統によって認められず、酋長または貴族の特権と衝突するところのあまりにはげしい野心あるいは富への耽溺である。われわれはまたもっとも明確な禁止といえども、これを回避する秩序立った組織があるので弾力性のあることを発見したのである。
さて、つぎにわたくしが議論をすすめてゆきたいのは、法が決定的に不法な性質の行為によって破られるのではなくして、伝統的な法それ自体とほとんど同じように強い法制化された慣行の体系に直面する事例についてである。

註1 一九一六年の『王立人類学協会雑誌』の *'Baloma'* なる論文を参照せよ。この論文において、わたくしは kousi が、もっぱら魔術師の場合にのみ発見されることを挙げないのであるが、二つの現存せる原則の信仰を詳細に述べた。わたくしはこれをニューギニアへの第三回目の遠征の間に発見したのであった。

2 魔術師は保守主義、古い部族秩序、古い信仰および権力の配分に味方するのであって、また、当然かれの世界観（Weltanschauung）の改革者や破壊者にたいしては憤りの念を抱く。かれは一般に白人の自然の敵であり、したがって、白人はかれを憎悪するのである。

3 罵言や卑わいな表現の説明と分析については、前掲『未開社会における性と抑圧』か、あるいは『サイキ』一九二五年三巻における著者の論文を参照せよ。

3 法体系の牴触

原始法は矛盾なき体系へ発展する一の原則に立脚したところの、同質で完全に統一された一団の規範ではない。以上のことは、前述のトロブリアンド諸島における法的事実についての概観からして、すでにわれわれの知るところである。これら原住民の法は逆に多数の多少とも独立した体系から成立しており、ただ部分的にのみ相互に調整されているにすぎない。これらの体系のそれぞれ——母系制、父権、婚姻法、酋長の特権と義務等々——は完全にそれ自体の一定の領域を有している。しかし、それはまたその適法な限界を超えて違反することも可能である。その結果、偶発的爆発をともなう緊張した均衡状態が生じているのである。法的諸原則の間のかような牴触——公然のものであろうと、また、隠然のものであろうと——の機構の研究はきわめて有益であり、それはわれわれにたいして原始部族における社会構成の性質そのものを示すのである。それゆえに、わたくしはつぎに一、二の事件について述べ、それからその分析にすすみたいと思う。

わたくしはまず第一に、法の主要な原則である母権ともっとも強い感情の一つである父性愛との間の衝突を例証する劇的な事件を述べよう。この父性愛の周囲には、実際において法に反対する作用を営んでいるが、慣習によって許容されている多くの慣行が群がっているのである。

母権と父性愛の二つの原理は、男子のかれの姉妹の息子にたいする関係と、かれの実の息子にたいする関係のそれぞれにおいてもっとも鋭く集中されている。かれの母系のおいはかれの最近の親族であって、あらゆるかれの威厳と職務の法定承継者である。これに反して、かれの実の息子は親族として考えられない。すなわち、その息子は法律上父親とは親族関係にたたず、そして、唯一の紐帯は母親との婚姻の社会学的地位のみである。(1)

がしかし、現実の生活の実態においては、父親はかれのおいよりも実の息子にたいしてはるかに多くの愛情を感じている。父親と息子との間には、友誼と個人的愛着がいつもかかわらずに行なわれている。おじとおいとの間では、完全な連帯の理念がどの相続関係にも付着している敵対や疑惑によって毀損されることがすくなくないのである。

かようにして、母権の強力な法的体系はむしろ弱い感情と結びついている。ところが一方、父性愛は法においてははるかに重要でないのであるが、強い個人的感情によって支持せられている。かなりの権力を有する酋長の場合には、個人的勢力が法の支配よりも優っており、息子の地位はおいの地位と同様に強いのである。

つぎの事件は第一の酋長の住居地たる首府のオマラカナ（Omarakana）なる村落に起ったものである。その酋長の権力は全地域に及び、その勢力は多数の群島に達し、その名声はニューギニアの東端にまで拡がっているのであった。わたくしはまもなくかれの息子たちとおいたちの間に継続的な宿怨のあることを見出した。そして、その宿怨はかれの寵子のナムワナ・グヤウ（Namwana Guya'u）と二番目に年長のおいのミタカタ（Mitakata）の間のたえず繰り返されている争いにおいてまことに尖鋭な形式をとった。

最後の爆発は、この酋長の息子がその地域に駐在する政府役人に提起した訴訟で、そのおいに重大な侮辱を蒙らしたときに生じた。おいのミタカタは実際に有罪を宣告され、一ヵ月余り投獄されたのであった。

この報道が村落に達したとき、ナムワナ・グヤウの一味の人々の間の歓喜は短く、続いて狼狽になって終った。というのは、すべての者が事態が危機に迫ったことを感じたからである。酋長は自分の小屋に閉じこもった。かれは軽率に行動し、また、部落の法と感情を踏みにじったと感ぜられる寵愛の息子にふりかかる結果について悪い予感で一ぱいであった。投獄された若い酋長職の承継者の親族たちは怒りと憤激を抑制しながら煮え返っていた。夜になると、うち沈んだ村落は静かに夕食にとりかかり、どの家族もさびしい食事についた。中央の広場にはだれもいなかった――ナムワナ・グヤウはみらるべくもなく、酋長のツウルワ（To'uluwa）はその小屋にかくれ、かれの妻等の多くや家族等もまた部屋のなかに残っていた。すると突然、この静寂な村落をつきぬけて大きな声が響き渡った。

投獄された男の最年長の兄で、当然の承継者であるバギドウ（Bagido'u）が酋長の小屋のまえに立ち、かれの家族の犯罪者にむかって大声でどなったのだ――

「ナムワナ・グヤウ、騒動の原因はおまえだ。おれらオマラカナのタバル（Tabaru）はおまえがここにいておれらと一緒に住むことを許した。おまえはオマラカナで沢山な食物をもち、おれらの食物を食べ、おれらが貢物としてもらった豚や、それから魚の分け前にあずかった。おまえはおれらのカヌーで出かけた。おまえはおれらの土地に小屋を建てた。なのにおまえはおれらに害を与えてきた。おまえは嘘をついてきた。ミタカタは獄のなかにいる。おれらはおまえにここにいてもらいたくはない。ここはおれらの村なんだ！　おまえはここでは他所者だ。去れ！　おれらはおまえを追い出してやる！　オマラカナからおれらはおまえを追いだすんだ」。

これらの言葉は高い金切り声で述べられ、強い感動でうち震え、途切れ途切れに述べられる短い一句一句は、それぞれが個々の投槍のように空間を横切ってナムワナ・グヤウが考え込みながら坐っている小屋へ投げつけられた。その後で、ミタカタの妹がまた立ち上って語り、それから母方のおいの一人の若者が述べた。これらの言葉はほとんど最初の言葉と同じであった。そして最後の折り返しの言葉は追い出すという文句のヨバ（*yoba*）であった。これらの言葉は深い沈黙のうちに受けとられ、村落にはなんの騒ぎも起らなかった。しかし、夜が明けないうちに、ナムワナ・グヤウは永久にオマラカナを去っていた。かれは自分の村落、すなわち、数マイル離れたかれの母の生まれた村落のオサポラ（Osapola）に落ちのび、そこに落ち着いていたのであった。かれの母と妹は数週間にわたってかれのために死者にたいする服喪の高い悲しみの声をもって涕泣した。酋長はかれの小屋のなかに三日間留まっていた。そして、かれが外に出たときは悲しみのために年老いたようにみえ、かつ、健康も衰えていた。もとより、かれの個人的関心や愛情のすべてはかれの寵愛の息子に向けられていた。けれども、かれはその息子を助けるためになにごともなすことができなかった。かれの親族等はかれらの権利に従って、また部族法に従って完全に行動したのであり、かれはかれらとの関連を絶つことがどうしてもできなかった。いかなる権力も追放の宣告を変更することはできなかった。ひとたび「去れ」――(ブクラ=*bukula*)、「おれらはおまえを追い出す」――(カヤバイム=*kayabaim*)と告げられると、その者は出てゆかねばならなかった。これらの言葉は真剣に述べられることはきわめてまれであるが、ある土地の者によってその土地に住んでいる外部の者にたいして告げられるときは、拘束力と儀礼的な力に近いものを有するのである。そして、これらの言葉に含まれたおそるべき侮辱を無視し、かような言葉をものともせずにあえてとどまろうとする者は、永久に恥辱を受けるのである。実際、トロブリアンド島民にとっては、儀礼的要求にただちに従う以外のことは考えられないのである。

酋長のかれの親族等にたいする遺恨は深く、かつ、長く続いた。最初、かれはかれらに話をしようとさえしなかった。一年ばかりの間は、かれらのうちの一人としてあえてかれに海上遠征に連れていってもらうことを願わなかった。もっとも、かれらはこの特権にたいして十分な資格をもっていたのではあるが。二年後の一九一七年にわたくしがトロブリアンド島に帰ったとき、ナムワナ・グヤウは、しばしば、ことにツウルワがよそへいったときには父親に付き添うためにオマラカナを訪れていたが、なお依然として他の村落に住み、かれの父親の親族からは遠ざかっていた。母は放逐のあった後一年たたぬうちに死んでいた。原住民たちが語るところに従えば、「彼女は号泣に号泣を重ね、食事を拒絶し、そして死んだ」のである。二人の主要な敵の間の関係は完全に破れた。そして、投獄されていた若き酋長のミタカタはナムワナ・グヤウと同じ亜氏族に属するかれの妻を追い帰していたのであった。キリウィナの全社会生活には深い裂け目があった。

この出来事は、わたくしがかつてトロブリアンド島で目撃したもののうちでもっとも劇的な事件の一つであった。わたくしはこの事件を詳細に述べたのであるが、それはこの事件が、母権や部族法の力やまたそれを無視して作用する情熱についての明快な例証を含んでいるからである。

この事例は特別に劇的であり影響の多いものであるが、けっして異常なものではない。高い階級の酋長、勢力のある知名士あるいは権勢のある魔術師のいるすべての村落では、それらの者は自分の息子等を寵愛し、厳格にいうときには、この息子等のものでない特権をかれらに許している。このことが社会内になんらの反目をも生ぜしめないことはしばしばある——息子もおいもともに穏やかで如才ない場合のごときはそうである。最近死んだカサナイ（Kasanai）の最高の地位の酋長のムタバル（M'tabalu）の息子のカイライ（Kayla'i）はずっと父親の村落に住んでおり、公共の呪術の大部分を行ない、そして、かれの父親の承継者と睦じくしている。シナケタ（Sinaketa）の一個の村落では、数人の高い地位の酋長等が住んでいるが、その寵子等の一部の者は正当な相続人たちと親しく交っており、一部の者はかれらに公然敵意を有している。

伝道区や政庁所在地に隣接している村落のカヴァタリア（Kavataria）では、前の酋長の息子のダイボヤ（Dayboya）という者が完全に本当の支配権者等を逐い出したのであるが、かような行動は当然父系的要求のために作用するヨーロッパの勢力によって支持せられたのである。しかし、かような衝突は、白人から不可避的に受ける支持のゆえに、今日いっそう尖鋭化し、そして父性の原理（*paternal principle*）によって非常に力強く処理されるが、神話的伝統と同じように古いのである。それは娯楽のために語られる説話のクヽワネブ（*kukwanebu*）のなかに現われている。この説話では、酋長の息子のラツラ・グヤウ（latula guya'u）が尊大で、甘やかされ、うぬぼれていて、標準的タイプである。そして、かれはしばしば実際の戯談の的となっている。まじめな神話では、かれはときには悪漢であり、ときには争う英雄である——しかし、この二つの原理の対立は明瞭に示されている。しかしこの抗争の年代と文化的深さに関してもっとも確信せしめるものは、それが多くの制度——これらについてはやがてわれわれは知るであろう——のなかに埋もれているという事実である。低い階級の人々の間では、母権と父権との対立がやはり存在している。そしてこのことは、父親がおいを犠牲にして自分の息子のために精一杯のことをなそうとする傾向のなかに現われている。そしてさらにまた、父親の死後、その息子は相続人にたいして父親の生存中に受けた利益や財産のすべてを実際に返還しなければならない。このことは、しぜんに、多くの不満と軋轢を生ぜしめ、そしてまた満足すべき解決に達するための迂遠な方法をも生むのである。

かようにしてわれわれはもう一度、法の理想とその実現、法の伝統的に承認された理解と現実生活の習慣との矛盾に直面する。われわれはすでに外婚制で、反呪術の組織で、魔術と法の関係で、そして、じつにあらゆる民法の規則の弾力性において、この矛盾に出会っているのである。しかしながら、ここでは、われわれは、部族構成の基礎そのものが、それとはまったく両立しない傾向によって挑戦され、じつに組織的に嘲弄されているのを見出すのである。母権はわれわれの知ったように、原住民のあらゆる慣習や制度の基底に存する法のもっとも重要で、しかも、もっとも包括的な原理である。それは、親族関係は女子を通してのみ数えられなければならないことやあらゆる社会的特権は母系に従うことを規定する。かようにして、それは父子間の直接の肉体的紐帯ならびにこの紐帯によるあらゆる親子関係の法的効力を排除するのである。[1] それにもかかわらず、父親は子をつねにかわることなく愛するのであり、そして、この感情は法のなかに限定されて承認されているのを見出すのである。すなわち、夫は妻の子供等の青年期まで保護者として行動する権利と義務を有している。もとより、これは夫方居住制婚をともなう文化において、おそらく法がとりうる唯一の態度である。いたいけな子供たちは母親から離すことができないゆえに、母親は彼女の肉親からたびたび遠く離れて夫と同居しなければならないゆえに、彼女や彼女の子供等はその場での男子の後見者と保護者とを必要とするゆえに――夫は必然にこの役割を果すものであり、しかも、かれは厳格で因襲的な法によってそうするのである。しかしながら、同一の法は少年にたいして――少女にではない、少女は結婚まで両親のもとに留まっている――青年期になるや父親の家を去り、母親の共同体に移って、かれの母方のおじの保護のもとに入るべきことを命ずる。これは概して父親、息子、息子のおじ――すなわち、三人の関係者の希望に反している。したがって、その結果として、父親の権威を伸長し、父親と息子との間に付加的紐帯を確立するに資する多くの慣行が成長したのである。厳格法は、息子は母方の村落の公民であり、父方の村落では他所者《トマカヴア》(*tomakava*)にすぎないことを宣言する――そして、慣行は息子に父親の村落にとどまり、その公民たることとの特権の大多数を享有することを許容するのである。儀式的目的では、すなわち、葬式あるいは服喪において、祭りにおいて、また、一般に戦闘において、かれはかれの母方のおじとならんでいる。しかし、一切の生活の営みや利害関係の十分の九を占める日々の活動では、かれは父親に結びついているのである。

男の子を青年期以後も、またしばしば結婚後にも、引き留めておく慣習は正常な制度である。そして、これに応ずるために一定の規整が存しているのである。すなわち、その規整は厳格な規範と一定の手続に従ってなされるのであり、これらの規範や手続はこの慣習をいささかも内密なまた変則的なものとすることはない。まず第一に、息子は父親のヤム芋小屋をいっそうよく満たすことができるために残るという、一般に認められた口実がある。ところで、かれはこの仕事をかれの母親の兄弟の名において、かつ、その承継者として行なうのである。さらに、酋長の場合には、酋長の実の息子によって占められるのがもっとも適当であると考えられるある種の職務がある。この酋長の息子が結婚すると、かれは父親自身の住居に近い父親の用地に家を建てるのである。

男の子はもとより生活し、物を食べなければならない。だから、かれは畑を作り、また、他の仕事に従事しなければならない。父親はかれに自分の土地から若干のバレコ（*baleko*＝畑地）を与え、自分のカヌーにおける地位を与え、かれに漁労の権利――狩猟はトロブリアンド島ではすこしも重要でない――を許可し、かれに道具や網やその他の漁具を備えてやる。一般に、父親のなすことはさらにこれ以上に及ぶ。かれは息子にたいして本来はかれがかれの相続人に引き渡すまで保持すべきある種の特権を許し、贈り物を与える。もし相続人らがポカラ（*pokala*）と称する支払をなして強く求めるときは、かれは生前中に相続人らにかような特権や贈り物を与えることは真実である。かれはこの取り引きを拒絶することさえできない。しかし、かかる際は、かれの弟やあるいはおいが実質上土地、呪術、クラの権利、世襲動産あるいは舞踏や儀式における主人役にたいする代価――たとえこれらのものが本来はかれに属し、どのみちかれがそれを相続しうるのであっても――支払うのである。現在では確立された慣行は、かかる貴重な物あるいは特権を無償で（*free of charge*）息子に与えることを許している。それゆえに、この点では、確立されているが法律的ではない慣行が単に法をはなはだしく勝手にかえるのみならず、横領者に正当な所有者よりもかなり優越な地位を与えることによって、毀損したうえに侮辱を加えるのである。

一時的な父系を母権のなかへひそかにもち込むもっとも重要な規整は従兄弟姉妹婚《クロス・カズン》（*cross-cousin marriage*）の制度（通婚の許されるいとこをとくにクロス・カズンと呼ぶ——訳者）である。トロブリアンド島においては、息子をもっている男子は、その姉妹が女児を生むと、この幼児がかれの息子のいいなずけになることを請求する権利を有する。かようにして、かれの孫はかれ自身の親族となり、かれの息子は酋長の地位の承継者と義兄弟になる。それゆえに、この承継者はその息子の世帯に食物を供給し、一般に義兄弟の協力者となり、また、かれの姉妹の家族の保護者となる義務を負うのである。このように、息子によってその利益が侵害されるかにみえる者はこれを不快におもうことなく、実際、それをかれ自身の特権と考えるようになる。トロブリアンド島におけるクロス・カズン婚は、例外的な妻方居住制婚によって父親の共同体内に終生とどまり、完全な公民のほとんどすべての特権を享受する、迂遠ながらも明確な権利を息子にたいして父親が確保することのできる制度である。

かようにして、父性愛の感情をめぐって多くの既定の慣行が結晶するのである。そして、それは伝統によって承認され、共同体によってもっとも自然な過程と考えられるのである。けれども、これらの慣行は厳格法に反するか、あるいはたとえば妻方居住制婚のごとき例外的でかつ異常な手続を包含するのである。もし法の名において反対され、抗議されるならば、それは法に譲歩しなければならない。かかる事例は、男の子が父親のめいと結婚したのであるが、共同体を去らねばならなかったときに記録されていたのである。そして、相続人らはかれらのおじがその息子に与えようとしているところのものをポカラをもって要求することによって、おじの不法な寛大な行為を中止させることもすくなくはない。しかし、かような反対は権力ある者を怒らし、敵意と軋轢を惹起せしめ、そして、極端な場合においてのみ訴えられるのである。

註1 『原始心理における父』(*The Father in Primitive Psychology*, 1926) を参照せよ。それはもと『サイキ』第四巻第二号に発表されたものである。

2 原住民たちは生理学的父性の事実に無知である。そしてわたくしが前掲『原始心理における父』(一九二六年)において示したように、生誕の原因について超自然的理論を有している。男子とかれの妻子たちの間には、肉体的連続性は存在しない。けれども、父親はかれの子を生まれたときからさえ——すくなくとも普通のヨーロッパ人の父親が愛する程度に愛するのである。このことは子供たちがかれの血をひく者という観念に帰することは不可能であるから、これは男性としてはかれが結婚し、永く生活をともにし、そしてその妊娠中保護しつづけてきた女性の生んだ子に愛着を感ずるといったような、人類のなんらかの先天的傾向に帰せしめられなければならぬ。わたくしにはこれが唯一の「血の声」のもっともらしい説明のようにおもわれるのである。「血の声」は父性に無知な社会においても、また強力な父権的社会においても、ともに言葉を発するのであり、それは父をして、父がそれを知らないかぎりは、かれの生理学的に実の子供もまた姦通によって生まれた子供をもひとしく愛せしめるのである。かかる傾向は種にとってははなはだ有効な傾向である。

4 原始部族における社会的凝集の諸要素

母権と父性愛の衝突を分析するにあたって、われわれは注意を男子とその息子およびおいとの個人的関係にそれぞれ集中した。しかし、問題はまた氏族(*clan*)統一の問題である。なぜならば、権力者(酋長、知名士、村長あるいは魔術師たるをとわず)とかれの相続人によって作られる二人の集団はまさに母系氏族の中核であるからである。氏族の統一、同質性ならびに連帯性も、この中核より強大ではありえない。しかもわれわれはこの中核にはき裂があり、この二人の間には通常緊張と反目があることを発見するがゆえに、われわれは氏族が完全に結合せる単一体であるという公理を受け入れることはできない。しかし「クラン(母系氏族)の教義」(*clan-dogma*)も「シブ(氏族)の教義」(*sib-*

dogma)も——ローウィ博士（Lowie）の適切なる表現を用うるならば——その根拠がないのではない。そして、われわれは中核そのものにおいて氏族は分裂し、また、氏族は外婚に関して同質ではないことを示したのであるが、氏族の統一の議論のなかにどれほどの真理が存しているかを正確に示すことが妥当であろう。

この点についてもまた、人類学は伝統的に承認された原住民の理論、いなむしろ原住民の法的擬制をその額面どおりに受け入れ、かようにして法的理想を部族生活の社会的実体と見誤ることによって欺かれてきたとただちに述べてさしつかえないであろう。この問題における原住民の法の態度は終始一貫し、明瞭である。母権をもって法的事項における親族関係の独占的原理と認め、これをそのもっとも遠い結果にまで適用させ、原住民はあらゆる人間をかれ自身に母系的紐帯で結びついている者——原住民はこれを親族（*veyola*）と称する——と、このようにしては結びついていない者——これをかれは他所者（*tomakava*）という——に分けるのである。かようにして、この原理は「親族関係の級別式原理」（*classificatory principle of kinship*）と結びつく。そして級別式の原理はただ言葉だけを完全に支配するのであるが、ある限度まではまた法律関係にも影響を及ぼしているのである。母権も級別式原理も双方ともさらにトーテム制度と関連する。これによってすべての人間は四つの氏族に分けられ、さらに不確定数の亜氏族（*sub-clan*）に細分割されるのである。すなわち、男子または女子はマラシ（Malasi）か、ルクバ（Lukuba）か、ルクワシシガ（Lukwasisiga）あるいはルクラブタ（Lukulabuta）の氏族とさらにしかじかの亜氏族に属し、このトーテムの同一性は性、皮膚の色または身体の大きさのごとく、固定し、また、確定している。それは死とともに終ることなく、霊魂はかつてその人が属していたトーテム氏族に残る。そしてまた、生まれるまえにも存在し、その「霊魂の子」

(*spirit-child*) はすでに氏族や亜氏族の成員となっているのである。亜氏族の成員であることは、共同の始祖、親族関係の単一、地縁共同体における公民の資格の単一、土地にたいする共同の権原および多くの経済的行動ならびにすべての儀式的行動における共同を意味するのである。法的にはそれは共同の氏族名や亜氏族名、血讐 (*lugwa*) における共同責任、外婚制の規範、最後にごう慢な相互の幸福への関心の擬制という事実を包含している。だからして、死によって、第一に亜氏族がそしてある程度において氏族がその親しい者を奪われたと考えられる。そして服喪の儀式の全体はこの伝統的見解に適応されるのである。しかしながら、氏族の統一や、さらにいっそう亜氏族の統一はもっとも大きな祝祭の分配たるサガリ (*sagali*) のうちに、明白に示されるのである。このサガリにおいて、トーテム集団は儀式的=経済的ギブ・アンド・テイクを立派に果す。かようにして、そこには亜氏族の成員や構成要素たる亜氏族を氏族へ統一する利益、行動ならびに必然的に若干の感情の多様のかつ真の統一がある。そして、この事実はきわめて強く多くの制度、神話、言語、流行の説話および伝統的格言のなかで強調されているのである。

しかし、この全貌にはまた他の側面が存している。それについてわれわれは、すでに明確に指示しておいたので、ここでは簡潔に組織的に述べなければならぬ。まず第一に、親族関係、トーテム的区分、実体の単一、社会的義務等々に関するあらゆる観念は「クラン（母系氏族）の教義」を強調する傾向をもつのであるが、あらゆる感情がこの例に従うのではない。社会的、政治的あるいは儀式的性質のどの争いにおいても、人は野心、誇りおよび愛郷心《パトリオティズム》によってつねにかれの母系親の味方をするが、日常の生活状態においては、優しき感情、親愛な友情、愛着等によってしばしば妻、子、友人のために氏族が無視される。言語学的には、「わたくしの親族」という意味のヴェヨグ (*veyogu*) という言葉は冷酷な義務と誇りの情緒的色彩を有し、一方、「わたくしの友や恋人」という意味のルバイグ(*lubaygu*)という言葉は明瞭により温いより親密な調子をもっている。かれらの死後の信仰においても、また、愛の絆、夫婦の愛情や友情は——正統性よりはむしろ大きな個人的信仰において——あたかもトーテムの同一性が永続するごとく霊魂の世界へ永続せしめられる。

　氏族の明確な義務については、われわれが外婚制を例として、いかに多くの弾力性、回避、違反が存在するものであるかを詳細に知ったのであった。経済的事柄においては、すでにわれわれの知るごとく、氏族協同の独占性は父が息子に贈与し、また、かれを氏族の企てに参加せしめようとする傾向によって重大な破綻を蒙っている。ルグワ（血讐）はまれにしか行なわれない。ルラ（*lula*＝調停価格）の支払はこれまたより厳格な義務の代償のための伝統的形式であるが、本当はその回避のために行なわれる。感情においては、父親または寡婦は被殺害者の親族等よりは被殺害者の死にたいする復讐についてはるかに熱心であることが多い。儀式的分配に際し氏族が一つの経済的単位として働くすべての場合において、氏族はただ他の氏族にたいしてのみ同質的であるにすぎない。氏族内部では、構成要素たる亜氏族間に、また亜氏族の内部では個人の間に厳密な計算が行なわれるのである。かようにしてここでもまた統一は一側面には存在するが、しかし他の側面においては、それは徹底的な分化、目立った利己主義にたいする厳重な監視、そして最後に述べるがけっして軽んずべきではないが、猜疑や嫉妬や卑劣な手段を欠くわけではない安全な実際的精神と結合している。

　もし亜氏族内の個人的関係についての具体的調査がなされるならば、われわれがオマラカナでみたような母方のおじとおいとの間における緊張した明瞭に非友誼的な態度は、まれに見出されるようなものではないであろう。兄弟の間では、ミタカタとその兄弟、ナムワナ・グヤウとその兄弟の場合のように、ときには真の友情が存在する。他方において、強烈な憎悪や暴力行為や敵意が伝説にもまた実際の生活にもともに記録されているのである。わたくしは、氏族の核心となるべきもの、すなわち、兄弟の集団の内部における致命的不調和の具体的実例を挙げよう。

わたくしが野営していた所にきわめて近い村落に、三人の兄弟が住んでいた。そしてそのうちの長男がその氏族の首長であったが、盲目であった。一番下の弟はいつもこの病弱につけこんで、びんろうじゅをまだ十分熟しないまえにも樹から取り集めていた。かくしてこの盲人は自分の分け前を取り上げられていたのである。ある日のこと、かれがふたたび自分の取り前をごまかされたことを発見したとき、かれは烈火のごとく激怒して、斧を握り、くらがりで弟の家に入り首尾よく弟を負傷させた。傷を受けた弟は逃れて中の兄弟の家に難を避けた。ところが、この者は末弟に加えられた暴行を怒って、槍をとり、盲人を殺害した。この悲劇は、殺害者が治安官によって一年間投獄されたので、平凡な結末に終ったのであった。しかし、おそらく往時にあっては――この点についてわたくしの報告者はすべてが一致したのであるが――、殺害者は自殺を遂げるところであったろう。

この事件で、われわれは窃盗と殺人の二つの代表的な犯罪行為が結合しているのに当面する。そして、脇道にそれるが、これについての簡単な説明を与えておくことは賢明であろう。以上の犯罪はどちらもトロブリアンド島の原住民の生活においては大した役割を演じない。窃盗は二つの概念のもとに分類される。すなわち、一つはクワパツ（*kwapatu*＝とらえるという字義）で、この言葉は個人の使用する物や、道具、貴重な物の不法な専有に適用される。つぎに、ヴァイラウ（*vayla'u*）は特殊の言葉であり、畑あるいはヤム芋小屋のいずれかから野菜の食料を盗むときに適用せられ、また、豚あるいは家禽が窃取された場合にも用いられる。個人の物を盗むのはより大きな迷惑を与える行為であると感じられるが、食料を盗むことはいっそう卑劣とされる。トロブリアンド島民の間では、食料の必要なときに食料がなく、これをこい求めること以上に大きな不名誉はない。そして、それを盗むほど窮境にあったということが行為によって容認されても、それはありとあらゆる最大の屈辱を課するのである。さらに、貴重な物には所有の記号が付けられているから、その窃取はほとんどおもいもよらぬ。(1) それゆえに、個人の物の窃盗はその正当な所有者にたいしてなんら重大な損害を蒙らしめることが不可能である。いずれの場合においても、刑罰は犯人につきつける恥辱と嘲笑とから成る。そして、実際、わたくしの注目を引いた窃盗のすべての事件は、精神の薄弱な者、社会的追放者または年少者によって犯されたものである。白人から余分な品物、たとえば、商売上の品物、罐詰の食物あるいは煙草など白人が使用しないでけち臭く蔵い込んでおく物を奪うことは、それだけで一つの分類をなしている。そして、もとより法、道徳あるいは紳士的態度の違反とは考えられないのである。

殺人はきわめてまれな出来事である。実際、いまここに述べた事例をのぞいては、わたくしの滞在中ただ一つだけが起ったにすぎぬ。それはある有名な魔術師が夜にひそかに村落へ近づこうとしていたときに槍で突刺された事件である。これは夜中かような場合に警戒している武装した見張りの一人によってその魔術師の呪術の的たる病人を護るためになされたのであった。

現場を抑えられた姦通、高い階級の者にたいする侮辱、喧嘩ならびに小ぜりあいにたいする刑罰としての殺人については、若干の事例が語られている。また、もとより正規の戦争の間の殺人も伝えられている。そして、その人が他の亜氏族の者によって殺されるすべての場合には、同害報復《タリオ》(*talion*)の義務がある。これは理論においては絶対的であり、実際においては、高い階級や重要な地位の成年者たる男子の場合においてのみ義務的と考えられる。そしてかようなときでさえ、死者があきらかに自分自身の過失のために最後を遂げたときには、タリオは不必要なことと考えられる。また、他の場合においてであるが、血讐が亜氏族の名誉によってあきらかに要求されるときでも、タリオはやはり殺人賠償金（*lula*）の代用によって回避されるのである。これは戦いの後に和睦が締結される際における常例の制度であった。そしてこの場合には、賠償がすべての殺された者や負傷者のために相手側に与えられたのである。しかしまた、謀殺または殺人が行なわれたとき、ルラは生残者をタリオ（*lugwa*）の義務から免かれさせるであろう。

そしてそれはわれわれを氏族の統一の問題に立ち帰らしめるのである。これまで引用したすべての事実は、氏族の統一は人類学によって案出された単なるおとぎ話でもなければ、まして未開人の法のあらゆる謎と困難とを解く鍵たる唯一の真実の真理でもないことを示すのである。十分に観察し完全に理解された現実の事実状態はきわめて複雑であり、外観もまた内実もともに理想の働きとその実現および自発的な人間の傾向と厳格法との間の不完全な調節に基づくところの、矛盾と牴触にみちている。氏族の統一は、それが——原住民のすべての原理において、すなわち、あらゆるかれらの職業、供述、ことわざ、行為の明白な規範と範型とにおいて——すべての他の利益や紐帯を氏族連帯の要求に絶対的に従属せしめることを要請するのであるが、同時に、事実は、この連帯性が一般生活の日々の過程においてほとんど絶えず犯され、また実際には存在しないという点で、法的擬制である。他方において、あるときに、とりわけ原住民の生活の儀式的形相において、氏族の統一は一切を支配し、そして明白な衝突や公然の挑戦の場合には、通常の状態のもとではたしかに個人の行動を決定する個人的考慮や欠点を抑圧するのである。したがって、この問題には二つの側面があり、そして、原住民の生活の重要な出来事の大部分は、その制度や慣習や傾向の大部分と同じく、その両側面とそれらの相互作用についての認識なくしては、正当に理解されることは不可能である。

人類学がなぜこの問題の一側面に固執したか、なぜ原住民の法の厳格ではあるが、擬制的な原理を全体の真理として示したかを知ることも困難ではない。なぜならば、この原理は原住民の態度の知的で、公然としていて、十分習俗化した側面、すなわち、明瞭な供述や確定的な法式に挿入された態度の側面を示すからである。原住民はしかじかの場合になにをなそうとおもうかと尋ねられると、原住民は自分のなすべきことを答える。かれは行為の最善可能の範型を設定するのである。そしてかれが現地調査の人類学者への報告者として行動するとき、かれはなんの苦もなく法の理想を受売りするのである。かれは自分の感情、傾向、偏執、わがままも他人の過失にたいする寛大さも、ともに、実生活における自分の行為のために留保しておく。そしてそのときにおいてさえ——もっともかれはそのように行動するのであるが——、かれはいつも法の標準以下の行為をするということを自分自身にたいしてさえも認めようと欲しないことがしばしばある。他の側面たる行為の自然的、衝動的規範、回避、妥協および非法律的慣行はただ現地調査者にたいしてのみ示されるにすぎない。かれは原住民の生活を直接に観察し、事実を記録し、単に原住民の言葉や陳述のみならず、行為の隠れた動機や、ほとんどまだ組織的に明らかにされていないところの行為の自発的傾向を理解するために、かれの「素材」にきわめて接近した区域に住むのである。「伝聞人類学」(*Hearsay Anthropology*) は不断に未開法の裏面を無視する危険に曝されている。この側面は誇張なく述べられうるところであるが、それがまともに向われず、言葉に表わされず、公然と述べられず、かようにして疑われないかぎり、存在をつづけ、かつ、黙認されているのである。このことはおそらく「桎梏なき未開人」——かれらは慣習なく、また、その態度は野獣的である——の古い理論の理由を明らかにするものであろう。なぜならば、われわれにこの所説を与えた権威者は、厳格な法にはけっして一致しないところの原住民の行為の錯雑性と不規則性とをよく知っているのであるが、かれらは原住民の法理論の構造を無視しているからである。現代の現地調査者は、これを原住民の報告者の陳述から多く煩わされることなく構成する。しかし、かれはこの理論的輪郭のうえに人間性によって作られたくもりについては依然として無知である。それゆえに、かれはふたたび、未開人を法律厳守主義の典型にかたちづくるものである。真理は双方の所説の結合にある。そしてこれについてのわれわれの知識は、古き虚構もまた新らしき虚構もともにきわめて複雑な事態を無益に単純化するものであることを示すのである。

原住民の法理論は人間の文化的実体における他のすべてのものと同じく、矛盾なき論理的図式《シェマ》ではなく、むしろ牴触する諸原理の沸きかえる混合物である。これらの間においては、母系と父性的関心の衝突がおそらくもっとも重要である。つぎには、トーテム氏族と家族の紐帯あるいは利己心の命令との間の矛盾がくる。階級の世襲的原則と武勇、経済的成功や呪術的技術の個人的勢力との闘争もまた重要である。権力の個人的道具としての魔術はとくに言及するに価する。というのは、魔術師はしばしば、酋長あるいは首長のおそるべき競争相手だからである。もし紙面が許すなら、わたくしはもっと具体的で偶有的性質の他の衝突の実例を挙げることができたであろう。すなわち、それは歴史的にたしかめうるタバル（*Tabalu*）亜氏族（マラシ氏族に属する）の政治的権力の漸次的増大であって、そのなかに、われわれは階級の原理がその合法的範囲を超え、神話的要求と母系的相続に基礎をおく厳格な地方的公民権の法を無視することをみるのである。あるいはまたわたくしは同じタバル亜氏族とトリワガ（*Toliwaga*）亜氏族（ルクワシシガ氏族に属する）との間の永続的闘争を述べることができたであろう。この争いで、前者は階級、勢力および確立された権力に優り、後者はより強き軍事組織、好戦的性質および戦争におけるより多くの勝利をもっていたのである。

この社会的原理の争闘において、われわれの見地からもっとも重要な事実は、それがわれわれをして未開社会における法と秩序の伝統的概念を完全に書き直すことを余儀なくせしめることである。われわれは、いまや外部から部族生活の全表面を厳格に圧している慣習の不活潑な堅実な「パン皮」とか、あるいは「ケーキ」という観念を放棄しなければならない。法や秩序はその支配する過程そのものから発生するのである。しかし、それは厳格ではなく、また、なんらの惰性あるいは恒久的鋳型に基づくものでもない。反対に、それは単に法にたいする人間の情熱の不断の闘争の結果のみならず、また法的原理相互の闘争の結果として行なわれるのである。しかしながら、この闘争は自由な戦いではない。すなわち、それは一定の条件に服し、ある制限内で、しかも、公の表面に現われないでとどまるという条件のもとにおいてのみ生じうるにすぎない。そして、ひとたび公然たる挑戦がなされるときは、法律化された慣行あるいは法の侵害の原則にたいする厳格な法の優越が確立せられ、そして伝統的に承認された法体系の階層制がこの問題を支配するのである。

というのは、われわれがすでにみたように、衝突は厳格な法と法律化された慣行との間に生ずるのである。そして、それは前者がその背後により明確な伝統の強さをもち、一方、後者はその力を個人的傾向および現実の権力からひき出すゆえに起りうるのである。かようにして、法の実体の内部には、単にたとえば準民法、準刑法あるいは経済取引法、政治的関係法等々の異なった範型が存するのみならず、また正統性、厳格性および有効性の顕著な段階の存在が可能である。そして、それらは母権、トーテム制度および階級の主要な法から、内密の回避や法を無視し、また、犯罪を教唆する伝統的な手段にいたるまで諸規範を一つの階層制に配置するのである。

以上をもってトロブリアンド諸島における法および法律制度についてのわれわれの概観は終る。その過程においてわれわれは幾多の結論に到達した。すなわち、それはいっそう発達せる文化における民法に該当する実定的な弾力性のある、しかも、拘束的な義務の存在に関し、また、相互主義の影響や右の義務の主な拘束力を供する義務の公的制定および組織的負担に関し、さらにまた、異なった機能を果すのであるが、われわれが実定的規範と同様に弾力的で適応性のあることを発見した法の消極的支配、部族的禁制やタブーに関するものである。われわれはまた慣習や伝統の諸規範の新らしい分類を示唆することができた。それは慣習規範の特殊の範疇としての法の修正された定義であり、さらに法自身の実体内部の小区別を指示することもできたのである。この点において、われわれは準民法と準刑法の主な分類のほかに、法の種々なる段階の間に区別がなされなければならないことを発見した。法の段階は、主要な正当な法たる成文法から、法的に認容された慣行を経て法の回避や法を愚弄する伝統的な方法にいたるまで一つの階層制に配列することができるのである。われわれはまた、母権と父性愛、政治的組織と呪術的勢力といったような一緒になって部族法の実体をかたちづくる多くの明瞭な諸体系、すなわち、ときには衝突するが、妥協し、またふたたび調整されることになる諸体系間の区別をもなさなければならなかった。そして、われわれの結論は証拠をもって実証されるとともにまた詳細に理論的に論議されたのであるから、すべてこれらの点に関してはこれ以上評論する必要はない。

しかし、われわれの論議を通じて、われわれは真の問題は諸規範の無味乾燥な列挙にあるのではなく、これらの規範が実施される態様と手段にあるのを発見したということをあらためて理解しておくだけの価値がある。われわれは一定の規範を要求する生活環境、規範がそれに関与する人々によって処理される態度、全体としての共同体の反動、その履行または懈怠の結果の研究こそもっとも有益であることを見出した。これらのすべては、規範の原始的体系の文化的脈絡関係（*cultural-context*）と呼ばれうべきであり、現地調査の伝聞的方法で質問と回答の結果として民族誌学者のノート・ブックに法典化された仮作的な原住民の法大全（*corpus juris*）の単なる説明より重要であるとはいいえないとしても、同等には必要なのである。

ここにおいて、われわれは人類学的現地調査の新らしい方向を要求しつつあるのである。すなわち、それは現実の生活で慣習規範がその機能を営む際に、これを直接に観察することによる研究である。かかる研究は法や慣習のおきてがつねに有機的に関連し、孤立しているものではないこと、その性質そのものは実にそれが社会生活の脈絡のなかに投ずる多くの触手のなかに存すること、また、それはそれが単に一つの環にすぎないところの社会的行動の連環のうちにのみ存在するにすぎないことを明らかにするのである。わたくしは、部族生活の多くの報告がなされている断音的《スタカット》な態度は不完全な報告の結果であること、また、かような態度は人間生活の一般的性質や社会組織の急迫な要求とは両立しないものであることを主張する。われわれの見地では、連絡のない有機的組織を欠いた慣習の規範によって縛られている原住民の部族のごときは、こなごなに崩潰するものである。

われわれは現地調査の記録から、空中に浮動する、いなむしろ生活の次元をまったく欠如している第三次元で紙上に平板な存在をつづけている慣習、信仰、行為の規範の断片的記事が速かにまた完全に消滅するのを訴えることができるのみである。ここにおいて人類学の理論的論議は、われわれ人類学者をして馬鹿げたことと悟らしめ、また未開人をして不合理なものとおもわせる糸で縫いあわされたような記述の冗漫な連とうを放棄することが可能であろう。というのは、これはたとえばつぎのような無味乾燥な陳述の長い列挙を意味するのである。すなわち、「ブロブディナシア人（Brobdignacian）の間では、男子が義母に出会うと、この二人はお互に罵りあい、両方ともふちが黒ずんではれあがった眼をして引き退る」。「ブロディアグ人（Brodiag）は北極熊に出会うと、かれは走って逃げる。そしてときには熊がその後を追う」。「昔のカレドニアでは、原住民がたまたま路傍でウイスキーの壜を見つけると、かれは一飲みに飲み干し、その後でただちにもう一つを探しに出かける」——等々である（わたくしは記憶から引用した。だからこの記述はもっともらしくひびきはするが、正確に近いというにすぎないだろう）。

しかしながら、連とう的方法（*litany-method*）をからかうのは容易であるが、真に責任のあるのは現地調査者である。記述の大多数が現実に生ずるものについてのみなされ、単に生ずるべきとかあるいは生ずるといわれるものを含まない記録はほとんどない。以前の説明の多くは、未開民族を犠牲に供して人々をびっくりさせ、面白がらせるために、またおかしがらせるために書かれたのである。そして、ついに形勢は逆転し、いまや人類学者を犠牲にしておかしがらせることはいっそう容易である。古い記録者にとっては真に重要であるのは慣習の奇怪であって、その実体ではなかった。質問は回答的方法によって通訳を通して活動する現代の人類学はまたただ意見、概括ならびに無味乾燥な記述を集めうるにすぎない。かれはわれわれにいかなる実体をも示さない。なぜならば、かれはいちどもそれをみたことがないからである。人類学の大部分の著書の周囲に漂っているひやかしの筆致は、その生活の脈絡から引き離された記述の人為的な趣味に基づくのである。真の問題はいかに人間の生活が規範に服するかを研究するのではない——それは単純に服するものではない。真の問題はいかにして規範が生活に適応するようになるかということである。

われわれの理論的収穫についていうならば、トロブリアンド法の分析は、集団内部における連帯性にも個人的利益の評価にも、ともに基礎をおくところの、原始社会における凝集力についての明らかな見解を与えたのである。文明化された個人主義や利己的目的の追求にたいする原始的「集団感情」、「集合人格」や「民族中心主義《アブソープション》」を対照することは、われわれにとってまったく人為的で無益なもののようにおもわれる。いかなる社会も、どれほど未開であろうともまた文明であろうとも、虚構または人間性の病理的な発育に基礎をおくことはできない。

この観察記録の結果はもう一つの教訓を指示するのである。わたくしは主として事実の記述と陳述の範囲に留めたのであるが、このうちのいくつかはおのずから論議された事実について若干の説明をもたらすところの、より一般的な理論的分析を導いたのである。がしかし、このすべてにおいて、それはいちどたりともなんらの仮説、なんらの進化的あるいは歴史的再構成に頼ることを必要としなかった。ここに述べられた説明はある事実をより簡単な要素に分解し、そして、これらの諸要素間の関係を跡づけることに存した。でなければ、文化の一側面を他の側面と関連せしめ、文化の図式《シェマ》の内部においてそれぞれによって果される機能はいずれであるかを示すことが可能であった。母権と父性原理の関係およびそれらの部分的衝突は、われわれがすでに知ったように、クロス・カズン婚、相続および経済的取り引きの型、父、息子および母方のおじの典型的な群からならびに氏族組織のある種の特徴といったような一連の妥協的構成物を説明する。(2) かれらの社会生活のいくつかの特徴、相互的義務の連鎖、義務の儀式的制定、多くの異種類の行為の一つの関係への結合は、これらのものが法の強制力を供する際に果される機能によって説明されたのである。世襲的権威、魔術の力、個人的業績の影響力の間の関係は、われわれがトロブリアンド島において見出すように、各原理によって銘々に果される文化的役割によって明らかにされることができたのである。われわれは厳格に経験的基礎にとどまっていたのであるが、われわれはすべてのこれらの事実および特徴を明らかにし、それらのものの条件もそれらのものが果す目的もともに示し、かようにしてそれらを科学的態度で説明することができた。このタイプの説明は、このような慣習の進化的段階やあるいはその史的経歴についてのよりいっそう綿密な調査を排除するものではけっしてない。好古家の興味にも科学的興味にたいしてもともにその余地は存するのである。しかし、前者は人類学にたいして独占的な支配または優越的な支配の要求をすらなすべきではない。いまや人間の研究者もまた「余は仮説を弄ばず」(*hypotheses non fingo*)とまさにいうべきときなのである。

註1　著者の前掲書『西太平洋のアーゴノーツ』を参照せよ。
2　母権と父性愛との関係については、前掲書『未開社会における性と抑圧』のなかでもっと十分に論じている。

付録　原始法の特性——Hogbin, Law and Order in Polynesia, 1934 への序文

現代の人類学は、いまやその目的・方法・主題の完全な改造にむかっている。人類学はいまや野心的ではあるがしかし疑問の多い過去の再構成に耽溺するかわりに、現在に焦点をおき、そして人類文化の作用、個人の心理過程と人間の制度との関係ならびに人間の慣習と思考との生物学的基礎を理解することを目的としているのである。現代人類学が今日採用する方法は、現地における徹底的社会学的分析と諸関係のなかでの人間制度の慎重な計画的比較調査のうちに存するのである。

1　機能および進化の研究としての現代人類学

現代の人類学は、一般に今日慣習・信仰あるいは制度の機能と呼ばれるところのものになににもましてその焦点をおいている。そしてわれわれは機能ということによって、一般的機構の内部において文化のある要素によって演じられる役割を意味するのである。ところで人類学の主題もまたかなりに変化している。われわれは人間の行動の孤立した、異様な、風変りな変則をうち眺めて楽しむことをもはや放棄したのである。現代の人類学の探求は、ますますたとえば、経済・教育・法・人口問題・衛生・栄養制度といったような、外見は平凡で単調であってしかも根本的な人間の文明の諸様相にたいして向けられつつあるのである。幼稚な信仰の奇妙であるとともにまた親しみ深い表現、すなわち、性や婚姻に関連する慣習、呪術および魔法についての慣習、さてはまた、擬胎分娩《クウヴァード》のごときエクゾテイックな慣行が今日は調査されている。そしてその目的とするところは、これらの慣行が人間の精神や人間の社会の本質的な営みに投じていたところの光を求めるためであり、それらをある未開あるいは野蛮な遠い段階から残存しているなんらかの興味をそそる残骸として取り上げるのではない。

人類学の研究におけるこの方向転換は、他のすべての科学と同じく、人類学なるものがその実際的効用性を示さねばならぬことになったのか、あるいは怠惰な精神的遊戯の具として不適当になった事実に主として基づくのである。熱帯地方における植民地政府、宣教師団体、教育機関は、かれらが働きかける対象となる人間についての知識が、かれらが到達すべく設定した目的の成就にとって必要であることを急速に認識しつつある。それゆえに、現代の人類学者は、アフリカ、アジア、新世界あるいは南洋諸島の様々の民族をまず第一にそのものの本質について、つぎには旧秩序から西欧の影響の採用にいたる過渡的段階について研究せねばならぬのである。がしかし現代の人類学は、おそらくさらにいっそう他の社会科学との理論的共同研究によって影響を受けているのである。あらゆる専門家は今日においては、人間の文化ならびに人間社会の作用についての一般的理論は、たとえば法・教育・経済組織あるいは宗教のごとき諸種の様相にそれぞれ関連する規律の基礎として役立つために発展せしめられねばならぬことを了知している。そしてわれわれがこの科学を「理論社会学」と呼ぶか、あるいは「一般的人類学」と呼ぶかは名称の問題にすぎない。

　実際、現代の高度に発達した社会の研究者は、自己の研究素材を、たとえば民族誌学者によってのみかれに補給せられることの可能な、人間文化の諸相《ヴァラエティ》にたいするより包括的な視野によって補うことが不可欠であることに気づいているのである。経済学者は、自己の一般理論は、単に近代ヨーロッパならびにアメリカの資本主義制度とかあるいは共産制度から生ずるものではないところの資料によって、検討されねばならぬことを了解する。法学者は、自己の基本的概念を観察しうるかぎりの広い範囲の法律制度にてらして検討することを欲する。教育家は、アフリカやオセアニアやインドネシアの児童等の研究から、少年心理の作用にたいする深い洞察をうるのである。もしも人類学が、東洋あるいは西洋のいっそう高度に分化せる社会の経済的・政治的組織および家族生活の理論的探求のうちに展開される概念的素養をなんら役立てえないならば、人類学はふたたびその方法を不具とし、その結果を無意味にするものであろう。

原始文化のうち法については、民族学的法学（*ethnical jurisprudence*）、とりわけドイツ学派のこの問題にたいする浩瀚の著述があるにもかかわらず、おそらくこれほど等閑視せられたものはない。したがってホグビン博士の本書のごとき著書があらわれたことは――本書は一方において原始法学の各種の理論を紹介批判し、他方においては著者の個人的観察からもたらされた多くのオリジナルな資料を提供されるのである――重要な事件である。でわたくしは著者と出版社とがわたくしに序文を書くことを慫慂したとき、喜んで承諾したのであった。それは一方において本書の重要性を指摘するとともに、他方においてこの問題についてのわたくし自身の見解を改めて述べたくおもったからである。『犯罪と慣習』（*Crime and Custom*）と題する小著に述べたわたくしの以前の見解は――わたくしの判断しうるかぎりでは――若干の論議の的となったし、また多くの誤解をも惹起せしめている。わたくしはここにわたくしの結論の若干をいっそう明白にし、そして直截にふたたび述べようとおもう。そして幸いなことには、わたくしの見解はホグビン博士の現地研究においても、ポリネシアの比較研究の事実の理論的分析によっても、大いに確証されているのである。

2　旧派人類学の法理論

本書の重要性およびこの題目にたいする他の現代の寄与の重要性を理解するためには、人類学理論の歴史についての回顧的一瞥を与えることがもっともよいであろう。序論の部分においてホグビン博士は、われわれに十分にしてかつよく整理された資料を提供されているのである。高潔な未開人の理論や自然法の理論またあるいは黄金時代の牧歌的状態の理論と結びついている原始人に関する古い理論はその内在的矛盾に苦しんでいる。ある時代において、未開状態は無秩序と同一義におもわれるか、すくなくとも法あるいは制約の不存在と同一に考えられた。ヨーロッパ人の一切の実際的な研究方法は、未開人には真の宗教、本物の法、正確な知識を与えねばならぬとの、すなわち要するに、かれら自身の生活方法を破壊しかれらの恩恵者のそれを踏襲するようにかれらを訓練することによって人間なみになさねばならぬとの確信に満たされていたのである。そして文明のこれらの恩恵が、はなはだしばしば奴隷の形態、経済的搾取、政治的圧迫ならびに道徳的窒息を生ぜしめたことは、初期の恩恵者には認識されていなかった。かれらは、地球の大部分にわたって人間生活を根こそぎにし、その他をして慈善に依存する地位に貶すことに成功したのである。

同時にまた植民地においては、未開部族が追い散らされ、奴隷船に誘拐され、端的には奴隷に駆りたてられ、そして新世界に移送されていたのに、一方本国においては、哲学者や人道論者が自然的状態のもとに生活する人間の汚濁せられぬ性質について牧歌的な筆を弄していたのである。そしてかかる著述から、自然状態においては人間は規範に服従することが可能であり、その規範たるや人間を拘束するものではなく、人間の理性と善悪についての感情から流れでたものであるとの理論が発生したのである。

人類学が社会科学の独立の一部門としてその存在をはじめたとき、これらの態度はともに支持し難くなった。いわゆる未開人の真の未開状態の仮説がやがて放棄されるにいたった。未開人の宗教は倫理的価値および形而上学的適合性の要素を有し、そして未開人の社会組織は自足的であり、きわめてしばしば緊密に結合せる構成をもつことが認められた。しかしながら、未開人の法については、状況がもっとも混迷しているようにおもわれる。これまで人類学者は法の観念を発展した制度・法典・裁判所における訴訟手続あるいは執行力にむすびつけて考えることになじんできたので、多数の原始部族における法的規整が非常な多様性と普遍性とを有していることを理解できなかったのである。あるアフリカの王国においてまたより高度に組織化されたインドネシア民族において、法律制度はおそらく政治権力の属性として存在した。しかしそこでも法は主として主権者の利益とか少数の特権階級の利益とかあるいは一、二の利害関係人の利益に関連しているにすぎなかった。それでなければ、氏族・家族・村落共同体内部の行為の規範は、外部からなんらの特別な強制力ももたぬかのようにおもわれた。そして多くの他の部族において、とくに政治的酋長あるいは支配者をもたぬところでは、あきらかに行為の規範の背後には全然強制は存しないようにおもわれたのである。

この事情を説明するために、原始法の即興的理論が形成せられたのである。あるいはもっと正確にいえば、理論が仮定せられたのである。この理論に従えば法的現象としてわれわれの注意を要求するところの原始文化の特殊の規整や特徴は存在しない。規範の全体は一つの漠然とした未分化の連続体を形成している。すべての規範は、規範・慣習あるいは伝統への本来的な従順さ——とくに未開人的なもの——ゆえに服従せられる。原始的生活において、なにか法に類似したものが存在をみるにいたる唯一の場合は、行為の規範が破棄せられたことが明瞭な際であって、その行為の結果にたいして犯罪者は全部族の共同の反動によって、直接に罰せられあるいは強制せられるのである。すなわち唯一の分化せる法としてわれわれが原始生活に発見することの可能な法は刑法である。

さて以上のような法律学の現在にいたるまでの大要を以下二、三の引用によって立証することにしよう。

故シドニー・ハートランド氏はこの問題についての人類学の当時の見解を要約し是認しつつ、われわれにつぎのごとく告げている。未開人は「あらゆる方面においてその種族の慣習によって包囲されており、かれは太古からの伝統の鎖によって拘束されている……この束縛はかれによって当然のこととして認められており、すなわち、かれはけっしてこれを破棄しようとしないのである(2)」。

また他のきわめて有力な著者は南洋の原住民について語り、原始共産主義と集団責任に関するかれの見解をつぎのごとく要約している。「メラネシア人のごとき民族においては、権威の行使のための一定の社会的機構のごときはこれを不要とする集団感情がある。そして、それは共同所有権の調和的作用を可能ならしめ、また性関係の共産制の平和的性格を確保する態度とまさに同一基調に出ている(2)」。

英国の指導的社会学者たるホブハウス教授は曰く、「もとよりかかる社会はそれぞれの慣習を有し、それは疑いなくその社会の成員によって拘束力あるものと感ぜられている。しかしもしわれわれが法をもって、個人的な親族紐帯や友情関係から独立している権威によって強行せられる一連の規範を意味するものとするならば、かかる制度はかれらの社会組織とは矛盾する(3)」と。

なおまたわたくしはここでホグビン博士がデュルケームのもっとも重要な著書の『社会的分業について』から抜萃している点を考えてみたい。すなわち、『社会的分業について』においては、かれは「原始的意識はほとんど完全に外延的である」と語り、そして、「コミュニズムは法の領域においても経済におけると同様に一般的存在である」と主張しているのである。

註1 『原始法』(*Primitive Law*) 一三八頁。

2 リヴァーズ『社会組織』(Rivers, *Social Organization*) 一六九頁。
3 『道徳の進化』(*Morals in Evolution*) 七三頁。

3 犯罪者にたいする全共同社会の反動としての法

わたくしはこの研究方法を『犯罪と慣習』のうちで批判しようと試みた。しかし法の集団的あるいは自動的強制の仮定は、依然として、社会人類学におけるもっとも学識のあり理論的にもっとも尖鋭な思想家によって支持せられている。ラドクリフ・ブラウン教授(Radcliffe-Brown)はその輝ける論文である『原始法』(セリグマンおよびジョンソン編『社会科学百科辞典』所収)のなかにおいて、依然としてデュルケームによって採用され、リヴァーズ、ハートランド、ホブハウスその他多数の学者によって支持される立場を主張している。

ラドクリフ・ブラウンは、法を「政治的に組織された社会の力の組織的適用による社会統制」と定義するロスコー・パウンド(Roscoe Pound)の定義を採用し、「若干の低度な社会は法をもたない。すべての社会は罰則によって支持せられるところの慣習はもっているけれども」とする結論に導かれた。かれは低度な社会においては、われわれは、私法とか刑法を口にするかわりに「公的犯罪(*delicts*)ならびに私的犯罪」の語をもちうべきことを提唱している。かれは公的犯罪をつぎのごとく定義する。すなわち、それは「全共同社会あるいは社会的権威の代表者に立てられたものによってなされ、共同社会内部において、ある人間に責任を負わしめる結果を生ずるところの組織的で規則的な手続および責任者にたいして全共同社会ならびにその代表者によって科せられる若干の実害あるいは処罰としての刑罰」を生ぜしめる一つの行動であると。そして、かかる社会の応報は、「その基礎的形態において、ある強い一定した道徳感情を犯し、かくして社会不安の状態を生ぜしめるところの社会成員の一人にたいする全共同社会の反動である」。組織化された反動は、集団的憤怒を表現することによって健全な状態を回復するのである。かような反動の究極的機能は、必要な程度において、社会を構成する個人のうちに道徳的感情を維持するにある。

ラドクリフ・ブラウン教授は、かくしてかくのごとき共同社会の組織化された刑事的制裁を受ける行為の表《リスト》を与えている。その表《リスト》のなかには近親相姦・魔術・神聖冒瀆および「部族慣行の反復的破棄」がある。そしてわたくしは最後のものがわたくしにとっては本質的のものであることを付言したくおもう。部族慣行の反復的破棄は、不可避的になんらかの方法によって必ず罰せられる、――がそれは、必ずしも社会の集団的組織的行動によって罰せられるものではない。しかしながら、この論文の筆者は、慣習と法との間に明確な区別をなしたことを想起しよう。すなわち、かれはかれの定義の根拠を、法は罰せられ慣習はしからざることの事実においている。そしてここでかれは、慣習の反復的破棄は習慣を可罰的のものとすること、換言すれば、慣習が法となることを告げるのである。このことは、慣習がもしもしばしば破られるならば法になるということ、すなわち、全議論の帰謬法（*reductio ad absurdum*）として現われるかもしれない結論をそのなかに蔵しているのである。

個人的には、わたくしは言葉遣いのうえでは争いたくない。われわれが行為のある種の規範を法と呼ぼうとまた慣習と呼ぼうと、それについての本当に重要なことは、はたしてこの規範が守られているかいないか、その有効性の条件はなにか、またいかなる社会機構でもってそれが強制されるかを研究するにある。そして、ここにラドクリフ・ブラウン教授の研究方法が種々の点において破綻するのであるとおもう。まず第一にかれの研究方法は「健全状態」（*euphoria*）と焦燥状態（*dysphoria*）のアンチテーゼをあらゆる法的作用の究極の標準としている。わたくしは現地調査の見地からは、これらのおそるべきしかも漠然とした実体、すなわち、オイフォリアとディスフォリアをいかなる方法で検証し計算し、あるいは評価してゆくべきかを明らかにすることはかつてできなかった。われわれはいまだ健全状態計算器(*euphorimeter*)や焦燥状態検示器(*dysphoriscope*)の設計をしたことはない。われわれが満足している状態——わたくしはこれをオイフォリアの真の意味とおもうのである——を具体的な事情に移すとき、われわれは意識の共通な状態に面するのではなくして、むしろ個人的な憤慨・頑固な野望・嫉妬・経済的不平等といったような個人的要素に接するのである。そして集団的意識に関するすべての虚構が破綻する。がいずれにしろ、なぜ大きく書かれたオイフォリアおよびディスフォリアの背後に隠すかわりに、具体的な詳細な憤懣あるいは満足の表現を研究しようとしないのであろうか。

さてロスコウ・パウンドの法の定義にもどろう。この定義は、定義がそのために作られた文明社会の法にたいしては、優れたものではあるが、未開社会に適用される場合にはよりいっそう詳細にされなければならない。未開社会においては法にたいする服従を強要する作用をもつ「政治的に組織された社会の力」は存在しない。あるいはわれわれがそれを発見するところにおいても、その影響はきわめて限定されている。原始的法の条件の研究における真の困難は、完全に政治的影響外にある人間の行為の領域でも——たとえば家族の内部や村落共同体の内部において、また婚姻契約の諸種の規約に服従することにおいて、また親族間あるいは経済的共同の義務を遂行するにおいて——慣習に服従することをいかに説明するかにある。これらすべての集団において、社会は全体として行動するのではなく、また行動することも不可能である。原始的家族・村落および親族集団は裁判所にも警察にも法典にも裁判官にもあるいは検事にも服従するのではない。がしかし、法は非常によく遵守されているのである。

4　中心問題としての慣習の流動性

さてここに重要な点が生じてくる。われわれはラドクリフ・ブラウン教授に同意して慣習なる言葉を用い、そしてまた、「ある低度な社会は法をもたない」ことを承認することも可能である。しかしその際にもわれわれはきわめて重要な区別をなさねばならない。すなわちそれは有効な可罰的な慣習とも称すべき、その回避・破毀・欺瞞にたいして関係者を強くひきつけるものと他方には中立的なあるいは無関心な慣習との区別である。ある部族においては、主たる食事を日没にすることが慣習であり、他の部族では暁方であり、またさらに他の部族では日中である。部族の祭礼にお互に罵り合うのは、ここでホグビン博士が述べているように、義理の兄弟姉妹にとっての慣習である。ある部族では四角な小屋に住むことが慣習であり、他の部族にとっては円形の住所に住むことが慣習である。日常生活のひとわたりやあるいは季節的な行事を規整する習慣や規範はすべて慣習である。しかしながら、これらの慣習は、一個人にたいしてそれによって他の個人が利得するようななんらかの重い負担たる義務を課すことはない。またこれらの慣習は性・貪欲・虚栄・野望・社会的の出世等の人間の衝動を制限し、阻止し、挫折せしめるようなことはない。

これらの日常のあるいは中立的慣習の規範は、その規範を破ることが他人の不満を惹起し、したがって、社会的あるいは個人的反動や組織化された制裁を惹起するという意味においては、けっして罰をともなわないのである。かかる規範はなにびともそれを破ろうとは欲しないから破られることはない。したがって、かかる慣習の破毀は存在しないのであり、そしてまた罰せられるはずもないのである。

これに反して、性的情熱を抑制する規範や、禁欲の規範や、他人の妻や女奴隷を欲求することを禁ずる命令を観察してみよう。詳密な付加的な自己防衛の装置そのものが、かかる規範のうちにはいかに多くの誘惑が包含されているものであるかを示すのである。年長の付添婦人、貞操帯 (*ceintures de chasteté*)、後宮、宦官、ローマン・カトリックの修道院学校に関連する不寝番、スペインにおける求愛の慣習——これらすべては、その破毀にたいしては爾後にこれを罰することによってその安全性が保持されねばならぬのみならず、またあらゆる場合におけるいわゆる誘惑よけでなければならないところの規範の一典型がここに存することをわれわれに物語っている。破毀の可能性そのものは念入りな規制とたえざる警戒とによって防止せられるのである。

同様に財産権の侵害にたいする法規範は、単に「可罰的」にとどまらない。それは錠や鍵や条件的な呪詛、防止的呪術、貴重品室ならびに金庫を生ぜしめている。もちろん近代文化における警察の注意深い監視もそうである。しからばここにわれわれはつねに誘惑の鋭い苦痛をなかに包含し、技術的な規整、超自然的威嚇、道徳的汚辱そして最後にそしてすくなからず法によって可罰的とされるところの動的性格を有する規範をもつのである。そしてこれらの規範は、法的に可罰的とされざるをえない。すなわち、これらの規範はなんらかの強制あるいは実効性の機構を具備しているのであって、それも単に違反者にたいする刑罰の形式においてのみならず、その服従への強い積極的な誘引を通してである。

これらの規範の多くは、現実においては迅速にまた完全に服従されているからして、これらの規範に服することは一見したところでは、熱心なかつ自発的なものである。がしかし、この領域における人類学的素材がよりよく研究され、われわれの分析が綿密になるに従って、われわれは誘惑の作用がいかに強く働いているかを理解するのである。現在の民族誌学的領域においては、すべてたとえば近親相姦を禁ずる規則、氏族内部の通婚の禁止、厳格な婚姻上の守操の規則、一般的な性行為についての規則等々の規範が、普通われわれに知られているように、適切に明確にまた厳格に遵守されているのではないことが示されうる。もし諸君がこの書において提供された姦通や窃盗ならびに経済的義務や親族関係の義務に関する諸種の規範の破毀のさまざまの例をみられるならば、またもし諸君が、ホグビン博士によって提供せられた呪術の資料や権威にたいする不服従の実例を研究するならば、諸君はただちにここに提供された資料は、けっして自発的に法を遵守する原住民といった虚構とは一致するものではないことを知りうるであろう。

事実はこうなのである。すなわち、単に諸多の個人の利害関係におけるのみならず、法の基本的な原則のうちにも衝突や相互の侵害があり、そしてそれらの場合において、一方の優越は他方の負担において強められているのである。母権と父権との関係において——この両者は不可避的にあらゆる共同社会に同時に存在しているのであるが、——また秘密結社と酋長制との間の闘争において、夫およびその集団の権利に対立するものとして妻およびその子の権利のうちにおいて、あらゆる場所においてわれわれは行為の規範と法の原則——慣習と呼んでもさしつかえない——は、固定性をもたぬことに気づく。なんとなれば、それらはその緊張度が伸縮する弾力性ある力として作用するからである。すなわちそれの規範および法はつねに手加減・修正・追加をもつのであるからして絶対的ではありえない。またそれは自発的でもありえない。なんとなれば一つの規範に従わぬことが、通常は他の部族法の規範によって正当化されるからである。

のみならず、原始共同社会においては、「政治的に組織化された社会の力」は、法が明確に国家権力の表現である高度に発展せる社会においてよりは、はるかに平等に家族の首長、民族の首領、年齢階梯あるいは秘密結社の指導者、村落共同体の首長および酋長のうちに分配されているのである。現在の事情においてすらも、われわれが社会の統合力を語りうるかいなか、また法について、その真の強さを国家内部における諸種の組織化された集団の作用からひき出すものとみなすことが、妥当であるかいなかは疑問である。

原始人が自発的に法に服従したことについて一般に承認せられる理論には、一つの様相がある。しかし、わたくしはそれにたいしてはとくに重大な警告が与えられるべきものとおもうのである。さてこの理論は、原始的な行為の規範をわれわれ自身の規範から深くひき離すのである。もしわれわれが多数のおそらくほとんど大部分の原始共同社会において、法の存在を否定せねばならぬならば、そしてもしわれわれが民事法および刑事法の観念を放棄し、「公的犯罪あるいは私的犯罪」のごとき特殊な言葉を代用せねばならぬとしたならば、もしわれわれが、原始法はわれわれ自身のとは完全に異なった社会機構によって機能を営むものと仮定するならば——われわれは法的見地からの未開制度の作用と、われわれの法の作用とには全然かけはしがないことをあきらかに主張するものなのである。この見解はここで分析したように、百科辞典中の法についての論考に現われていたのであるが、大英帝国の最高上訴裁判所たる枢密院司法委員会（*Judicial Commitee of the Privy Council*）によってもたまたま定められたのである。(1)

しかしながら、実際の植民地の慣例においては、白人の行政官はつねに新法を適用し、部族の慣習を植民地行政の組織のなかに織り込み、法的機構を発展せしめ、それによって社会的害悪を除去し古い制度の廃墟のうえに新たなる制度を建設せねばならぬのである。もし人類学が行政者にとってなんらか価値をもちうる実際的側面を発展せしむべきであるならば、ただ単に、原始法と文明法とはなんらの共通点を有しないとのみ行政者に告げることはできない。人類学者はこのことをなすことが可能である。人類学者はもっとも高き共通の要素を発見しなければならぬのである。家族・村落共同体・組織化された経済的協同の諸形態・酋長制あるいは宗教制度といったような原始制度の維持のために、その作用が不可欠であるところの諸規範は、完全にわれわれの法律規範と一致するのである。それらの規範は実際、義務的であり、強行され、わが植民地の法典によって採用されうるものである。

そして原始的な慣習法の原則を現代の行政制度のなかに移入する仕事は、実際上も理論上も可能であるだけでなく、すでに成功をもってなし遂げられたのである。故ファン・フォレンホーヴェン教授(Van Vollenhoven)が先駆者であったアダット法(*Adat law*)の研究は、その後引き続きライデンにおけるかれの学派によって行なわれており、その本部をパリおよびアムステルダムにおく国際慣習法研究所(*International Institute for the Study of Customary Law*)の仕事にもなっているが、それはなかなかすぐれた研究であって、そのいくつかは、歴史的重要性を獲得した研究として誇るにたるものである。土地保有態様、財産およびその保護、道徳的行為および性行為等に関する原住民の法や婚姻法、すべてこれらはアカデミックな重要性以上のものをもっているのである。われわれが法という言葉を用いるか、あるいはこれに代えるに他の表現をもってするかということはたいした問題ではない。われわれみずからの法も本質的には有効な慣習、すなわち、われわれの制度の円滑な作用を保障する慣習にほかならぬ。それは刑罰にたいする恐怖からして服従するよりも、それはむしろ社会学者や心理学者が発見せねばならぬところのより深い理由から服従せられる慣習である。この見地からしてわたくしは、われわれ自身の社会と未開民族の社会との間の継続には、根本的な断絶は存在しないものと考えるのである。

註1 「若干の部族は社会組織の規模においてきわめて低度であり、したがってその慣行や権利義務の観念が文明社会の制度あるいは法理念と調和せざるものがある。そしてかかる溝渠は架橋することを不可能とする」。南ローデシア『判例集』(*Law Reports, A.C.*) 一九一九年。

5 実効的慣習についての機能的理論

以上にもかかわらず、なお、われわれは人類の文明の図式のなかに占める法の地位を明確にする原始法の理論あるいは実効的慣習の理論を人類学において明確に確立せねばならない。かかる理論はおそらく法を一般的行為の規範の一部として取り扱うであろう。あるいはわれわれにたいして、法規範が強行される方法を決定するための精確な標準を与えるであろう。そしてかかる理論は、あきらかに、われわれをして原始法とわれわれ自身の法に共通な最高の要素を発見せしめるであろう。それはわれわれにわれわれ自身の社会の営みにたいするよりよき洞察を与え、またわれわれをしてわれわれがそれをどこで発見しても、そのつど部族的慣習法の修正・改革あるいは維持にいっそう賢明にすすむことを可能ならしめるのであろう。

わたくしはこの短い序文において、あえて人間文化の法的な方面のなにかそんなにうぬぼれた理論を提示しようと試みるのではない。またわたくしがそれをなしうるとはおもわない。しかしわたくしはわたくしの観察のできうるかぎり、その理論への可能な研究方法の輪郭を描くことを試みるであろう。人類学の機能理論は、文化を手段的実在として考える。文化についてもっとも重要なことは、文化は人間をして人間本来の要求すなわち食物の欲求・安全・天候その他周囲の危険からの保護ならびに生殖の要求をみたさしめることである。文化を通して人間は単なる動物としてよりもはるかに有効にその環境を利用し、空間を支配し、疾病を予め制することができるのである。そしておそらく文化の進歩のもっとも明瞭な標準であり、文化によってもたらされた人間の生活様式における変化のもっとも明白な指標は、人間の物質的施設であろう。自動車の風除けから摩天楼にいたるまでの、人間が自己のために建設した擁護物、簡単な丸木舟やすこしばかり踏みつけてつくった小径から自動車や巨大な定期船あるいは航空機にいたる人間の確立せる交通機関、ブーメラン（濠州原住民の用いる飛道具——訳者）から機関銃にいたる、また木の楯から戦車にいたるまでの、人間が人間にたいしまたは動物たる敵にたいして使用する武器——すべてこれらのものは人間をして困難に打ち克たしめ、海陸空から資源を獲得し、人口を増殖し、物質的幸福、自然にたいする技術的力を増加せしめる。それは他のいかなる動物の夢想しえぬ範囲に及ぶのであり、われわれがそれを希望するにせよ恐怖するにせよ、それにたいしては限界をみることのない発展をもつのである。

わたくしのおもうには、学徒にとってもっとも重要なことは、あらゆる制度の中核のどこかに残っている人間の生ける脈打つ血と肉との組織をけっして忘れぬことである。第二に重要なことは、人間が環境や運命にたいする文化的武器として取り扱うところの拡大された物的装備の使用には、多くの意味が含まれていることを理解することである。道具の使用はまず第一に手の技術すなわち芸術と技術の伝承を意味する。このことは不可避的に若干の理論的知識と結合し、またそれを基礎とするのである。技術の継続および理論的伝承は、人間のもう一つの顕著な特徴、すなわち、人間の言語によってのみ可能となることは明らかである。人間は言葉を語り道具を使用する動物として正当にも定義されてきた。しかしながら、言葉や手工業の知識と同様に重要であるのは社会組織である。人間は孤立しては伝統的遺産を保持していくこともできなければまた使用することもできない。人間は協同することが必要である。そして協同なることはつねに根本的組織すなわち団体員相互の行動を規整する規範の総体によって結合された一群の人々を意味するのである。

われわれは、人間は原始的欲望の迂遠な間接的な満足を通してかれの純然たる動物性をいくぶんとも変更せしめると述べることによって簡単に以上のことを要約しうるのである。人間の生物学的資質は、一定の生理的要求とともに、派生的あるいは手段的要求と呼ばれるもの——すなわち、たとえば教育・法律秩序・経済組織・社会集団等の要求によって補われなければならない。そしてかかる要求たるや、もし人間が生存を続けんとするならば、生物学的必要と同じくひたすらに満足せしめられねばならぬものである。社会を完全にそして有効に解体するならば、社会はいずれにしろ生存のための闘争に屈服するであろう。またあらゆる知識を滅ぼしあらゆる教育を止めしむるならば、部族員をあたかも致命的な微生物でもってするかのように絶滅してしまうであろう。しかし、かかる想像は架空的である。法にせよ教育にせよ社会集団あるいは言語または経済的秩序にせよ、人間文化の基本的姿を思慮に入れないならば、きっと全体的しくみをつねに認識から落してしまうであろう。同時にわれわれは、より高きまたより発展的要求、すなわち体系的知識の要求、人間の運命を呪術・宗教、後には哲学において扱う要求、芸術的刺激を装飾美術・音楽および舞踏のなかに供給せんとする要求は、手段的要求から発生すると付言することができるであろう。しかしながら、われわれはこれらの要求

の上昇音階をたどることはできない。そしてまた、完全にそれを分析することもここではできないのである。(1)

註1　読者は E. R. A. Seligman および Alvin Johnson 編集の『社会科学百科辞典』(*Encyclopaedia of the Social Science*) 中のわたくしの論文『文化』(*Culture*) のなかに、いくらか詳細な描写を見出されるであろう。読者はまたそこに、以下の分析において用いられる若干の概念が正当なものであることを見出すであろう。素人はこの論文を精読して、文化が分析さるべき方法に関していかに一致することがすくないかを発見して驚くであろう。後節において発展せられる制度の概念は、人類学の常識ではなくして、現著者の若干論争ある見解である(本論文は「文化論」として本書に収めた――訳者)。

6　制度の構成より由来せる法の拘束力

法をもってあらゆる文化的進歩過程の必要条件の一つとするわれわれの法の観念は、いくぶんより完全な定義を要求する。そしてわれわれは文化がつねに一連の制度――すなわちたとえば、家族・地縁集団・村落・地方自治体あるいは都市・職人のギルドあるいは労働組合、あるいは工場・秘密結社・宗教団体・フリーメイスンの支部・部族・国民あるいは国家のなかに体現されるものであることを記憶せねばならぬ。

制度を定義するならば、共通の一つまたはいくつかの目的においてむすばれ特定の環境に拘束され、若干の技術的装置を共同に行使し、一体の規範に服従する人々の一団といいうるであろう。法的見地からわれわれの興味をひくのはこの最後に記載した(一体の規範に服従するということである。しかし、やがて分析する数例においては、われわれの定義のあらゆる構成要素が正当とされるであろう。

現在われわれの注意をそこに集めることが必要な見地からいえば、制度とは網のごとき組織すなわち婚姻・親子関係・親族関係・民族関係・経済的協同等々における当事者の相互的行動を限定する細かく張りめぐらされた規範の体系にほかならない。一人の者の義務は不可避的に他の者の特権である。すなわち提供された労役は受容される恩恵である。一方によって提供される贈与および貢物は他方によって要求されることができるのである。しかしながら、よく観察してみると、制度、すなわち関係の総体の作用の結果においては、つねに一定の平衡が存在することをみることができる。

奴隷・囚人・人質・生けにえに供せられる犠牲者あるいは食人の祝宴における腹にこたえるもの（*pièce de résistance*）の見地からは、平衡はいちじるしくこれらのものに不利に傾いていることは疑いない。しかし、奴隷制度の場合においてすらも、この制度が常態的にそして有効な方法で盛んに行なわれる、いな行なわれたところではどこにおいても、奴隷がいかに多くの積極的な主張と特権を享受したかを見出すことは驚くべきことである。このことはもっとも透徹せる社会学的分析たるS・R・シュタインメッツ社会学派の傑作、故ニーボール博士（Nieboer）の著書『産業体系としての奴隷制度』（*Slavery as an Industrial System*）のなかに巧みに示されている。すべての場所においてそうであるように、またこの社会学においても人間関係が決定的に一方的であり、また法が他の者の利益のためには一個人から自由を、市民たる地位を、あるいはさらに生命をも奪う寄生的過程を惹き起す極端な場合がある。しかしながら、かかる事例は、犯罪人・精神異常者・癩病患者・一時的あるいは永久的隔離者といったような正常的制度の限界の外におかれた人々に関するか、あるいはしからざれば、戦争の捕虜・異邦人・輸入された奴隷等の場合のごとく社会の完全な能力を有する市民とみなされない人間に関するのである。

社会の完全な身分を有する成員間の正常の関係は、完全に異なった性質を示している。婚姻の法則は、結局、公平な互恵の長い過程、すなわち婚姻契約に始まり生存者の死後の義務に終る一連の相互的義務の規定である。社会の政治的基本法は、支配者あるいは支配階級の被支配者にたいする特権と同様に義務を明らかにするのである。ここにふたたび、われわれは政治的適否あるいは道徳的価値の見地から批判されうる絶対主義の極端な形態を見出すのである。しかしながら、おおまかにいえば、臣民が捧げなければならない絶対的服従にたいする返報として、自己の臣民にたいして保護・有効な組織・隣人にたいする政治的優越を与えぬ絶対専制君主は、早晩かれの地位を失い基本法を変えざるをえなくなる。あきらかに、経済的事業においては、公平な互恵は協同にたいする唯一の基礎である。

それゆえに、社会関係が義務と対応義務から構成されるかぎり、つまり提供された労役と主張される特権という見地からみれば、社会関係の研究は、われわれに行為の法則の働きを示すであろう。かかる諸関係は最初は出生によって確立されるのである。すなわち、出生は原始社会においてはあらゆる法的紐帯の主な根源である。なんとなればかかる社会においては、親族関係すなわち出生からもたらされる義務と特権の一体は他のすべての法律関係を陰蔽するからである。しかし、原始社会においてさえも、われわれは、たとえば婚姻・養子縁組・血盟兄弟の契り、入社式・秘密結社の階層あるいは年齢階梯あるいは特権階級の地位の購入、すなわち、金銭による加入等の契約的行為が存する。そしてかかる行為は、すべて協同的紐帯、すなわち、相互依存の状態をつくるのであり、かかる状態のなかにおいて行為の諸規範が効力をもつのは、外部的勢力や付加的機構によるのではなく、むしろ義務の履行はそのこと自身のうちに対応的労役にたいする積極的要求をかたちづくるという事実によるのである。

わたくしの見解では、組織的面における原始慣習の主な活動分野は、制度の内部における諸紐帯の集合あるいは配置にあるのである。労役の系列的平衡、すなわち夫と妻、酋長と臣下、経済共同者の個人的紐帯を組織する諸要求の相互主義的組み合せは、共同事業あるいは企業にたいするかれら各自の寄与への真の強制の源をなしている。

部族民はその隣人にたいする義務がどんなに苦痛でありまた厄介であっても、その結果についての長い見通しをもって履行する。部族民は刑罰と報償、非難と賞讃とを予期し、かつ比べ考える。したがって仲の良い親族関係を保たんとする願望や社会から尊敬を得ようとする考えは、恐怖や犯罪を抑制せんとする威嚇と同様に強く作用している。あらゆる義務の完全な履行は、喜ばしき報償の期待の豊富な体系で飾られかつ香気が添えられている。

原始慣習へのこの積極的服従の様相すなわち規範への服従が賞讃をもって誘われている事実、換言すれば、対応的労役によって報いられている事実は、わたくしの見解では、応報的罰則の研究と同様に重要である。そしてこの後者は故意(*ad hoc*)に科せられる刑罰に存するのではなく、むしろ親族関係あるいは他の制度内における対応的労役が拒絶されることや、非難あるいは不満等の当然の報復に存する。そして悪意(*mala fide*)をもってする義務の不履行は、結局において、協同的集団――それが家族であると、ギルドであるとまた部族であるとをとわず――の完全な解体を将来することになるところの、あらゆる種類の譴責、報復、損害に逢着するのである。

されば、相互主義は法的強制の動的機構における要素の一つである。そして法的義務の組織的負担はなお別箇の要素である。組織的負担ということによって、わたくしの意味するのは妻を扶養する夫の義務は、妻にたいして夫が狩猟あるいは漁労により家にもって帰った食糧を妻が料理し夫の食卓にそなえる直接の義務を彼女に課するという事実、あるいは貢納を受けいれる酋長の特権は、早晩部落の祭礼の費用を提供するかれの義務によって報いられる事実、あるいはさらに公的な呪術師によって要求される贈り物はかれの労役の提供の報酬であるという事実である。かかる例は単純である。しかしわれわれがこの書に述べられているように、家の内部や親族集団の内部および大きな部族の祭りにおいて要求され、そして提供される労役の網のごとき組織を追求するならば、ギブ・アンド・テイクの多少複雑な図式を精密に画くことによってのみ相互主義のよく均衡した体系の描写に到達することをわれわれは了解するであろう。それゆえに、組織的負担は、相互主義が一般に単なる返報ではなくして、それより広汎な周囲にわたって等級が定められ、伝承され、分担され、代行されるものであることを指示するのである。

7　行為の規範における生物学的核心

わたくしがわたくしの著書においてなさんと試みてきたことで、しかも、現代人類学の多くの誤れる理論的認識と考えるなかで現在ぜひとも強調しなければならないとおもっているもう一つのことは、行為の規範は通常人間の自然的傾向を限定しあるいは制限しいわばそれに一方的方向を与えるのであるが、他面において、大多数の慣習的規範の奥底には、人間の生物学的機構の根本的傾向が見出される事実である。婚姻において人類を通じて普遍的に発見される一つの要素は、二人の当事者の性の要求の相互的満足である。慣習的形態において、これらの義務は一般にどちらかの当事者にも重い負担にならないであろうし、また実際なっていない。錯雑しているのはむしろこれらの義務の禁止的あるいは否定的半面、すなわち、婚姻外の性関係にたいするタブーと同一な婚姻の貞節義務である。それゆえにわれわれは積極的に「婚姻」の義務を履行することが姦通にたいする刑罰と同程度に、正しい婚姻生活、したがって、婚姻の安全と純潔を建設する重要な要素であることをきわめてしばしば忘却するのである。

父母としての自然の愛情は、婚姻の愛情における性と同様、親たることの本質的核心であり、いっさいの法的刑罰および義務をともなっている。親族あるいは氏族員の相互扶助は、血讐あるいは共同所有財産にたいする共同的労働の義務に関する多くの規範を包含するけれども、その基礎はかかる規範の心理的核心である友情や野心やあるいは共通の血統の誇りのうえに存する。共通の危難においては、それが戦争におけると、海上、あるいは危険な狩猟、危険な産業であるとをとわず、扶助と援助との義務を規定する行為の規範は、私利の明瞭な認識と同じく、自己保存の感情に結合する心理的傾向のうちにその支持を得るのである。

かくて、大多数の法と慣習は生理学的にまた心理学的に可罰的とされるのであること、すなわち、個人の内部から生ずる力によって可罰的とされるものであることを忘れることは、法の社会学的分析においてもっとも重要な、またもっとも困難な面を無視することである。したがって、わたくしの見解では主にデュルケームの社会学派によって代表され、ラドクリフ・ブラウン教授の原始法その他の現象の研究において明確に示される傾向、すなわち、完全に個人を無視し、文化の機能的分析から生物学的要素を除去せんとする傾向は、これを打破せねばならぬのである。このことはまさにラドクリフ・ブラウン教授とわたくし自身の理論的不一致の唯一の点であり、またデュルケーム派の原始社会についての観念が、現地調査において、理論的研究において、また人類学の実際的適用において真に役立つために、補正されねばならぬ唯一の点なのである。

8 階級および権力の相互主義的義務——*Noblesse Oblige*（身分が身分ゆえ）

制度についての法的分析の二、三の例、ことに酋長の地位の問題が論議されねばならない。単に素人の先入観念においてのみならず、民族誌学的事項のそのときかぎりの読者にとっても、君主政あるいは君主たることの初期の形態は、専制主義すなわち酋長の側における権力の濫用——要するに経済的、かつ政治的な専制政の特徴を表わすように最初はみえるかもしれない。

わたくし自身の現地調査において、わたくしが最初に印象を受けたのは、酋長によって要求される莫大な貢物、その臣下に課せられる厳格で煩瑣な儀礼——その入念さにおいて、また低い階級のものによって行なわれる肉体的卑賤の法則において、ほとんどポリネシア的ともいえる儀礼——ならびに一夫多妻制が支配者に与える性的・個人的ならびに経済的特権であった。わたくしの見解はこの地方の初期の行政官等の見解と同様であった。そしてかれらの見解においては、一般人民および社会の利益を増進せしめる最良の方法は、ともに酋長の権力を打破することであった。しかしながら、さらに十分な知識を得た結果、わたくしは自分が誤っていたことを知ったのである。酋長が集める食糧の莫大な貢物はかれがそれを自身で消費するのではなく、またじじつそうすることは不可能であった。かれはその貢物を儀式のときの再分配のために、また、戦争・事業・部族の祭礼の財源のために管理するのである。酋長はこのことをなすにあたってもちろんかれ自身の威望を高め、酋長としての権力と威厳を誇示する。それと同時に一般の人々は酋長に与えられるこの組織の力なくしては、また、部族の収入の大部分の蓄積および爾後の分散についての部族の根本法によって酋長に与えられる手段なくしては、かれらにとって生活を生甲斐あらしめる大多数の事物を奪われるのである。部族の慣習の部分的没落は、トロブリアンドにおいて生活における興味——わたくしが観察し記録することのできる大多数の具体的事実を現実に網羅するところの表現——を減少せしめたのである。(1)

さてこの点については、ホグビン博士の資料は、酋長と臣民との関係における相互依存についてのわたくしの結論の若干をたしかめるのみならず、かかる議論をさらにいっそう完全に発展せしめている。とくに他のポリネシア社会(2)から収集された事実は、いたるところにおいて酋長の権力は厳格にその義務と関連していることを示している。酋長たることの基礎はまさに酋長によって一般人にたいしてなされる労役のうちに存するのである。すなわち、「人々の最大の自己防衛は、かれらの首長の私利のうちに存する。そして首長の富や権力は、主として首長の奴隷の数に依るのである」。ときには一般人すらも悪い王にたいして戦争を起すことができる。「しかし王の側に正義があるときは、確実にその一般人は敗れるのである」。王は多くの場合に食糧を分配せねばならない。王は戦争において人々を扶養し、賀宴を組織しなければならない。「王も王妃もともに鷹揚に、衣服たるタパス（*tapas*）やマロス（*malos*）と同じように食糧を分配すべきである。このことは戦いの日において人々をして王の楯となるようにしむけるであろう」。このようにあるハワイ人はハワイの王について書いている。もしこのハワイ型の酋長が、わたくし自身がトロブリアンドにおいて観察した原則ならびにホグビン博士がトンガ人やサモア人の証拠から完全に集めた材料に正確に一致しなかったならば、おそらくわたくしはこのハワイ人が偏狭な愛国心をもちそして事情を理想化しているものと疑ったであろう。

経済的協同においては、義務の相互性をもったからみあいは、組織そのものの性質のなかに固有的にそなわっているから明白なようにみえるかもしれない。じじつそれはひとたび注意をそれに向けさえすれば明白となるのである。ホグビン博士は、原始的所有権においては原始的協同におけると同じように、それを解く鍵が「機能の分配の一定の組織と相互的義務の厳格な組織が存し、それらのなかへ義務の感覚と協同の必要の認識が、自己の利益、特権、利益の認識をともなって、相ならんで入りこんでゆく」(3)ことによって与えられるとの命題を立証しえている。

トロブリアンドにおいて、わたくしは、島民は慣習――もっと正確には法――がかれらになすことを命ずるところを遵守するというわけは、かれらが、同一の法の名において対応的労役を要求する権利を有する機会が遠からず現われることを知っているからだということを発見した。ホグビン博士の第二章および第三章の解明において、すなわち第二章第二節のうちに見出される経済活動の資料、漁労集団とその相互の義務と責任についての叙述において、われわれはきわめてよく似た事情を見出すのである。そして、このことはまたポリネシアの他の場所での経済についても真実である。もっともここではホグビン博士が駆使する資料は間接的であってはなはだしく詳細にわたることを許さぬのではあるけれども。原始文化の経済的様相は社会組織あるいは儀式のごとく完全には研究されていなかったのである。しかしながら、アフリカの各地における機能学派の現地調査者によってなされた最近の発見から、わたくしは親族集団あるいは地域的社会の内部における経済的行動がいっそう完全に研究されるところでは、どこにおいても、法的効力について同一の機構が見出されるだろうという期待をもつのである。オードリー・リチャーズ博士(Audrey Richards)はとくにこのことを南東バンツウ族の家族および村落共同体における食事の行動の研究において示している。(4)

ホグビン博士の書は、また社会人類学に存するもっとも誤解されやすい根拠の薄弱な議論、すなわち、「原始共産制」を効果的に結着をつけている。ここでもまたわれわれがカヌーや宿《クラブ・ハウス》のごとき対象、共同の井戸《ウオーター・ホール》、水路、遊園地のごとき部落の公共的有用物の使用あるいはそれにたいする権原のうちに見出すところの共同の要求と共同の義務の連鎖的形態は、無差別なあるいは乱雑な権利——未来の理念において共産主義とみなされがちな現代の共同所有権(communal ownership)に比較されるのはこれだけである——となんらの関連ももたないのである。漁労の道具、カヌーを走らせる権利、集合家族の財産、ヤシの実の所有権、すべてこれらは、要求と使用との複雑な体系が存在し、その相互関係と作用は詳細に研究されることを要し、原始共産制として処理せらるべきでないことを示すのである。

註1 『西太平洋のアーゴノーツ』(*Argonauts of the Western Pacific*)第九章第一節。『犯罪と慣習』(*Crime and Custom*)九一〜九三頁(本訳書七九〜八一頁)参照。
2 『ポリネシアにおける法と秩序』第七章第五節ないし第九節。
3 『犯罪と慣習』二〇頁。(本訳書三〇頁)。
4 『未開部族における飢餓と労働』なる単行論文を参照せよ。

9 原始法の体系としての土地保有態様

おそらく初期の文明におけるもっとも重要な財産の様相として、わたくしが将来の現地調査者の注意に託したいとおもう一主題は、土地の保有態様である。本書ではホグビン博士が第三章第五節において述べるところが注意深く読むに適するところではあるけれども、オントング・ジャバ(Ontong Java)の若干かぎられた地域では、ホグビン博士にそのおもうさまの分析をなす余地を与えないのである。ニューギニアの各地における土地保有態様の研究は、この点について一般に事情はきわめて錯雑しており、その研究は重要であるとともにきわめて困難であることをわたくしにおもわしめる。純然たる形式的・法的研究は不可避的に土地にたいする要求と権利の長い表《リスト》を示すのである。かかる要求のいくつかを合せてとりあげてみるならば、それらは一般には完全な共産主義、すなわち共同の土地のあらゆる部面にたいしまたそれに立ち入ることにたいするあらゆる人の権利が確立されているようにみえる。そしてわれわれが個人の要求の高度の分化と特殊化にたいする真の洞察をうるのは、われわれが農業の過程に諸種の権原が生産的な力として加入する方法を研究するときにおいてのみである。

たとえば、トロブリアンドにおいては、酋長はすべての土地を自己の土地として要求する。この要求は根拠なき無駄なものではない。一方に酋長は各種の媒介を通して土地からの貢納物を要求することができる。そして、産額の一定の割合——わたくしは全体の四分の一あるいは五分の一と査定するのである——が酋長の納屋にとにかく納まるのである。そして、酋長は、すでに述べたように、これを用いないしまた誤用しないしさらに浪費することもない。そして社会の利益のために管理するのである。しかしながら、これを別にして、酋長は土地に関しては、さらにいっそう明確な義務をさえ有するのである。かれはこれを好戦的な隣人の侵略にたいして防衛せねばならない。この隣人が勝利をうるときには地上にたてられたあるいは生長した大多数の物が破壊されるのである。酋長はまた別箇の方法において農業の組織にたいし寄与するところもなければならない。

土地にたいする権利はまた小地域的集団の首長に与えられている。そして、首長はやはり重要な役割を演じ、所有権を有することから若干の利益を得るのである。呪術師、畑あるいは土地の名義だけの所有者、実際の使用者、かれらはすべて共同の利用に貢献するのであり、かれらの純粋に形式的な、すなわち、法的要求は、すべて残らず畑作りの調和的に配置された活動のなかに相応の代償を有するのである。かかる法的権原の適合性を忘れることは、権原をその額面どおりに認めそして単にそれを連続的な表に書きこむことと同じくまさに誤謬である。機能的方法は、法的規範は人間の行動にたいするその実効的影響のうちに学ばるべきことを要求するのである。

わたくしには、一つの実際的仮説として、土地保有態様があらゆる場所における人類学的研究の主題であると十分の理由をもって仮定することができるようにおもわれる。あらゆる場所において、人間はかれの母なる大地、すなわち、かれに食糧を供する土地およびかれに避難所と保護を与える環境を信仰と理想とでもって取り囲むのである。一般に、人間は神秘的・歴史的伝統でもって大地を囲み、かれの土地にたいする関係を多少とも明確な法的表現のうちに定義づけている。が同時に、人間は土地を使用し、土地の生産物を専有し、分配し、消費するのである。わたくしの見解では、土地保有態様の本質を形成するのは、一方において神秘的・法的理念と他方において経済活動の相関関係であるようにおもわれる。すべてこのことは、一見しては、わかりきったそして余計なことのようにみえるかもしれない。しかしながら一般的にいって、われわれが、まだ世界のどの部分からも土地保有態様についての徹底的な信頼すべき報告に接していないことを省みるならば、これが検討せらるべき問題であり、しかもまた従来閑却せられてきた問題であることを強調して確言することは、おそらく要点《ポイント》をはずれたことにはならないであろう。(1)

註1　現地において機能的方法を適用する人々から生まれる将来の文献によって、この間隙は補修され始めるであろう。たとえば最近『二十世紀におけるアフリカ人』(*An African People in the Twentieth Century*) の標題のもとに出版されたメイヤ博士 (L. P. Mair) の著書を参照せよ。わたくしもまた現に出版準備中のトロブリアンドの農業についての著書において、この問題を多少取り扱っている。

10　初期の婚姻学説

おそらく親族関係の問題におけるほど構成の対称性の原則、相互主義の原則および要求と義務の体系化の原則が、われわれの原始社会の理解に多くの貢献を与えるところはないであろう。わたくしの見解では親族関係の焦点は家族である。わたくしはこのことをわたくしの個人的見解として提出する。というのは、現在においてすらも、家族あるいは親子的集団の存在をあえて否定せんとする人類学派が存在するからである。わたくしの見解では、この学派は過去においてモルガンやマクレナン、バッハオーフェン、ロバートソン・スミス（Robertson-Smith）、エベビュリー卿（Avebury）等といったような顕著な代表者を有したのであるが、今日においてはおそらく唯一の例外をのぞいては、わずかに第二流の人物の支持をもつのみである。

親族理論への初期の寄与は、原始乱婚や集団婚の仮説および性関係も親子関係もともに深刻な進化的変化を経過したとする学説と関連することがきわめて多いのである。最初においては婚姻は存在せず、その否定そのもの——共同乱婚が存在した。そしてこれから漸次にこの乱婚の若干の制限が出現してきた。しかしなお性関係、子供の保育および親族関係の紐帯は個人間には存在せず、集団の間に存在したのである。初期の著者、親族関係に関する研究の先駆者等は、幾多の原始親族生活の奇矯なあるいは風変りな形態を説明するために劇的で煽情的な発展段階の仮説を用いた。これらの学説はわたくしの見解では誤っている。しかしながらかれらがわれわれの注意をひいたところの事実は、もっとも大きな意義を有している。バッハオーフェンにたいしては、われわれは母権（*matriarchy*）あるいはわれわれの今日の用語例に従えば母系（*mātriliny*）——すなわち、親族関係を母の系統に従って算える原則の発見を負うている。モルガンにたいしてはわれわれは級別式親族呼称とその有するあらゆる意味を負っており、それは真に原始社会学の広汎な面である。マクレナンにはわれわれは一妻多夫（*polyandry*）および他の婚姻の原始形態の分析および級別式用語の合理的な鋭い批判的解釈についてお蔭を蒙っている。そして、ロバートソン・スミスにたいしては、氏族制度および宗教的信仰の社会学における若干の重要な様相をはじめて明らかにした名誉を与うべきなのである。

人類学におけるその後の発展は、これらの著者によって示唆され、分析され、解釈された事実の大部分がきわめて重要ではあるが、かれらの一般的理論的図式《シェマ》はほとんど完全に放棄されねばならぬということを示したのであった。とりわけウェスターマーク（Westermarck）の著書はその最たるものであるが、また、フランツ・ボアス（Franz Boas）、アーネスト・クロウリー（Ernest Crawley）、イー・グロス（E.Gross）、ウィルヘルム・シュミット師（Pater Wilhelm Schmidt）、ウィルヘルム・コッパース師（Pater Wilhelm Koppers）、ならびにいっそう新らしくはクローバー（Kroeber）、ローウィ（Lowie）、ラドクリフ・ブラウン（Radcliff-Brown）およびゴールデンワイザー（Goldenweiser）の著書は、決定的に集団婚理論を打破した。がそれにもかかわらず、今日においてすらもデュルケームおよびその学派の影響は、イギリス人類学の巨匠たるジェームス・フレーザー卿の尊重すべき見解とともに、この問題を論争の余地なきものとみなすことを躊躇せしめるのである。すなわち、ラグラン卿（Raglan）、ロバート・ブリフォルト氏のような著者、ならびにカルヴァトン（Calverton）とシュマールハウゼン（Schmalhausen）両氏の双璧の著者が、ウェスターマーク教授やわたくし自身のような、かれらのいわゆる古風なヴィクトリア中期の闘士の家族や婚姻の学説にたいする強力なゲリラ戦を行なっていることは、この論争をいまなお活発な興味あるものとしているのである。

しかしながら、わたくしに関するかぎりにおいては、わたくしは集団婚の理論は人類学史の問題であると深く信ずるのである。そしていまなおなさるべく残されているところのものというのは、母権、父権およびその間の抗争、親族関係の級別式用語、家父長権（*patröa potestas*）に対抗するものとしての母方のおじの権利（*avunculate*）等の特定の現象ならびに売買婚・略奪婚・母権的婚姻や擬胎分娩《クウヴァード》の興味ある慣習などのごとき各種の婚姻形態を説明することの可能な、比較的分析および現地調査に適応する理論的背景ならびに方法をともに発展せしめることである。

11　法的契約としての婚姻

すべてこれらの現象は、親族集団という一般的名辞あるいは人類の生殖制度によってわれわれが指示することを可能とするであろう複雑な高度に環節的な制度のさまざまな方面をあらわしている。その構成部分は婚姻・親子関係・広範囲にわたる親族関係および氏族組織から成立している。

まず婚姻についてはじめると、婚姻はあきらかに対称的《シムメトリカル》制度である。婚姻は本質的に二人の当事者を包含する関係である。エム・ド・ラ・パリスでさえもこの事実に気づいているのである。もとよりもし集団婚の理論が真実であるならば、おのおのの当事者は集団であって個人とはならないであろう。構成の対称的なこと、義務の相互的なこと、提供と享受の相互性は、集団婚においても個人的婚姻においてもみとめることができる。しかし、わたくしがここで示唆せんとする研究方法、すなわち、婚姻を契約として研究せんとする問題、換言すれば、婚姻に入る行為を法が二人の契約当事者の結合を創造するものとして分析することは、われわれに一つの重要な真理を示すのである。すなわち、われわれは世界のどこにおいてもなんらの集団的行動もまた集団的契約をも見出すことはできない。あらゆる社会において、婚姻は一人の男子と一人の女子を結びつける個人契約以外のものではない。集団的婚姻契約なるものは存在しないのである。中央オーストラリアあるいはチュクチ族（Chukchee）におけるように「集団婚の痕跡」がとくに示されている所においてさえ、かかる想像的集団婚はつねに数個の個人的契約が重なった結果である。そしてもとより結局においては、諸多のうちのただ一つの契約のみが真の婚姻を確立することがきわめて明瞭に指示されるのである。すなわち、他の契約は一時的な性関係であり、また同時にまれな条件的な結合を生ぜしめる法的行為にすぎない。かくして「集団婚」は婚姻でもなければまた集団的事件でもない。しかしながら、それらの論争の点を黙過し、法的見地から婚姻の全問題に近づいてみると、わたくしが指摘したい点は、婚姻関係を確立する行為は二つの方法においてゆがめられてきたということである。第一に、婚姻は一般に一面的な見方において、すなわち、男子の行為の規範としての見地からのみ観察されてきた。かくして売買婚・略奪婚のごとき観念において、だれが購買者でだれが売却者であるかはかつて考察されていない。すなわち、妻は動産であるとかまたは略奪の対象であることが当然とされたのである。しかしまた、この反対に、女子の地位がわれわれにとって戯画と考えられるほど誇張されて取り扱われているのであって、その極端なものとしてわれわれはブリフォルト氏の巨著『母性』（*The Mothers*）三巻をあげうるのである。

第二に婚姻の行為は、その法的結果のうちに定義が見出さねばならないところの法律上の行為として考えられずに、現実の生活の全体の関係からほとんどつねに分離され、しかも婚姻の儀式的象徴的核心は、儀式がなお残存しているときにすでに腐朽したなにか古代の思考方法あるいは社会的慣行と考えられている。したがって、「略奪婚」において花嫁を奪い去る擬態あるいは象徴的行為は、公的行為と考えられていない。その擬態においてなにを象徴するものであろうとも、その真の意味はその行為が相互の権利・義務・服従によって明示される終生の関係をかたちづくることの事実に存する。

「売買婚」では花聟によって与えられる贈り物が文字どおりに一般に「花嫁代《ブライド・プライス》」と考えられ、そしてこの行為は花嫁の購買という厳密に経済的な解釈を与えられている。このことは、婚姻の生物学的ならびに法的性質に反対して婚姻の経済的方面を過大視する多くの著者の傾向[1]と結合し、結婚行為ならびにその性質のまったくゆがんだ誤った分析を生ぜしめている。

露骨にいえば、婚姻の象徴的儀式的内容は人類学者にとっては第二義的である。儀式的行為のなかに包含されて、歴史の大きな塊すなわち過去の時代の凝集し古色を帯びた想い出が残存していると主張することは、好古家の妄想的病症にしかすぎない。「略奪」は過去の段階という観点からまあまあ説明しやすい。そしてまた「売買」も同様である。が婚姻において卵や土器を毀し、棒、小枝、樹木を誇示することは、むしろ精神分析的解釈によるべきものと考えるほうが妥当にちかい。

婚姻の起源において生殖を重視する学派は、米のふりかけその他多産の象徴となるものを詳説する。原始婚姻を食事によって解釈せんとする学派は、卵・魚・チーズあるいは麦粉菓子（confarreatio）の共餐を詳説する。そしてかかる象徴的解釈は、その範囲を婚姻のすべての様相に——すなわち、それはたとえば性については疑いなくまた永久的であるが、その他多産・性交能力および相互的満足をともなう生殖、事情事情に応ずる男の子あるいは女の子の出生の重視・調理・共同の食事・裁縫の細部等々——無限に及ぼしている[2]（民族誌学はまだ靴下を繕うことを象徴する婚姻の儀式はなに一つ発見していない）。

しかしかかる象徴のなんらかの型をとり、それを婚姻の過去の全史の展望された説明として考えることはこれを正当となすことはできない。過去における婚姻が単に魚や硬ゆでの卵をいっしょに食べることに存したのではなかったのであり、また米をばら撒いたりあるいはまた小枝や緑の枝をふりまわすことに存したものではなかった。それゆえに、ある部族において婚姻行為が擬態の略奪に存するという理由から、真剣に略奪することが婚姻の起源とはならない。あるいはまた他の部族で経済的行為が儀式を支配するという理由で、花嫁がつねに購買されていたことにはならぬのである。婚姻行為の真の本質は、きわめて単純なあるいは高度に複雑化した儀式の手段によって、二人の個人が婚姻状態に入る事実にたいして部族の承認した公的表現を与えることに存するのである。そしてこの状態は、原始社会であると高度に分化せる社会とをとわず、あらゆる社会において、一体の規範によって規定されている。われわれはかかる規範を婚姻法と名づけることが可能であろう。

さてこの高度な個人関係――それは一面においては人類のもっとも根本的生理的行為に根拠をおき、他面において感情的依存と精神的協同のもっとも微妙な陰影をかたちづくる。すなわち、またそれは、人間関係のうちに存在するところのもっとも完全な経済的共産主義を必然にともなうのであるが――この協同関係において、われわれは法の地位ならびに法の他の行為の規範との関係をもっともよく知りうるのである。婚姻は、あらゆる社会において、二人の当事者間に特殊の形式の情緒的態度が発展しないかぎり、ほとんど実行されない約束となってしまう。この場合、法は全体として無力である。言葉の深い意義における献身・忠実・相手の価値の相互理解とそれから生ずる相互的義務を理解し合うことを罰則によって強制することはできない。近代の若干の法律体系のなかにおいて正当な離婚原因として描かれている「性格の不一致」なる言葉は、ここで私がいい表わさんとしていることに及ぶものである。そのなかには、まことに完全に相互の性格・身体・知性の調節によって容認されねばならぬところのものにたいして法の強制が無力であることが意味されているのである。

われわれはここにおいてふたたび問題をあまりにも複雑化し、そして問題を混乱状態においたのであろうか。わたくしはそうは考えない。如上の論議はただわれわれをして、婚姻契約のなかに包まれる法的条項とならんで他の現象の全体が考察されねばならぬことを認識するにいたらしめるにほかならない。とりわけ第一には、われわれが如上において論じてきた婚姻関係の本能的核心、すなわち、夫婦関係の生理的あるいは性的方面をである。このことはわれわれがただ「生理学」という言葉をもち出し、他の専門家をわれわれの秘密会に招じ入れることを意味するのではない。それはあらゆる社会において、婚姻の研究は婚姻前の生活についての社会の規整の研究をともなわねばならぬことを意味する。すなわち求婚は試験結婚のうちに存するかどうか。求婚は両親あるいは媒酌人によってとり運ばれるものであるかどうか。婚姻ということは暗に花嫁の処女性を予想しているものであるかどうか――すべてこれらのことは、婚姻の性的方面と関連して考察されねばならぬ事実である。

換言すれば、それは性に関連する道徳的・宗教的理念の全体、超自然的制裁の影響、また一定の社会において純潔・貞節といったごとき典型的な性的美徳または夫の名誉が妻の行為に依存することが夫婦間の性的相互主義の定義に入り込む態容である。教育を通しての人格の確立は、婚姻法の問題からきり離すことはできない。そしてまたわれわれは性的相互主義の問題を、経済的労役の交換、部族的地位を与える際において一方が他方にたいして有する価値、および婚姻の生物学的果実すなわち子が、それぞれ夫あるいは妻にたいして有する重要性から独立に取り扱うこともできないのである。

註1　ブリフォルト『母性』二巻一頁。「個別的婚姻の起源は生物学的基礎と同じく本質的に経済的で（ある）……個別的婚姻はその基礎を経済的諸関係のうちに有する」（傍点マリノウスキー）を参照せよ。

2　ウェスターマーク『人類婚姻史』二三―二六章の莫大な資料を参照せよ。

12　拘束的義務の体系としての親子関係および親族関係

婚姻の両当事者間の相互主義や義務の組織的結合についてわれわれがどんなに完全に述べようと、もしわれわれがつぎの二つの婚姻の相互関係的方面を考察しないときは、まだ叙述は不完全であり、また婚姻の定義にも欠陥が残るのである。すなわち、それはまず第一に夫婦とその子供の関係であり、第二に夫婦と他の社会集団との関係である。

まず親子関係をとりあげてみると、この関係はこれまた生物学的事実である。このことは、文化の影響あるいは伝統の支配から離れても、あらゆる社会の正常な一般女子は子供をもつことを望むものであり、また、一般の男子がそうであることを意味する。ただこのことは、現在においては事実よりはむしろ作業仮説であると感ぜられる。しかし、これはいくぶん漠然としてはいるが、人類学者も社会学者も同様に研究すべき重要な問題である。この重要性が認識され漠然さが克服されねばならぬのである。文献からまたわたくし個人の観察から、わたくしは母性たることの希望およびそれと対照的な父性たることの希望は普遍的な心理的特性であり、そしてすべての社会において、このことは制度・信仰・社会価値のなかに表現されていることをきわめて深く信ずるのである。たとえばセム族系の文化の広い範囲をとりあげてみると、石女は、いな男の子を生まない女すらも、完全な社会的身分、すなわち、既婚女としての威厳をもちえない。そしてかかる女子にたいして示される非難は、民間伝承《フォークロア》および若干の宗教的信仰のうちにさえ、呪詛や罵言の言葉となって表現されている。中国人、インドの諸種族あるいはラテン・ヨーロッパ人が子孫ことに男子を熱望していることはよく知られている。原始社会からの資料はわれわれに右と同様な自信を抱かせるには十分ではない。しかし、文化の広範団においてーーたとえば、アフリカのバンツウ族、ポリネシア人、西部アフリカの黒人においては子供にたいする女子の欲望ならびに母性たることにあたえられた価値にたいするきわめて豊富な間接の証拠が発見せられている。(1)

かくて母性たることの義務は、きわめて広く自然の性情に根拠をおくのである。しかし、この自然的傾向はつねに伝統・価値・規範および法規の体系のなかに示され、そしてこれらは女子が自己の子孫にたいしその夫にたいし、自己の親族にたいし、大にしては社会にたいして、その道徳的・法律的義務を履行するために子供にたいしていかなる処置をとらねばならぬかを規定するのである。わたくしは父の地位が同様に強い心理的根拠を有すると確信する。その意味は、男子は自分がひきつけられ愛情を感ずる女子との関係において、彼女の肉体の所有を欲するのみならず、その女子によって父とならんとすることを欲するということである。トロブリアンド島のごとき社会においては、生理的父性は認識されないが、継続的共同生活によって、父がかれの子の性格は勿論のこと外貌をも形成することを示唆する観念が完全にそろっている。わたくしは、あらゆる文化において、男子が父親たらんと欲する内部的欲求を示す観念および価値の諸種の形態が存するであろうとあえて予言したい。

かくして、母性におけるよりもさらにいっそう父性において、本能的核心が明確に文化的伝統によって再製されているのである。擬胎分娩《クウヴァード》の慣習ーーこれは若干の社会において父親をして出産行為を擬態せしめるものであるーーから妻の妊娠・出産・哺乳の間夫を拘束するほとんど普遍的なタブーやまで、夫の行為はかれの子のために文化的に形成される。もし、しばしば義務にいたる生ずるように、夫が出産直後およびその後しばらくの間、妻や子供に接触することを阻止されるとしても、夫はその子を早く監護するためにやがて妻と一緒になるのである。われわれはここで、夫婦をして幼児期の子供を監護し、幼年の間かれらに食物を供給し、かれらの幼い生活の過程を文字どおりにもまた比喩的にも導き、後にはその教育をみまもり——要するに子供を有能な公民に形成せしめる諸種の義務を詳細にわたって説くことはできない。

相互主義・互恵・義務の体系的連繫の原則は、あらゆる社会において成熟せる子が年老いた父母の世話をしなければならないという事実をとおして、婚姻の統合体系の一部となったと同じように親子関係の統合体系の一部となるのである。これらすべての関係が断片的にではなく統合作用において研究され、そして民族誌学は大規模な、儀式的な、怪奇なもののために人間生活の一般的平常の現象を等閑視したのではなかったとしても、この点においてもまた、民族誌学によってわれわれに提供される材料は予期されるほど豊富ではない。この結果として、子供がその根本的義務を遂行せねばならない父母の葬礼において主役をつとめることを示し、またバンツウ族や中国人、あるいはオーストラリアの原住民が「祖先祭祀」のために男の子を必要としたことを示すことは、生長せる子が老年の父母にたいして有する経済的義務を文献で証明するよりはるかに容易である。

しかしながら、民族誌学的研究のわたくし自身の固有の分野から離れても、わたくしはこの問題についての文献上の材料が存在するあらゆるところにおいて、父母は子の幼少時にこれを監護したことについて、子からの義務として、諸種の形態の老齢保険ともいうべきものによって酬いられることを示すことが可能であると確信する。もとより簡潔にするためには事情を単純化することが必要である。多くの社会において父母にとって子の価値は、その経済的価値でさえもきわめて早くから生ずる。かくて多くの家畜を飼養する民族において小さな少年少女が家畜の番をすることに役立つのであり、また大多数の人間社会において年長の少女は幼児の世話をしている。相互主義および互恵の満足は、あまりに簡単に粗末に考えられるべきでなく、精神的・感情的・個人的各種の利益のことも、経済的・法律的および政治的利益とともに考慮しなければならない。そしてわたくしが最後に法律的および政治的利益という言葉を用いている意味は、多数の家族はその成員の復讐、喧嘩ならびにあらゆる形態の権利の設定およびその強行にあたって与える助力を意味するにすぎないのである。

婚姻においては二人の当事者の関係は単にかれら自身のための個人的事件であるだけでなく、またかれらの子供らにたいするかれらの関係によって完全に決定されるものでもなく、他の集団の利害にも関係するという事実は、人間関係と人間集団を提供と獲得の平衡の原則に基づけて考察せんとするわれわれの方法の重要性を示すことをふたたび是認するものである。婚姻契約の個人的、個性的性質は遺物探求者（*survival hunter*）によって、婚姻行為は通常より広い範囲に影響を及ぼすという理由からしばしば否定されていたのである。しかし、もしわれわれが「共同社会」とか「社会」とかあるいは「集団」といったような漠然たる言葉を用いることをやめ、事実をもっと綿密に観察するならば、広範囲な社会的影響は無形な社会集団から成るのではなく、明確に特定された親族関係のある男女から成るものであることを了解するであろう。

婚姻行為に示された婚姻の経済的側面をとりあげてみよう。婚姻の贈り物が夫から妻に贈られるとあるいは妻から夫へ贈られるとをとわず、それは夫あるいは妻の側のさらに広い集団につねに関連する事柄である。夫が贈り物を受けるとき、その贈り物にあてられるものを提供するのはけっして妻自身ではない。ある場合は父親、またある場合は母親の兄弟ならびに兄弟の親族団体が作物・家畜その他の物産を提供するのである。そして夫がこれらの贈り物を受けるのであるが、夫は自分で保管するかまたはその親族内で分配する。婚姻が継続する間は妻の親族団体も夫の親族団体も受動的な無関心な傍観者ではなく、程度の差はあるが積極的に関与するのである。そしてこの両者の間にはつねに労役の提供、諸種の要求、贈り物のやり取りが存在する。

全世界にわたって発見せられる一つの典型的形態、すなわち母系親族組織のなかにおける夫方居住婚（*patrilocal marriage*）をとりあげてみよう。妻とその子供らは夫の家したがって夫の社会に生活する。そして血縁とすべての社会的紐帯によっては、妻と子供らは妻の兄弟が首長であるところの集団に属するのである。かくしてこの集団構成そのものには明白な二元性が存する。すなわち世帯なる単位と親族なる単位の二つの集団があり、また夫と妻の兄弟との二人の首長がある。そして妻と子の小さな集団がありかれらは二重の忠実義務を有するのである。そしてこの二重の忠実義務の原則がいかにして平衡されるかは、現在の人類学において、すべての原始社会の親族問題としてまた社会構成の問題としてもっとも興味あり、重要であり、かつ困難な問題と認識されているのである。

母系社会における夫方居住婚についてわたくしの述べたことは、必要なる修正を加えれば（*mutatis mutandis*）他のすべての親族関係と婚姻の行なわれる場所との相関的地位にあてはまるのである。われわれは母権とか父権といったようなことは全然存在しないことを急速に認識せんとしつつある。民族学的法学の名のもとに行なわれ、そしてその構成の大部分が母権的（*mutterrechtlich*）社会から父権的（*vaterrechtlich*）社会への発展の進化過程の段階に社会をおくことにあるおびただしいドイツの文献——それは母権か父権の要素のいずれかの混合を過渡的現象としてつくりあげ、ある社会における母権的現象を残存物と説明し、また父権的慣習を証する他の現象を前提物として説明するのであるが、この学派ならびに現在なお行なわれている多くの他の学派は、まことに原始親族関係のもっとも重要な点を見落すものである。すなわち、われわれがここで取り扱わねばならぬことは、いずれも先行したものから発達した進化の継続的段階において結実する「純粋要素」ではないのであって、むしろわれわれは生理学のなかに基礎をもった二つの勢力に直面しているのである。その二つは、ともに活動的に、ともにたえず優越な地位を求めて争い、ともに巧みに調和されて平衡しているもので、明白に静止的な法的制度ではけっしてないのである。

わたくしはこの若干抽象的な素描的な概念を通して、読者は相互主義の原理が単なる公理すなわち有名な目にたいするに目をもってし歯にたいするに歯をもってする格言（旧約聖書利未記第二五章二〇節の教うる所——訳者）の復誦ではなくして、あきらかに法的見地からする親族関係の実証的研究における違った研究方法の要求であることを認識されるであろうとおもう。わたくしは一方において生理学的動因からして遵守されるところの規範から離れて、可罰的な行為規範あるいは強行されもしくは強行されうべき行為規範を研究することの不得策を指摘しようと試みたのである。そしてこの両者は密接に関連しているのであるからこのことは大いに首肯される。たとえば、性において、われわれが誘惑の性質や一定の社会において見出されるところの性本能の教育をも考察するのでなければ——規範はこの誘惑にたいして定立されるのである——もっとも重要な法規範の若干を正しい展望のうちにみることもできないし、またその実効性および遵守の程度を理解することもできない。そしてまた婚姻や親子関係のごとき基礎的関係において、道徳・慣行および私利を無視するかぎりにおいては法の作用を理解することは不可能である。しかしながら、われわれは研究を完全なものにしようとしてそれを無限に複雑化することは不必要であり、事実またそうするのではない。もとより現地調査の真の技術は、最初把握し難い力や要素を具体的経験的資料に従って明らかにするとともに、秩序と単純さとをもたらす能力に存する。またあらゆる社会において、制度はそれがいかに複雑にみえようとも、作用を営まないであろうという理由から際限なく複雑にされすぎることはありえないという事実は、われわれの計画をしてその外観よりも困難さをすくなくしている。

もう一度わたくし自身の領域に立ち戻るならば、『未開人の性生活』(*Sexual Life of Savages*)を読んだ人は、家族法がその外観ほど複雑してはいないことを了解するであろう。試験結婚によってなす求婚の過程は、単純な典型すなわち自然に婚姻にまで導かれる徐々に延長される結合関係のそれに一致するものである。個人的要素、すなわち、相互的評価と愛情の要素は、直接に求愛の型から結果する。婚姻における性の処理はまた漠然と若気の放蕩をするとよばれることにあきらかに関連する。さらにまた理論的には、贈与とお返しのほとんど無限の分脈が入りこむ経済的側面は、その義務が遠くに従ってその義務は不明瞭になってゆき、したがって、われわれは真に夫と妻の兄弟——そのおのおのは二、三の親族集団によって支持される——との間の相互的義務の交換について語ることができるという事実によって単純化されるのである。

註1 この問題に関連する傑出した研究はシャペラ博士(I. Schapera)の一九三三年一月、第六巻『アフリカ』誌所載の『婚姻前の受胎と原住民の見解、社会変化についての覚書』(*Pre-Marital Pregnancy and Native Opinion, A Note on Social Change*)である。

13 魔術と法

もし紙面が許すならば、わたくしとして非常に敷衍して論じたい問題が若干ある。そのうちの一つは魔術あるいは呪術の問題である。すでに『犯罪と慣習』(*Crime and Custom*)について述べた小著においてわたくしはあきらかに黒呪術《ブラック・マジック》を弁護しようと試みたという非難をまともに受けたのであった。そしてそれに関連して、つぎのごとくも主張された。「マリノウスキーは原始民族が呪術の合法的使用と犯罪的使用との間になんら明快な道徳的区別をなさないと主張する」と。そしてより一般的には「それ（犯罪と慣習）にたいして向けられるべき主な批判は、著者はあらゆる未開部族に適応しうる理論を公式化する目的で一社会に限定された資料の範囲から概括化したことである(1)」というのである。

もしわたくしがわたくし自身のために（*prodomo mea*）数言費すことを許されるならば、恣意的な概括化の罪については「無罪」を訴えたいが、一方わたくしは呪術師の肩をもったわたくしの傾向を十分認める。そしてわたくしはわたくしの地位を擁護する試みをなしたいのである。一箇の事例からの違法の概括化に関しては、わたくしはつぎのごとくまさに序文に指示したのであった。

「現代の人類学者はしぜん、確定した事実の記述にたいして自己のいっそう広汎なそしていくぶん散漫で把握し難い経験を付加し、原始文化の一般理論の背景にたいして慣習・信仰・組織の細目を提供する誘惑に陥りがちである。そしてこの小著もまた一現地調査者がかかる誘惑に屈して生み出されたものである。しかし、わたくしはこの過誤——たとえこのことが過誤であるとしても——を軽減するために民族法学におけるより多くの理論、とくに未開人との実際的接触から生まれる理論がきわめて必要であることを力説したい。また、わたくしはこの著書において省察や概括が記述的部分から明瞭に区別されていることをも指摘したい。そして最後に大事なことを付言するならば、わたくしはわたくしの理論が臆説や仮説的再構成から成るものではなく、単に問題を系統立てて説こうとする試み、すなわち、この主題に正確な概念と明瞭な定義を導入しようとする一つの試みにほかならないことを主張しておきたいのである(2)」。

以上わたくしの立場を述べることによって、わたくしはいかなる一般的推論もただ挑戦を受ける性質のものにほかならぬ事実は、これをはっきり了解していることを十分に宣言したとおもうのである。(3)

わたくしはいまでも人類学説、ことに現地調査の方法に関する学説は改革されねばならず、かつ急速に改革を要することを深く信じている。われわれにとってもっとも緊急な必要は、原始的法律・経済・教育の機構に関する一連の理論的原則を発展せしめることにある。すなわち、その学説というのは、現地調査者をしてかれの材料から、誘惑的ではあるがしかししばしば幻想的な、過去の段階と歴史を構成しようとする回顧的欲望を生ぜしめることよりもむしろ現地調査者の興味と注意の焦点を研究の対象たる原住民の社会制度および文化的制度の現実の作用に集中せしめる学説である。あらゆる科学の部門におけるすべての実験的研究者と同じくわたくしはわたくしの観察した事実の範囲において、わたくしにとって一般的なものおよび普遍的なものと映ずるものを認識せねばならなかった。『犯罪と慣習』において、わたくしは原始法の問題に関するそれらの一般的、普遍的原則を示そうと試みたのであった。社会学的現象の全範囲を通じて一般的、普遍的原則の実効性についての最後の決定は、いまなおわれわれの観察に開放されているあらゆる民族誌学的領域において、われわれがこれらの結論を吟味しえた後においてのみ到達されることが可能である。わたくしの一般的見解を単純に直截に述べることを止めることは、おそらく正しい自戒ではないのであって、知的に勇気のないことにほかならぬ。ニュートンと同じく自分の鼻に林檎が落ちてきたかれの仲間の農夫との差違は、ニュートンは概括化する知的勇気をもっていたことである。

それゆえに、わたくしはオントング・ジャバにおける魔術についてホグビン博士の提供された事実が、わたくしの理論をきびしい吟味にかけるのみならず、わたくしがトロブリアンドの資料に基づいて結論しえたところにたいしそれを直接にたしかめる他の地方の支持を与えられるものであることを見出すことは当然わたくしの喜びとするところである。そしてここにおいてもまたわたくしの見解は誤解されているのであるから、ふたたびわたくしの小著を引用し、そこにわたくしの述べたところをおそらくいっそう明快に表現することは許されるであろう。わたくしにたいする批評家の一人がわたくしの見解を要約し「マリノウスキーはトロブリアンドにおいては魔術は刑事的作用として考えられるのではなくむしろ貴族的特権として考えられるとわれわれに告げている」と結論するのであるが、これはきわめて不当である。わたくしはこの問題について正確に九頁を費しただけで簡単に取り扱ったにすぎない。そしてわたくしはたしかに呪術は主たる刑事的作用として考えられることはできないという事実を強調したのである。（本訳書八〇―八一頁）。しかしながら、わたくしは「魔術はもっぱら裁判執行だけの方法でもなければ、また、刑事訴訟手続の形式だけのものでもない。それは両者の方法に用いられうる……」事実を強調するのである。そしてホグビン博士が第六章第四節ないし第六節においてこの問題にたいして提供される優れた材料は、かれによって記録された多数の事例において、魔術はまさしく裁判を執行する一手段であることを示している。われわれは、窃盗や姦通や娘を犯された者の事例の提供を受けるが、被害者はその被害を黒呪術《ブラック・マジック》によって復讐している。が他方には、魔術が濫用と不正の手段である多数の事例をも有する。それはトロブリアンドにおけるとまったく同じように魔術の手段による「現実の圧制やお話にならない不正」(4)であるか、あるいは他の場所で述べたように「魔術の準刑事的適用」である(5)。

ホグビン博士は、両者について優れた梗概を与える。この事件の一つの型――事実上この型が多数である――において「黒呪術は、正当視される復讐が遂行される手段にほかならぬのであり、夫が自己に害を与えた男を殺すに用いる剣と比較さるべきものである……社会は消極的承認によって同様な方法で報復の二つの形式を支持するのである」（第六章六節）。魔術の不正な行使については、ホグビン博士は、例を示した後、数箇の事例で、魔術の濫用が刑の実施によって罰せられたことを示している。「これらの事例は魔術者でさえも反社会的目的のために自己の権力を行使するときは抑制されることを示すのである」。要するに魔術はポリネシアにおいてもわたくしがそれを検討したメラネシアの諸地方においても、同様に、権力を行使する武器であり手段である。刑事的に用いられるならばそれは刑事的となり、確立せる社会秩序を支持するために用いられるときは法を強行する機構となるのである。

註1　わたくしはこれらの言葉を一九三一年一月『アフリカ』（*Africa*）第六巻第一号所載エヴァンス・プリッチャード博士（E. E. Evans-Pritchard）の論文『魔術と原住民の世論』（*Sorcery and Native Opinion*）から引用するのである。わたくしが一箇の事例から概括化したことについての批判は、同様劣らざる権威者たるコロンビア大学のフランツ・ボアズ教授（Franz Boas）によって一九二六年九月号の『フォーラム』（*Forum*）誌上においてまたシャペラ博士（I.Schapera）によっては一九二七年七月号の『マン』（*Man*）誌上において、またその他有力なアメリカの人類学者によってなされた。そして後者のうちにはリーズリー・スピーア教授（Leslie-Spier）も入っているのである。

2　『犯罪と慣習』の序一〇頁（本訳書一―二頁）。

3　わたくし自身の資料から引用した、推論の試験的・挑戦的および不確実な性質についてこのきわめてはっきりした叙述以外にも、急速な研究においてではあるが、これに加うるに、わたくしがわたくしの推論の実効性の領域をそのうちに注意深く限定した言葉はすくなくも七節ある。わたくしは若干の結論を「一箇の民族誌学的領域のために確立する」ことを試みている旨を示している。すなわちわたくしはリヴァーズのかれ自身の領域からの概括――これは民族誌学的領域の普遍的概括である――を論駁するのである。わたくしは「あえてわたくしの推論がたしかめらるべきものなることをあらかじめいうのである」が、一方わたくしはそれが吟味さるべきこと等々をも示唆している。そして最後にわたくしは到達された結論がおのずから一定の限界をもつことをなお強調したのである(『犯罪と慣習』一五・一六・二五・六三・六七・六八・八六頁。本訳書二五—二七・三二・五八—五九・六一—六二・八〇—八一頁)。

4 『犯罪と慣習』九二頁(本訳書八〇頁)。

5 同書九四頁(本訳書八一頁)。

14 原始法の実在

『人間の科学』(*Science of Man*)における法理論の現在の状態を回想すると、わたくしはふたたびこの書がきわめて重要であることを感ずる。理論的にきわめて魅惑的であり、人類学のあらゆる実際的適用においてきわめて基礎的である原始法の問題は、素人にとってはほとんど信ぜられぬほど、また専門家が知るにおよんでは衝撃をうけるほどに長く忘却されていたのである。もとよりこの問題に提供された数百のおそらく数千の書が存在することを主張することはできる。七十余冊の『比較法雑誌』(*Zeitschrift für Vergleichende Rechtswissenschaft*)を別にしても、比較法学ならびに民族法学と関連して——もっとも重大な人々のみ挙げれば——ポスト(Post)、コーラー(Kohler)、ベルンヘフト(Bernhoeft)、クノー(Cunow)、コヴァレフスキー(Kowalewsky)、ダルガン(Dargun)等が存する。

わたくしは原始法を除いてはあらゆる点において——かれらの寄与の高い価値を擁護する第一人者でありたい。これらのなかに体現された優れた民族学的学説は、多くモルガン、マクレナンおよびバッハオーフェンの見解の綿密なる仕上げであり、比較的高い完成に達していることもある。ドイツ派社会学の深遠な好古的再構成と法および社会組織のインド・ヨーロッパ的原則が存在する。とりわけ比較民族学のもっとも重要な綱要が存するのである。けれども、あらゆるこれらの材料は一つのことを欠如している。すなわちそれは原始社会において法あるいは慣習の動力がどこに存するのかの基本的観念を欠いているのである。行為の規範を単に列挙することだけでは原始法の問題をになうにたりないのみならず——その縁にさえ触れない。じじつ、すべてこれらの文献が、大部分法にたいする受動的、盲目的、自動的服従の観念で浸透されているかぎり、それは知識の真の原則を説明するより、むしろ異説を唱えるものである。

この著書——この書はこの新たな問題にたいする現地調査者の最初の寄与の一つであることを記憶しよう——からして、われわれは法の問題がまさしく存在すること、そして法的なもの、すなわち規範の効力に関係するものとして分類せられるべき広範囲の現象が存在すること、そしてまたそのためには特殊の研究方法とそれを鼓舞、支配する一連の原則が存することのわれわれの確信を確実にすることができる。あらゆる規範はある種の動機づけあるいは誘因によって支持を受けている。しかし実効あるいは制裁の種々の根源は、すべてが同一類型であるのではない。科学は諸多の事実に秩序をもたらし、それゆえに事実の分類をなすのであるから、現地調査者の最初の義務は、「未開人にとって部族の政策は唯一にして分つべからず」との観念を切り抜けることである。未開人は神の名において「われわれが厳格に法規範として了解する儀礼・道徳・農業・医術等を包含する法典」を公けにする。かかる規範の間に「未開社会の成員はなんらの区別をなさないのである」(1)。

これと反対に——わたくしは、その性質・制裁・人間本能との関係および社会組織との関係において他のすべての行為の規範と異なる規範の一つの形体の存在を深く確信する。それらは人間の傾向・情熱あるいは本能的動因を拘束する規範である。すなわち、他人の淫欲・貪欲・悪意にたいして一公民の権利を保護する規範、すなわち一般に性、財産および安全に関するところの規範である。かかる規範は厳格に遵守されない。これらはときに破られ、例外なく裏をかかれ、回避されるが、しかしまたまったく度を過ごした徹底さをもって遵守されることもある。同一社会内において——その社会が純潔のきわめて高い理想を説くか、あるいは人の性向をかなり随意にさせるかをとわず——禁欲主義者と放蕩者とが併存することができる。すなわち自己の性衝動を抑制し選択する意を表わす人と現存の少数の規範すらその裏をかくことをいっそう容易なかつ有利なことと考える人とが存在する。

いっそう発展せる社会においては、強行することを必要とし、そしてまた強行されうる規範は一般にきわめて明快な機構によって他の多数の規則や命令から区別されるのである。これらの規範は特殊の法典に体現される。そしてわたくしがここで法典というのは、もとより、裁判所においてつねに有効となされるあらゆる成文法、あらゆる慣習と先例とを意味する。分化せる社会においては、つねに巨大な法律制度とも呼ばるべきものが存在し、それは法を制定し、あるいは慣習を明らかにし強化するための諸種の形体あるいは機構を包含している。すなわち、すべての個々の場合に、証拠、犯罪、刑罰を決定宣告する裁判所あるいは他の機関あるいは法の力——それは警察、秘密結社、または雇われた刺客であるとをとわない——がそれである。

原始社会においては、われわれはこれらの制度のいずれをも発見しない。あるいは若干のアフリカの王国におけるごとく、これらを包含するところでは、それらはあきらかに安全・財産・性に関する規範のすべての範囲を明らかにするものではない。それらは他の強制手段が達しうるよりはるかに広範囲にわたって、かかる社会に発見せられる法にたいする服従を説明するものではない。かかる原始社会においては、法は機能によって説明せらるべきで、形式によって説明せらるべきではない。すなわち、われわれはなにが法の強制の代りの作用するところの協定であるか、社会学的実在であるか、また文化的機構であるかを知るべきであるとわたくしはひそかに信ずるのである。私法——すなわち、主として経済的労役、財産の問題、個人的義務の履行の問題等に関する規範——について述べるならば、わたくし自身としては、わたくしはただにわたくし自身の現地調査からの結論ばかりでなく、獲得の可能なあらゆる証拠からして、法の強制力はすべての規範の系統的連繫——それは社会制度の本質である——のうちに存するとの結論に達している。したがって、原始法学の主な分野は、あらゆる関係——すなわち、たとえば夫の妻にたいする、親の子にたいする、酋長の部下にたいする、氏族員の氏族員にたいする、部族員の部族員にたいする関係——の分析にある。そしてそれはまたかかる関係の広汎な範囲にわたる相互的関係のうちに、および一定の制度内における相互主義と互恵主義のときとしてきわめて錯雑せる一群のなかに存することもあり、最後には制度相互間の関係のなかに存するのである。

これは素人あるいは現地調査をなさざる者にはいくぶん形式的なかついくらかとりとめのない注意の一片とおもわれるかもしれぬ。が実際は、きわめて積極的なまた具象的な研究のプログラムを構成するのである。以上の示唆をなすことによって、またわたくし自身の研究分野においてそれがどのようにして実証的に遂行されうるかを示すことによって、またホグビン博士、メイア博士、レイモンド・ファース博士、オードレー・リチャーズ博士、エヴァンス・プリッチャード博士およびシャペラ博士のごとき研究者をかかる研究方向に導くことによって、わたくしは抽象的な形式を具体的な実在へと転ぜしめたとおもう。そして実際に重要な点は、機能学派と結合せる原始法理論は種々な研究の新分野を要求することである。法の効力は制度内における諸規範の均衡のとれた集合あるいはその相互配置によってきわめてしばしば決定されるという原則から、われわれは現地調査者にたいして一定の特殊の態度をもって現地において諸事実の相互関係を観察すべきことを提案する。婚姻の儀式、婚礼の際の贈与、義兄弟の義務、義母のタブー、義父の呼称法等を研究すること、すなわちいわば分類的に研究し、これらから個々別々の結論を導くことも一つの研究方法である。けれども、これらの現象が相互にいかなる動的関係にあるか、そしてこの関係を発見し明るみに出すことはまったく別のことである。

　機能的法学が研究の新分野を開拓する第二の点は、諸規範は無意識に服従されるものではないという事実を強調して叙述するうちに存する。もしも規範からの偏倚が、制度内における内部的抵抗をもたらすのであるならば、かかる偏倚が発生する過程や、それが生活に反動力をもたらす仕方は、ふたたび実証的研究の題目となるのである。そのもっとも単純な形式においては基本的な不服従にたいするしっぺ返しが存する。年々与えられる婚姻付帯の贈与がごくすくなく与えられることがある。すると、かく与えられることとすくなき当事者は反撥して、それに応じて相手の配偶者を遇するか、あるいはかれからの贈り物を同様にすくなくするのである。そしてかかる場合はその双方に非難が起る。なんとなればかかる行為は公共的であり、なにびともこれについて報告を受けるからである。この非難は定形の無い「世論の圧力」というものではない。非難は背信行為者にたいする一般的不信用に転形され、背信行為者はかれの従事するすべての経済取り引きにおいて非難という反動を発見する。かくて、現地調査者は、単に厳格な固定せる規範を研究するのみならず、いかにかかる規範が作用するか、また、規範に従わぬことがいかに多様な結果を生ずるか、そしてこれらの結果が、ふたたび犯罪者にたいする無限な大小の反動の一つの全体的体系に集約されるかを学ばねばならない。

　機能派の原始法論が唱導する第三の点についてはわたくしは最後まで保留してきた。なんとなればそれをもっとも重大なものと考えるからである。そしてそれは人類学がかなりな程度に一般法律学にたいして影響を与える点であるから、わたくしはここで全理論の明白な帰結を述べておこう。もし規範が弾力性あるものならば、それは不服従なる一方向にのみ伸張することが可能なのではない。それは反対の方向、すなわち、称揚の方向に発展することができる。簡単にいえば、行為の規範は単に刑罰によってのみ保障されるのではない。それは諸種の誘因によってつねに方向づけられる。わたくしの理論のこの面をわたくしは『犯罪と慣習』のなかでは十分に説きつくさなかった。しかるにホグビン博士の証明によってわたくしはわたくしの結論について十分大胆となり、わたくしはこのことが全理論のうちでもっとも重大なるものと考えるにいたった。そしてこのことは大部分の法が合理的な生物学的現実の表現である事実ならびに文化の重要なまた機能的な基礎を有する傾向の表現である事実に密接に関連する。

家族についての二、三の基本的な法を例にとってみよう。それは第一に近親相姦の禁止と恐怖。第二に姦通にたいする刑罰。最後に親子の関係を明示するすべての規範である。さて近親相姦の場合は、われわれはあきらかに単に外部的圧迫をのみ取り扱っているのではない。情緒と感情のすべての力が近親相姦の観念に反対して動くのである。わたくしはわれわれが本能的恐怖を取り扱っているのではなく、わたくしが他の場所において指摘することを試みたごとく[2]、性的傾向なるものは、親としての態度のなかに入り込む情緒ならびに兄弟姉妹の間に自然にかたちづくる感情とは両立しえぬという事実を取り扱うものであることを信ずる。

法と心理学的力の機構は同一方向を指示し提携する。二者のうちいずれが効果があるか。わたくしは人間性の諸力すなわち実際には道徳的確信の諸力が、刑罰の恐怖よりも無限に強力であることにつきいささかの疑問をも有しない。読者はわたくしがあまりに強調して考えを述べているので、わたくしが自明の理を述べていることを気づいていないと疑われるかもしれない。他に影響するところ多い科学の謬論の基礎となるものは、通常まさに自明の理を無視する点に存する。法の分野を他の行為の規範より力強く、推断的に、しかも重々しく孤立させる法律学は、かかる科学的誤謬を犯している。それは法理論をゆがめるのみならず、法律学の社会学にたいする影響を無駄にする。上述した他の規範についていえば、姦通にたいする刑罰が、婚姻を快適な共同生活になす積極的な作用ほどには強く一夫一婦制を自衛するものでない事実をわたくしは主張した。立派な婚姻生活をつくりだすものは優生学的な工夫でもなければ、いわんや法でもない。それは夫婦間の愛情の自由な行使に役立つ諸種の力に活動の自由を与えることにより、また離婚に偏見をもつ教会法という無用なやっかい物を放棄することにより得られるのである。さらに過去三〇年このかたわれわれが注目してきた親子関係の改善は、法的手段のうちに存するのではなく、相互の利益の交換がよりよく発展することのできる関係に、親子関係を変更することに存するのである。

註1　シドニー・ハートランド前掲書二一三・二一四頁。
　2　拙著『未開社会における性と抑圧』(*Sex and Repression in Savage Society*) 参照。

15　法学はいかにして原始法の研究から利益を得ることができるか

もし人類学が法学をして法の実定的側面を認識せしめ、そしてまた法はより広い規範体系の一部分にすぎないものであることを知らしめる程度に法学に影響を及ぼすことができるならば、このことはあらゆる社会科学にとってなんらかの利益となるであろう。職業的法律家が違反事件や復讐事件や法典化された規範や、ただもっとも狭い技術的な意味においてのみ法的であるすべてのものに抱いている専門的興味には、異常なものはなにもない。事件としては正当なものも、正しいものも、また取り扱ってしかるべきものもあるであろう。がしかし、法律家はもしその事件が十分な証拠に基礎をおいていないならば、あるいは代表的陪審官に顕著な偏見を起さしめるものであるならば、あるいは形式的理由で技術的に根柢が薄弱であるならば、その事件に触れないであろう。法律家はどんなに道徳的でまた高潔であろうと、事件が社会学的に根柢が薄く倫理的に非難さるべきものであってもその背後に真にあらゆる法の力をもっているならば、その事件を取り扱うことを拒絶することはないであろう。実用的な法律家の仕事は、法の実際的運用に参加することである。

大多数の法学は法律家によって書かれているのであるから、法学はあきらかに法的心性の傾向に従ったのである。そして法の問題にたいして完全にゆがんだ非現実的態度をとったのである。医学においては健全な生物学や科学的病理学が衛生学と予防医学を生み出しうるまえに、診断技術に蝟集して形成されているあらゆる学問が、医業の商業的詭弁（*casuistry*）から解放されねばならなかった。同様に、法においては、法学者はまず第一に便宜主義の拘束と障害とから自己を解放せねばならない。そのときにこそ、おそらく、法学者は違反にたいする防衛の有効な技術および良き市民への誘因をかたちづくることが可能となるであろう。

最近の一〇ないし二〇年間の歴史から、この問題がもはやアカデミックなものだることを止めたことを示すことはおそらく容易のことであろう。たとえば、合衆国の立法府はきわめて多数の工場《ファクトリー》でありそのなかにおいてつまらない法、悪法、強制を不能とする法、不必要な法そしてまたカリカチュアの的になるような法が生産されたのであった。(1) 米合衆国憲法修正第一八条の制定と廃止はその頂点に達した例である。この法律は本質的に根底がないのであり、そしてそれが制定されたのは、まさにわが西洋のなかのもっとも権力的勢力的社会が、徹頭徹尾法はそれ自身のなかに神秘的力をもっていると信じたからである。われわれは、こんどは未開人についてではなく、われわれ現代世界のもっとも進歩的社会の市民について、社会は法にたいする自動的服従を信じていたのだということができるであろう。

米合衆国憲法修正第一八条とヴォルステッド禁酒法（*Volstead* Act＝ミネソタ州選出の議員 A.D. Volstead の起草した禁酒法で一九一九年一〇月二八日に議会を通過した——訳者）は、アルコールの害毒にたいしてまじめに戦わんとし、そして同時に法とはなにであるか、また法はいかに作用するか、そしていかなる内容をもつものであるかをあきらかに理解する人によっては、とうてい通過せしめられるはずもなかったろうし、あるいはその立案すらもされなかったであろう。禁酒法を立案し、制定し、施行した人々の真摯、善意、真実な熱意および正当な意図を疑うことはおそらく非常識であろう。それゆえにこそわれわれは、いっそう猛烈に現代の社会学の法にたいする態度を告発することができるのである。

そしてこの遊戯——立法しそしてその法が作用を営まないことを発見する——に耽っているのは、今日において単にアメリカばかりではない。今日の支配的な政治傾向すなわちコミュニズムとファシズムの双方において、その根本原則は、奇蹟のように作用する力をもつという法の万能性への圧倒的信仰であり、この信仰はもしも奇蹟が生じないときは、ひまし油によって、棍棒によって、あるいはピストルによっても作用せしめんとするのである。法は私生活、個人の信念、個人自身の系譜のすみずみまで浸透せんものとおびやかしている。曾祖母の髪の毛の色とか曾祖父の貴族主義的信念についての法的責任をいうことが、大戦前の静謐な文明においてはおそらく想像もつかないほどのばかばかしい程度で押しつけられているのである。政治や法やあるいは社会学の問題についての科学的取り扱い、および科学が救済することが可能であると希望することは、おそらく、不当な楽観主義であろう。しかし、われわれはここでは、順次愚にもつかぬ政治組織を生み出すにいたる虚妄の態度にまで導かれる虚妄の理論を取り扱っているのであるから、われわれはこの理論を攻撃することによって、事を始めてさしつかえないであろう。

近代的形相における法の機能的研究は、まず第一にわれわれに法の機構(*mechanism of law*)といったようなものが存在することを教えるであろう。しかしすべての規範が裁判所や警察力の煩雑な外部的機構によって強制されることが可能なのではない。もし諸君がこの機構をそれが属しないところに浸透せしめんと試みるならば、諸君は法を効果なきものとするか、あるいはまたその法を効果あらしめんと試みるならば、諸君が建設しようと欲する制度そのものを壊滅せしめるのである。探偵に開放される学校、警察に開放される家庭、今日しばしばヨーロッパ大陸において生ずるごとき組織的無頼の徒の団体による教会の検分、本来法の神聖の擁護者たるべきものによる最高裁判所の迫害と侮辱――これらは近代社会における法の完全なる解体の結果である。

社会学は、法の全問題は狭い法的見地から研究せらるべきではなく、いかなる形式の立法、裁判所におけるいかなる手続、そしてまたいかなる形態の警察の強制が、全体としての社会の健全な作用に有益であるかを理解することを目的として研究せらるべきことを要求せねばならない。この点において、二、三の根本原理が明瞭である。制度化された法は直接の有形力と結びつくことを必要とし、裁判官はつねに警察官を意味するから、裁判官は警察官が棍棒を用いるべきでないと感ずるに違いないような事件に干渉してはならない。なんとなれば、全体としての社会の安寧を取り扱う社会学者にとっては、あきらかに別個の方法が存在し、それはまさしく形式的な法が潰滅するところに驚くべき作用を営むからである。健全な市民を作るための教育という特殊的な意味における教育は、「正直は最良の政策」という格言が、いかに文字どおり法的過程の科学的再吟味にたいしてもあてはまるかをよく示しうるであろう。もし互恵の原則、行為の開放性それから相互主義の体系的連繫が、あらゆる人間社会における法的実効性の基礎に存するというわたくしの仮定が正当であるならば、そのときは、いかに法が作用するかを明確に理解することは、あきらかにおのずとよき市民性をかたちづくるに役立つであろう。

第二に、すべてのわれわれの法を教えるに際して、人々はなぜ応報的制裁をいつも誇張するのであろうか。このことは精神的影響としては、明瞭に悪い市民の形成に役立つ傾向をもっている。そしてさらにすすんだ知識は、応報的制裁の強調は半面の真理にすぎないことを教えている。積極的制裁がすくなくとも同程度には重要である。実際もしわれわれが、日常生活の諸事実についての想像的統計表でも集めるならば、行為の規範は一個の破棄の事実にたいして千倍も保持されていることを見出すであろう。応報的制裁の作用は実際には計算されない。なんとなれば――そしてこの点が重要なのであるが――規整の些少な破棄あるいはすこしの忌避は、応報的制裁を促さないであろうしまた促しえぬからである。

われわれがそのもとに生活している全体系の真の実効性は、われわれのつぎのことにたいする完全な認識から由来する。すなわち、一部分はかかる全体系に従うことが必要であり、一部分はわれわれがかく従うことによって利益を受けるものであり、また一部分は、われわれは家族愛・友情・愛国心・われわれの職業、あるいはわれわれの国家への忠誠といったような感情によってかく従うことをやむをえざらしめられているということの認識からである。

すべてこれらのことはわれわれを遠くホグビンのオントング・ジャバ人やわれわれのトロブリアンド島民やあるいは他の原始人からひき離すようにみえる。が結局以上述べたことは、われわれが原始法たるとまた現代法に興味を有しているとをとわず、われわれは主として規範の作用を研究すべきであってその形式を研究すべきではないということである。現実に人類学を未開社会に適用するにあたって、われわれは為政者にたいして、かれが原住民の慣習と法を変更し、高度の文明の規範をそれに代置しようとするにはきわめて慎重であるべしと忠告せねばならぬ。なんとなれば、たとえその行為規範が立派なものであろうとそれが作用を営まなければ、役に立たぬよりもさらに悪いからである。最後に、現代法学において、われわれは理論家にたいしてより広い視野——すなわち、われわれの実際の役に立つ能力をかれに与えるような視野を要求しなければならぬ。今日法は万能薬として用いられており、政治は抑制されることなく放らつに振舞っている。万事が大会議とかあるいは委員会によって決められることになっている。かかる方法は原始社会においても見出されない真の野蛮である。かかる技巧的規範は作用を営まぬか、もし営むとしても、それは人類のもっとも根本的制度の大多数——家族・宗教団体・学校・休養・スポーツ・娯楽のための集団——すなわち社会生活と文化のあらゆる本質のすべてを壊滅するほどの犠牲を払ってである。現実的見地からいえば、立法および法の適用はその適当な分野においてなさなければならぬ。しからざれば文明は滅亡するであろう。理論的見地からは、法の機能的研究は、原始法学をもまた発展せる法学をも支配せねばならない。われわれは、法がいかに作用するかを理解せぬことによって、数限りなき理論的および実際的誤謬を犯してきたのである。がしかし、人間制度の理解のうえに基礎をおく法の発展は、今日においてもよくわれわれを未来の社会のより健全な組織に導くであろうし、そしてまたさらに真の文化の発展を可能ならしめるであろう。

註1　社会学者は衒学的法哲学の多数よりもはるかに多くウィリアム・シーグルの諧謔にみちた短文集『こんな法律があるべきだ』(William Seagle, *There ought to be a Law*, New York : Macaulay Co., 1933) から真剣な吟味を学びうるのである。

付　文化論

I

人間は二つの点において、すなわち肉体的形式と社会的遺産つまり文化とにおいて相違している。形質人類学（*Physical Anthropology*）は定義・図形・学術語彙ならびに常識や粗雑な観察よりは若干精確な方法等の複合的装備を用いることで、人間の体格および生理的特質にしたがって人間の諸種の分枝を分類することに成功した。しかし、人間はまったくそれと異なった点においても相違している。純粋な血の黒人の子供が、もしフランスに輸出せられそしてそこで育てられるならば、彼が故郷のジャングルの中で育てられた状態とは深刻に違うであろう。彼は異なる社会的遺産すなわち異なる言語、異なる習慣・観念・信仰を与えられるであろう。彼は異なる社会組織および文化的環境の中に合体するであろう。この社会的遺産は、人間の比較研究のもう一つの部門たる文化人類学（*Cultural Anthropology*）の欠くべからざる概念である。それは現代の人類学および社会科学においては、通常文化と呼ばれる。文化（*Culture*）なる語は時には文明（*Civilization*）と同意義に用いられる。しかしこれら二つの言葉は、文明の語を発達した文化の特殊の様相のために留保することにより、区別して用いることが妥当であろう。文化の語は相続せられたる道具、貨財、技術的過程、理念、習慣および価値を包含する。社会組織は文化の一部として理解するのでなければ真に理解することは不可能である。そして人間の行動、人間の集団および人間の観念および信仰に関するすべての特殊な研究の諸方向は文化の比較研究において邂逅し交雑することが可能である。

人間は生存するためには絶えず彼の環境を変更する。外界との接触のあらゆる点において、彼は技術的な第二次的環境を創造する。人間は家屋を作りあるいは掩護物を組み立てる。人間は彼の食物を多少入念にととのえ、武器および道具を用いて獲得するのである。人間は道路をつくりまた輸送の諸手段を用いる。もし人間がもっぱら彼の解剖学的装置にのみ依存するとすれば、彼はただちに飢餓と無防備とのゆえに打ち滅ぼされもしくは消滅し去るであろう。防禦、食物の供給、空間における移動等あらゆる肉体的および精神的欲求は、人間生活のもっとも原始的な様式においてさえ、技術的成果を用いることによって間接に満足せしめられるのである。自然の人間すなわち自然人(*Naturmensch*)は存在しない。

人間のこの物質的艤装——人間の技術的成果、人間の建物、人間の航海用の舟、人間の道具および武器、呪術《マジック》や宗教の礼拝用附属具——はことごとく文化のもっとも顕著な触知しうる様相である。それらは文化の水準を決定し、文化の有効性の本質をなしている。しかしながら文化の物質的装備はそれ自身では力ではない。知識が技術的成果、道具、武器および他の構成物の生物、管理および使用に必要であり、それは本質的に精神的、道徳的訓練に関連している。そして宗教、法および倫理的規範がそれらのものの窮局の根源である。貨財の処理および所有はまたその価値の評価をも包含する。道具の巧みな操作および物資の消費はまた共働を要求する。共同の労働とその結果の共同の享受はつねに社会組織の特定の型の上に基礎を置いている。かくて物質文化は一体の叡智、道徳的、精神的および経済的価値の体系、社会組織ならびに言語から構成されるところの、単純ではないそして容易に分類あるいは分析されない補足物を要求するのである。他方、物質文化は人類の各世代を形成しあるいは条件づけるための不可欠の装置である。第二次的環境すなわち物質文化の装備は有機体の反射作用、衝動、情動的《エモーショナル》傾向が形成される実験室である。手、腕、脚および眼は道具の使用によって文化に必要な適当な技術的熟練にまで調整される。神経作用はある社会に行なわれる一体の科学、宗教および道徳を形成するあらゆる範囲の知的概念、情動的定型および情操を生ずるように修正されるのである。これらの心理的過程に対する重要な対応物として、特定の音でそれらを連想せしめることによって決定的な概念と価値とを固定する喉頭および舌の変容がある。技術的成果および慣習はひとしく不可欠であり、それらは相互に各自を生産しかつ決定するのである。

言語はしばしば人間の物質的財産および人間の慣習の体系の双方から区別されるべきあるものとして考えられる。この見解はしばしば意味を発声によって心から心へと伝えられうる言葉の神秘的内容とみなす理論と結合する。しかし言葉の意味は言葉の中に神秘的に包含されているのではなく、むしろ前後の脈絡のなかで発せられる音の積極的効果である。発声は人間の協調的行為のあらゆる形態に不可欠な意義のある行為である。それは厳密に道具の使用、武器の行使、儀礼の挙行あるいは契約の締結に比較しうべき行為の定型である。言葉の使用はあらゆるこれらの人間行動の形態において手および身体の動きと必ず結びついている。言葉の意味は彼等が協調的行為によって達成するもの、すなわち他の有機体に対する直接的な行為を通して環境を間接に取り扱うことのうちに存する。それゆえに談話は身体の習慣であり、他のどの型の慣習とも比較しうべきものである。言葉の修得は、それが同時に条件附刺激ともなる条件附反射作用の体系の発展のなかで成立する。談話は子供がその環境を取り扱う主たる才能を構成するところの子供の不明瞭な発声から子供時代に発達した有節的な音の産物である。個人が成長するにつれ、彼の言語の知識の増加は彼の一般的発育と平行する。技術作用についてひろがりゆく知識は技術の言葉と結合する。部族の一員たる資格や社会的責任の発達は、社会学的語彙、丁寧な談話、命令および法律的用語法の獲得を伴う。宗教的および道徳的価値の成長する経験は儀礼的および倫理的形式の発展と結合するのである。言語の完全なる知識は、部族的および文化的状態を完全に識ることと不可避的に連関している。かくして言語は文化の統合的部分である。しかしながら、それは道具の体系ではなく、むしろ一体の音の習慣である。

社会組織は社会学者によってしばしば文化の外にとどまるものとして考えられる。しかし社会集団の組織は、互いにその物質的あるいは心理学的実体から分離することの不可能な物的装備と肉体的習慣との複雑な結合である。社会組織は集団が行動する基準化された仕方である。しかし社会集団はつねに個人から成立している。子供はそのあらゆる要求の満足を通して父母に愛着し、そして掩護物たる父母の家、小舎または天幕の中で成長する。家庭の炉辺はその周囲で暖気、愉悦、食物、友誼等の諸々の欲求が満たされる中心である。後にはあらゆる人間社会において、共同生活は地域的定住地、都邑、村落または屋敷と結合する。すなわちそれは一定の境界の内部において地域化され、経済的、政治的ならびに宗教的性質をもった公的および私的の行動と結合するのである。それゆえに人間は環境の特定の部分と結びつくことによって、共同の掩護物をともにすることによって、また彼等が共同の仕事を遂行することによって、あらゆる組織的行動において結合するのである。彼等の行動の協同的性格は明瞭な方法によって承認されるかあるいはあきらかに自動的方法において作用する社会規範すなわち慣習の結果である。この承認された規範——法律、慣習、習俗——は獲得された肉体の習慣の範疇に属する。人間を内部的強制によって特定の行動に駆りたてる道徳的価値の本質は、宗教的および形而上学的思惟においては、良心、神の意思あるいは本来的無上命令に帰属せしめられたのである。しかるに一方若干の社会学者はそれを優越な道徳的存在——社会あるいは集団精神——に基づくものとして説明したのである。道徳的動機づけは実証的に観察すれば、所与の環境の内部において内部的強制によって導かれる行動の方向にしたがおうとする神経系統および全有機組織の志向のうちに存するのである。しかして内部的強制は内的衝動に帰すべきものでもなければ、あきらかな利得もしくは功利でもさらにない。それは、一連の明確な文化的条件の内部における有機組織の漸次的訓練の結果である。衝動、欲求、理念は各々の社会内部において特定の体系すなわち心理学においていわゆる情操に鍛えあげられる。かかる情操は人間の自己の集団の成員なかんずく彼のもっとも近い親族に対する態度、彼の周囲の物質的対象に対する、彼の住する地方に対する、彼の共同に働く社会に対する、彼の呪術的、宗教的あるいは形而上的世界観（*Weltanschaung*）の実体に対する態度を決定するのである。固定せる価値あるいは情操はしばしば人間の行動をして降服や妥協よりも死を、快楽よりも苦痛を、欲望の満足よりも抑制を選ばしめるように条件づける。情操の形成、したがってまた価値の形成はつねに社会における文化的装置に基礎を置くのである。情操は長い時間にわたってまた有機組織のきわめて漸次的な訓練あるいは条件づけによって形成される。それはたとえばキリスト教会、回教の社会、帝国、旗——あらゆる象徴あるいは標語たるもの（しかしその背後には広大な現実の文化の実体が存在する）——といったような組織の形態の上に基礎を置くのである。

文化の理解は継続する数世代による文化の生産の過程の中に見出されるべきであり、また文化が各各の新しき世代において適当に典型化された有機組織を生み出す仕方の中に見出されるべきである。集団精神、集団的感覚中枢あるいは意識なる形而上的概念は社会学的実体のもつあきらかな二律背反《アンティノミー》すなわち一方において人間文化の心理学的性格と他方において文化が個人を超越するという事実とに基づくものである。この二律背反の誤った解釈は人間の精神は超個人的であってしかも本質的に精神的存在であるものを結合し、もしくは統合し、かつ形成するとなす学説である。デュルケーム（Durkheim）の社会的実在の直接の影響による道徳的強制についての理論、すなわち集合無意識および文化の太古型、同類意識あるいは集合模倣の不可避性のごとき諸概念に基礎を置く理論は若干の理論的超意識心理学的近道を導入することによって社会的実在の心理学的でしかもなお超自然的性質を説明するのである。

しかしながら、社会的実在の心理学的性質はその結局の媒介がつねに個人の精神あるいは神経系統であるという事実に基づくのである。集合要素は条件づけの過程によって社会組織の構成単位として働く小集団内部の反動の同一性に基づくのであり、かつまたその内部において条件づけが行なわれる物質文化の媒介に基づくのである。かくしてその心理的同一性のゆえに構成単位として行動する小集団は地域的分散、共働および物質文化の階層への分化の原理によって社会組織というより大なる図式へと統合される。かくて超個人的なるものの実体は一体の物質文化のうちに存するのであり、そしてそれはあらゆる個人の外にあり、しかも通常の生理的方法において個人に影響を与えるのである。それゆえに文化が心理学的であると同時に集団的であるという事実には神秘的なものは存在しないのである。

文化は特殊（*sui generis*）の実体である。そしてまたかくのごときものとして研究されねばならない。文化の主たる資質を有機体の直接比喩の方法によってあるいは集団精神の類似の中に取り扱うところの諸種の社会学は的はずれのものである。文化は二つの根本的様相——一体の技術的成果と慣習の体系——に分かれるのみならずまたあきらかにより一層の細分あるいは単位体に分かれている十分に組織された統一体である。文化のその構成要素への分析、この要素の相互関係およびこの要素と人間の有機組織の欲求との関係、環境ならびにそれが奉仕する普遍的に承認された人間の目的との関係は、人類学の重要な問題である。

II

人類学はその素材を文化の成長と歴史という二つの矛盾せる概念によって統括された二つの違った方法で取り扱って来た。進化主義学派（*evolutionary school*）は文化の成長を一定の法則にしたがって進展しそして継起する段階の固定的順列を生ぜしめる一連の自動的変形とみなしたのである。この学派は文化の単純な諸要素への分割可能性を当然のこととした。そしてこれらの諸要素をあたかもそれらが同一種類の構成単位であるかのごとく取り扱った。この学派は火をつくることの進化の理論をいかに宗教が発達したかの説明、婚姻の起源と発達の説明および陶器の発達についての学説と相並べて提供した。経済的発達の段階および家畜の進化、刃物、装飾的図案の進化の段階が形成されたものであった。がしかしある道具が変化し、継起する段階を経過し、そして多少とも一定の進化の法則にしたがったことに疑いはないけれども、家族、婚姻あるいは宗教的信仰は単純な筋書きどおりの変形に服すことはない。人間の文化の基本的制度は驚倒するような変形を通してではなく、むしろますます明確な機能にしたがって増大する形式の分化を通して変化したのである。諸種の文化的現象の性質、その機能およびその形式が理解され、そしてより十分に叙述せられるまでは、可能的な起源や段階を考えることは尚早のようにおもわれる。文化の起源、段階、発展および成長の法則の概念はいまだにはっきりしないものであり、本質的に非実証的である。進化論的人類学の方法は第一に残存物（*survival*）

の概念の上に基礎を置いていた。なんとなればこの方法は学者が現在の条件から過去を再構成することを可能にしたからである。しかしながら、残存物の概念は文化的調整が文化の機能よりも生きながらえることを意味する。文化の特定の型がよく知られれば知られるほど文化の中に残存物はますます少なくなるようにおもわれる。それゆえに進化論的研究は、文化の機能的分析によって先立たれねばならぬのである。同一の批判は、人間の文化の歴史を主として文化の伝播によって再構成しようと試みる歴史学派あるいは伝播主義学派にも当てはまる。この学派は自動的進化の重要性を否定し、文化が主として技術的成果および慣習を模倣あるいは摂取することによって生まれたことを主張する。この学派の方法は地球上の広汎な部分における文化的類似性を慎重に明示することならびに文化の類似的単位が一地方から他地方へいかにして移動したかに関する思弁的再構成をなすことにある。歴史的人類学者の論争（というのはエリオット・スミス（Elliot Smith）とF・ボーアス（F. Boas）の間に、W・J・ペリー（W. J. Perry）とシュミット師（Pater Schmidt）の間、クラーク・ウィッスラー（Clark Wissler）とグレーブナー（Graebner）の間に、あるいはフロベニウス（Frobenius）とリヴァーズ（Rivers）との間に意見の一致は少ない）は、大部分、どこである型の文化が発生したか、どこへそれは移動したか、そしてそれはいかにして移出されたかに関する。そしてその差異はまず第一に、各学派が一方において文化のその構成要素への分化を、そして他方においては伝播の過程を考える方法に基づくのである。この過程はそれが今日表示されるものにおいて研究されたことははなはだ少ない。そして文化の過去の歴史に関して解答が見出されうるのは、現在の伝播の実証的研究からだけである。文化を伝播すると仮定される構成要素へ分類する方法は、なお一層満足できない。文化の特性、特性複合体、文化複合体（*Kultur-komplex*）の諸概念は、ブーメラン（オーストラリア原住民の使用する飛道具）、弓あるいは発火具《ファイヤ・ドリル》のごとき単一の器具あるいは道具、また巨石尊重（*Megalithity*）、子安貝あるいは客観的形体の部分の性的暗示性のごとき物質文化の漠然たる特徴に無差別に適用されるのである。農業、多産の尊敬、双分制のごとき社会集団の大きなしかし漠然とした原理、氏族制度あるいは宗教的祭祀の定型は単一の特性すなわち伝播の単位とみなされる。しかし文化はかかる特性の偶然の固まりと見なすことはできない。ただ同一種類の諸要素のみが、議論の同一の単位として取り扱われることができるのである。ただ両立しうる要素のみが同質の全体に混合しうるのである。一方において物質文化の些々たる細部と、他方において社会制度および文化的価値とは別個に取り扱われねばならない。これらは同一方法で発明されたのではない。これらは同一態容において運ばれ、伝播され、あるいは移植されることはできない。

　歴史学派の方法における最大の弱点は、この学派の者が文化要素の同一性を確立する方法に在る。なんとなれば歴史的伝播の全問題は、異なる地域において真にあるいは表面的に同一な特性あるいは複合体が発生することによって生ぜしめられたからである。文化の二つの要素の同一性を確立するために、伝播論者は不適合《イレリヴァント》な形態ともいうべき標準と要素の偶然的一致ともいうべき標準とをそれぞれ用いている。形態の不適合は根本的概念である。なんとなれば、内部的必然によって導かれるところの形態は独立に発展しえたであろうからである。当然に一致している複合はこれまた独立の進化の産物たることも可能である――それゆえに、ただ偶然に一致せる特性を考慮することが必要である。しかしながら、偶然的一致および形態の不適合《イレリヴァント》な細部は、グレーブナーおよび彼の追従者によれば、ただ直接の伝播の結果でしかありえない。しかし形態の不適合および一致の偶然性は共に消極的確証であり、そしてそれはとどのつまり、技術あるいは制度の形態を明らかにすることか文化の数個の要素の一致を見出すことが不可能であることを意味するのである。歴史的方法はその議論の基礎として知識の不存在を用いる。効果あるためには、その結論は所与の文化の機能的研究によって先行されなければならない。機能的研究は、機能による形態の説明の可能性および文化の諸種の要素間の関係の確立の可能性のすべてをきっと汲み尽すであろう。

物質的様相における文化が第一次的に一連の手段的な技術的成果であるとしても、あらゆる文化がきわめて多くの不適合《イレリヴァント》な特徴や、残存物あるいは偶然的複合——巡廻的外来の文化によって投げ出されたかあるいは消滅せる段階の残存物もしくは不要な断片としてくりこされたもの——を内に蔵しているであろうとは一見してありえないことにおもえる。いわんや慣習、制度あるいは道徳的価値が、進化主義学派および伝播主義学派が最初興味をもったこの化石化したあるいは不適合な性格を呈することはありえないのである。

文化は一連の有用物および道具から構成されると同様に人間の欲求の満足のために直接あるいは間接に作用する一連の慣習および肉体的あるいは心理的習慣から構成される。もしこの概念が真実であるならば、文化のあらゆる要素は作用し、機能し、活動的でしかも有効なものであるにちがいない。文化の諸要素およびそれら相互間の本質的に動的な性格は、文化の機能の研究の中にこそ人類学のもっとも重要な仕事があることを示唆する。機能派人類学の第一の関心は制度、慣習、道具および観念の機能を取り扱うことである。それは文化の過程は法則にしたがい、しかしてその法則は文化の真実の要素の機能の中に見出されることを主張する。文化的特性をアトム化しあるいは孤立的に取り扱うことは効果無きことと考えられる。なんとなれば文化の意義はその要素の間の関係に存するのであり、偶発的あるいは偶然的文化の複合の存在は認められないからである。

いくつかの基本的原理を公式化するために、一例を物質文化からとりあげることが許されるであろう。もっとも単純な文化にあって広く用いられているもっとも単純な技術的成果すなわち木の根を掘り返すとかあるいは土壌の耕作、また小舟の棹や歩行に用いることの出来る約五、六呎の長さの荒削りの簡単な杖は文化の理想的な要素あるいは特性である。なんとなればそれは固定せる単純な形態をもち、明らかに自足的な単位であり、そしてあらゆる文化においてきわめて重要だからである。この杖の形態によって、その材質、長さ、重さ、色彩あるいは他の物理的特徴を叙べることによって、――すなわち伝播主義者によってなされたように形態という窮局的標準にしたがってそれを叙べることによって――杖の文化的同一性を明らかにすることは方法論的に誤れる手続であろう。この土掘り棒はその独自の方法で用いられる。それは園圃においてあるいは草叢において、特殊の目的に用いられる。それは多少無頓着の態度で獲得されもしくは放棄される――というのは一本だけの見本は普通きわめて少ない経済的価値しかもたないからである。しかし土掘り棒は民間伝承、神話および慣習においては勿論のこと、それが使用されるすべての共同体の経済組織において大きな意味をもつ。同一形態の杖が同一文化において舟棹、歩行杖あるいは幼稚な武器として用いられうるのである。しかしこれらの特殊の用法の各々において、杖は異なる文化の脈絡のなかにくみこまれる。すなわち換言すれば違った使用に委ねられ、違った観念で取りまかれ、違った文化的価値を与えられそして一般に違った名称で示されるのである。各場合においてそれは標準化された人間行動の異なる体系の統合的部分を形成するのである。要するに、それは異なる機能を果たすのである。文化を研究する者にとって適合性のあるのは機能の多様性であり形態の同一ではない。杖はただそれが人間の行動に用いられる限りにおいて、人間の欲求に奉仕する限りにおいてのみ文化の一部として存在する。それゆえに土掘り棒、歩行杖、舟棹はよし物理的性質において同一であろうとも、それらはそれぞれ文化の違う要素である。なんとなればもっとも単純な技術はもっとも精巧な技術と同様に、その機能によって、人間行動の体系のなかでそれが営む役割によって意味を与えられるからである。すなわちそれはそれと関連をもつ観念ならびにそれを取り囲む価値によって意味を与えられるのである。

この結論は物的対象がその一部をなしている行動の体系が偶然的のものではなく組織されたものであり、十分に決定的であり、また様々の文化をもった全世界を通じて見出される比較可能の体系であるという事実からその重要性を受けとっている。土掘り棒の文化的脈絡すなわち農業行動の体系は、つねに次のごとき構成部分を提示する。すなわち土地の一部分は土地保有に関する法によってある人間集団のために法的に確保される。そしてこの土地を耕作する方法を規制する一連の伝統的慣行が存在するのである。技術的規範、儀式的および儀礼的慣行が各文化においていかなる植物を育てるか、いかにして土地が清掃され、土壌が整備され、肥沃にされるか、いかにして仕事が始められるか、いつまた何人によって呪術的行為あるいは宗教的儀式が行なわれるか、最後にいかにして収穫物が採り入れられ、分配され、貯蔵され、消費されるかを決定する。同様にその土地、植物、生産物を所有し、共同に労働し、彼等の労働の結果を享受し消費する一団の人々がつねに十分に限定されるのである。

これらは環境が土地の耕作に好適でそして文化の水準がそれを可能ならしむるに十分高度なあらゆる場所において普遍的に見出されるものであるので農芸制度の特徴である。この行動の組織化された体系の根本的同一性は、第一にそれが深い人間の欲求——植物性の重要食物の常備——の満足をめぐって築きあげられているという事実に基づくものである。規制の可能性、生産の常規性および相対的豊饒を保証するところの農業によるこの欲求の満足は、他の食物供給の行為よりはるかに勝っている。したがって条件が有利で文化の標準が十分高度な所ではどこでも、農業は普及するかまたは発展せざるをえないのである。

制度化された農芸における根本的同一性はまた他の原因すなわちゴールデンワイザー(Goldenweiser)によって最初に定立された可能性制限の原理(*principle of limited possibilities*)に基づくのである(1)。すなわちここに特定の文化的欲求があるとしよう。その満足の手段は少数であり、それゆえにその欲求に応じて生ずるにいたる文化的規整は、狭い範囲内において決定されるのである。また支柱や原始的武器や暗闇の中で物を探す道具に対する人間の欲求があるとしよう。それにもっとも適当な資材は木であり、適切な形体はただ細長いものだけであり、十分な供給が可能なものでなければならない。がしかし歩行杖についての社会学あるいは文化理論は可能である。というのは杖は用法、観念および神秘的連想の多様さを示し、その装飾的、儀礼的および象徴的発展において、呪術、酋長制、王制のごとき重要な制度の一部分となるからである。

相当程度の永久性、普遍性および独立性を有する文化の真の構成単位は制度と呼ばれる人間行動の組織化された体系である。あらゆる制度は根本的欲求を中心として集り、共同の仕事を営む一団の人人を永久的に結びつけ、その特殊な一連の理論とその生業の技術をもつのである。制度はその機能に単純にまた直接に関連するのではない。一つの欲求が一つの満足を一つの制度において受けるのではない。しかし制度は諸制度のあきらかな融合を示し、綜合的性格を有している。地域的あるいは地縁的原則と生殖による親族関係がもっとも重要な統合的要素として働くのである。あらゆる制度は割りあてられた環境と文化的装備の物的基底に基礎を置くのである。

技術的成果の文化的同一性を明らかにすることはそれを一つの制度という文化的脈絡の中に置くことによってのみ、すなわちそれが文化的にいかなる機能を営むかを示すことによってのみ可能である。狩猟の武器として用いられる先の尖った棒、すなわち槍は、所与の文化において行なわれるものとしての狩猟の型――この中にあって槍はその機能を営む――狩猟の法的権利、組の組織、技術、呪術的儀礼、獲物の分配と同様、特定の型の狩猟と他の型との関係ならびに部族経済の内部における狩猟の一般的重要性の研究を導くのである。独木舟《カヌー》は文化的類似を確立するための特徴的な表徴としてまたそれゆえに伝播の証拠としてしばしばとりあげられた。なんとなればその形態が広範囲の変化に富み、一つのまたは二つの支架《アウト・リガー》をもったカヌー、バルサ（*balsa*）、カヤク（*kayak*）、カタマラン（*catamaran*）あるいは複カヌーなど、きわだった特徴をもったいくつかの型をしめしているからである。がしかし、この複合せる技術的成果は形態のみによっては明らかにされることはできない。カヌーはそれを製作し、所持し、使用し、尊重する人々にとって、第一にある目的に達するための手段である。人々は小さな島嶼に住んでいるか、あるいは杭住家（*pile-dwelling*）に住んでいるかのいずれかで広澎たる水面を横切らねばならない。あるいは彼等が交易を欲し漁労あるいは戦争を必要とする理由からのこともあり、あるいは探検もしくは冒険の理由からでもあるのである。その材料たる物、その航行能力、その形態、その特性はそれに与えられる特殊な使用によって決定される。あらゆる使用が航行の特殊な体系、すなわちまず第一に橈、舵とり櫓、檣、索具あるいは帆を用いる技術を示している。しかしながらかかる技術は一様に安定性の原理、浮力、速度の条件、操舵の感度等の知識に基礎を置くのである。カヌーの形態および構成はその使用の技術と仕方に密接に関連している。がしかし単なる形態および構成についての無数の説明はどこにもころがっているが、一方航行の技術およびこの技術とカヌーが供される特殊の目的との関係についてはほとんど知られていない。

カヌーはまたその社会学をもっている。それにただ一人が乗る時でさえも、カヌーは所有され、製作され、貸借され、そしてこの点において個人と同様に集団がつねに一様に関係をもつのである。しかし普通カヌーは組によって操縦されねばならぬのであり、このことは所有権、役目の配分、権利および義務の複雑な社会学をもたらすのである。これらのことは大きな舟は共同に製作されることを必要とし、そして生産と所有権とが普通関係している事実によって一層複雑にされるのである。すべてこれらの事実は、複雑ではあるが規律を有し、種々の様相を示し、また特定の規則にしたがってそのすべてが関連しているのであるが、カヌーの形態を決定するのである。形態はその脈絡からはずれてそれのみで伝播する偶然的で他と適合しない自足的に独立した特徴として取り扱うことは出来ない。ある要素の伝播に関する、およびまた一般的な文化の伝播に関する仮説、論議および結論は、すべて伝播するところのものが制度であり、特性、形態あるいは偶然の複合体ではないことがひとたび認識される時は修正されねばならぬであろう。

航海用の舟の構成においては形態に関する一定の安定した要素があり、これは舟がそれを達成するための手段たる活動の性質によって決定される。また若干の変更の可能な要素があり、それはその変更によって目的が達せられる可能性があるが、あるいは細部があまり適切でなく改良の余地があることに結びついているのである。これはすべての技術的成果に関する普遍的原理である。肉体的欲求の直接の満足のために用いられあるいは使用によって消費される生活手段は、直接の肉体的欲求によって定立される条件を満たさねばならない。たとえば食料品は生理学によって決定される一定の限界内にある、すなわちそれは栄養となり、消化しうべく、無毒でなければならない。それはまたもとより環境によってまた文化の水準によって決定されるものでもある。住居、衣服、掩護物、暖房、光および乾燥の源としての火、武器、航行手段および道路は、それらが関連する肉体的欲求によって決定される。物の生産に用いられる道具、器具、機械はそれらが用いられる目的によって決定される性格と形態とを有するのである。切断あるいは剝取、接合あるいは粉砕、突きさしあるいは穿孔、打ちたたきあるいは疾走等が狭い範囲内において対象の形態を決定するのである。

しかし技術的成果の始源的性格をして安定的ならしむる原因をなすところの始源的機能によって課せられる制限内において変化が発生する。無限の変化はないのであるが、しかしあたかも選択が行なわれ、しかる後それが固守されるかのごとく固定せる定型が生ずる。たとえば航海を行なういかなる社会においても、単純な中空の丸太から複雑な支架にいたるまで配列される舟の無限の種類は見出されない。すなわちせいぜい大きさと構造とそれからまた社会的環境と目的を異にする若干の形態が生ずるにすぎず、そして各伝統的形態は装飾のもっとも小さな細部および構造の過程にいたるまでつねに再現されるのである。

人類学は対象の始源的機能によっては説明されえないところのこれらの二次的規制にあまりにもその注意を集中して来た。かかる一見偶然的な形態の細部の規則的発生は、かかる細部が独立的発明かそれとも伝播によるのかの問題を提供したのである。しかし多くのかかる細部は文化的脈絡によって、すなわち対象が個人あるいは集団の人々によって用いられる特殊の方法、始源的使用をめぐる理念、祭式、および儀式的連想によって説明せらるべきである。歩行杖の装飾は通常それがある文化の内部において儀式的あるいは宗教的連想を受けたことを意味する。土掘り棒は土壌、成長している植物および文化の型にしたがって、重みをつけ、先を尖らし、あるいは鈍らすこともできるであろう。

南洋の支架の説明は、オセアニア文化の資材、技術的工作における制約を考慮すれば、この装置が最大の安定性、海洋価値および操作の容易さを与える事実のうちに見出されるであろう。

文化的対象の形態は、一方では人間の肉体的欲求によって決定され、他方では道具の使用によって決定される。しかし人間の欲求と道具の使用とは完全に区別できるものでもなければ、この区別で満足できるものでもない。地位あるいは役職のしるしとして用いられる儀式用の杖は、道具でもなければ欲求充足の手段でもない。そして慣習、言語および信仰は、生理学に属するものとも作業場に属するものともなしえない。

訳註1　この点についてのゴールデンワイザーの所説は "*The Principle of Limited Possibilities in the Development of Culture.*" Journal of American Folk—Lore, vol. XXVI, 1913 に詳しい。

III

人類はあらゆる動物と同様、栄養を受容しなければならない。そしてもし人間が個体的にまた人種的に存続するのであるならば繁殖しなければならない。人間はまた物理的環境や野獣もしくは他の人間からの危険に対して永久的防御手段をもたねばならない。あらゆる範囲の必要な肉体の安息――すなわち掩護物、暖房、乾いた臥床ならびに掃除具が備えられねばならない。これらの根源的な肉体の欲求の効果的満足は、あらゆる文化に対して多くの根本的様相すなわち栄養のための制度あるいは兵站部、配偶関係および繁殖の制度そして防御および慰安の組織を課しあるいは導くのである。人間の有機的欲求は、あらゆる社会に多くの組織的行動を強制する点において、文化の発展を導く基礎的命令を形成する。宗教あるいは呪術、法則の維持あるいは知識ならびに神話の体系は、あらゆる文化においてかかる永続的規律性を伴って発生するのである。したがってそれらはまたある深い欲求あるいは命令の結果であることが仮定されねばならない。

人間の有機組織の生物学的欲求の満足についての文化様式は新たな条件を創造し、かくして新しき文化的命令を課するのである。食物に対する欲望が人間を直接に自然に接触せしめ、森林に生育する果実をそのまま消費せしめることはないのであり、その例外はとるに足らない。いかに単純であろうともあらゆる文化において、主要な食物は一定の集団内の厳格な規律にしたがって、また作法、権利および禁忌《タブー》を守って準備され、調理され、食べられるのである。それはたとえば農業、交換あるいは社会的協同および共同の分配の若干の体系といったごとき多少複雑な集団的に遂行される過程によって獲得される。このすべての点において人間は武器、農具、漁船および索具等の技術的に生産された装備に依存するのである。人間はそれと同様に組織された協同および経済的および道徳的価値に依存する。

かくて生理的欲求の満足からして派生的な命令が生じたのである。それらは本質的に目的に達する手段であるからして、それらは文化の手段的命令 (*instrumental imperatives*) と呼ばれてもいい。それらは食物の原料およびその摂取の過程と同じく、人間の兵站部に対して、人間の栄養的欲求の満足に対して不可欠である。なんとなれば人間はもし人間がその経済組織およびその道具を奪われたならば、あたかも人間からその食物が取り上げられたと同じ様に救果的に飢餓に陥るようにつくられているからである。

生物学的見地からするならば、人種の継続はきわめて単純な仕方で果たされることができよう。すなわち人々が結婚し、一夫婦ごとに二人あるいはたまにはそれ以上の子を生むことで十分であろう。そして死亡する二人に代えて二人の個体の生残を保証することで十分である。もし生物学のみが人間の繁殖を支配するならば、人々はすべての種にとって同一な生理法則によって結婚するであろう。人々は受胎と誕生の自然の過程において子孫を生むであろう。そして動物の種たる人間は生理的に規定された型にはまった家族生活をもつであろう。かくて生物学的結合たる人間の家族は——人類を通じて正確に同一の構成を示すであろう。そしてまた人間の家族は——事実、多くの社会学者、とくにデュルケームによって措定されたように、文化科学の範囲外に止まるであろう。しかし、これと異なり、結婚すなわち求愛、求婚および配偶者選択の制度は、あらゆる人間の社会においてその社会に行なわれる一連の文化的慣習によって伝統的に明らかにされている。人々を結婚から阻止する規範また結婚を強制するのではないがこれを望ましきものとする規範が存在する。貞潔の規範がありまた性的放縦の規範が存在する。自然的衝動と混合し、社会および文化の異なるにしたがって違うところの魅力の理想を生み出す厳格に文化的な要素がある。生理学的に決定される単一性ではなくして、結婚を規律する性的慣習および求愛の規整の当惑するほどの変化が存在するのである。あらゆる人間の文化の内に在って、婚姻はけっして単なる性的結合ではなく、また二人の者の同棲ですらもない。それはつねに夫と妻とが共同に生活する仕方、また財産関係における協同、相互的寄与および各配偶者のそれぞれの親族からの寄与のごとき夫婦の結合の経済的条件を明らかにする法的契約である。それはつねに公的儀式すなわち二人の主要な行為者と同様に人々の大きな集団を包含する社会的関心事である。

しかして親子関係もまた単なる生物学的関係ではない。受胎はあらゆる人間社会において豊かな伝統的民間伝承の主題であり、婚姻生活によって受胎された子とそれ以外で受胎された子を区別する規範のなかにその法的側面を有している。妊娠は道徳的価値と規範の雰囲気でとりまかれている。これから母となる女子は、一般にタブーによって取り囲まれた特殊な生活の仕方を行なうように強制される。そしてそのタブーのすべてを彼女は子供の幸福のために守らなければならない。かく生物学的事実を予表する文化的に確立された予示的母性が存在するのである。誕生はまた儀礼的、法律的、呪術的および宗教的随伴事象によって深く修飾される事件である。そしてかかる事象において、母の情感、母の子に対する関係および両者の社会集団に対する関係は特殊の伝統的類型に適うようにつくられるのである。父もまた誕生においてけっして受動的でも無関心でもない。伝統は、厳密に、受胎初期における父母の義務およびそれらの義務が、夫と妻の間に分配され一部はより遠い親族にも転嫁されるところの習慣を明らかにしている。

親族関係、すなわち子とその父母および父母の親族との間の紐帯はけっして偶然事ではない。その発生は社会の法体系によって決定せられるのであり、しかして社会は一定の類型の上にすべての義務、道徳的態度および慣習的義務と同じくすべての情動的感応を組織するのである。父系親と母系親の重要なる区別、より広汎なすなわち分類式親族関係（*classificatory kinship*）の発展と同じく氏族（*clan* あるいは *sib*）――そこでは親族の大きな集団が一定の範囲において真の親族とみなされかつ取り扱われる――の形成は自然の親族関係の文化的修正である。かくて繁殖は人間の社会においては巨大な文化的組織となるのである。継続についての種の欲求は単なる生理的衝動による行動や生理的過程によって満足されるのではなく、物的文化の装備と結合せる伝統的規範の作用によって満足せられるのである。のみならず繁殖の組織は諸種の構成要素たる制度すなわち定型化された求愛、婚姻、親子関係、親族関係、氏族関係から構成されていることが見られるのである。同様にして栄養組織は消費制度すなわち構成員の食物場をもつ家あるいは宿《クラブ・ハウス》、部族の農耕、狩猟、漁労等の生産制度、ならびに市場、取引の諸設備等のごとき分配制度に分けることが出来るであろう。衝動は社会的あるいは文化的命令の形式で作用する。そしてそれらの命令は、社会的に伝統的に承認された規範による生理学的動因の再解釈である。人間が求婚し、土地を掘り、恋愛し、漁労や狩猟をし始めるのは、人間が直接本能によって動かされるのではなく、彼の部族の慣例が彼をして如上の事をなさしめるからである。同時に部族の慣例は生理的欲求が満足させられ、そして満足の文化的手段が同一範型に順応し細部における小さな変化のみを伴うにすぎないことを保証するのである。人間の行動の直接の動因は文化的言辞で表わされ、そして文化範型に順応する。しかし文化的命令はつねに人間に対して多少直接的な仕方で彼の欲求を満足せしむべきことを命ずる。そして概して所与の社会における文化的命令の体系は少数の生理的欲求を除いては満足されずに止まるのである。

機能の融合は大多数の人間の制度において発生する。家族態は単に生殖作用の制度ではない。それは重要な栄養制度の一つでありかつ経済的、法律的しかしてまたときには宗教的結合である。家族は文化的継続が教育を通じて行なわれる場である。同一制度内におけるこの機能の融合は偶然ではない。人間の根本的欲求の大多数は連繋しているのであるから、したがってそれの満足は同じ人間の集団内において、そして物質文化の結合せる装備によってもっともよく準備されうるのである。人間の生理ですら誕生の後には授乳がしたがうようにしている。そしてこのことは不可避的に子に対する母の慈愛をこめた監護と結合し、そしてそれは漸次にもっとも初期の教育の仕事に変化していくのである。母親は男性の協力者を要求する。そして両親の集団は教育的結合であるとともに協同的結合でなければならない。婚姻が教育的および生殖的関係であるのはもちろんのこと、経済的関係でもある事実は求婚に深く影響する。そしてこのことは終生の伴侶、共同の労働および共同の責任のための選択となる。したがって性は他の人格的文化的要求と混和されねばならぬのである。

教育は道具および財貨の使用、伝統の知識、社会勢力および責任の行使における訓練を意味する。親は彼等の子供に経済的態度や技巧、道徳的および社会的義務を啓発するのであるが、また彼等の所有物、彼等の地位、あるいは彼等の職務をも譲渡するのである。それゆえに家族関係は財産相続、出自、地位継承の法律体系を包含する。一方において文化的要求、すなわち統合的社会事実と他方においてそれがその中に媒介されて行く個人的動因との関係はかくて明瞭である。文化的欲求はもし社会が生き長らえそしてその文化が継続するのであるならば、これを満たさねばならぬところの一団の条件である。これに反して個人的動因は人種の継続あるいは文化の継続さらにあるいは栄養の欲求ともなんら関係をもたないのである。未開民族にしろ文明民族にしろ、かかる一般的必要が存在することを了解する民族は少ない。未開人は結婚が子供を生み、食事が身体を支持する事実に無知であるかあるいはきわめて漠然としか意識していない。個人の意識にかもし出されるところのものは、人々を刺激してある時期に配偶者を求めしめ、あるいはある環境においては野生の果実を求めさせ、土地を掘らせ、あるいは漁獲に赴かしめる文化的に発達した欲望である。原住民の心理においては社会学的な目的はけっして生じていない。そして大規模の部族の立法はけっして生じなかったのである。たとえば外婚制（*exogamy*）の起源に関して、これを原婚法の制定のための慎重な行動のうちに見ようとするフレーザー（Frazer）の見解のごときものは支持するを得ない。人類学の文献を通じて、社会構成の巨大な図式あるいは様相のうちに自己を表現する文化的欲求と社会の個人成員の精神のうちに心理学的事実として存在するところの意識的動機づけとの間の混同が存在しているのである。

慣習すなわち社会の構成員に対して伝統的に課されている標準化された行動様式は、作用あるいは機能を営むことが可能である。たとえば求婚は真実には文化的に規定された生殖の過程における一段階にほかならない。それは婚姻において適切な選択の余地を与える一連の規整である。婚姻契約は一つの文化と他の文化とではかなりに相違するのであるから、したがってまた性的、法律的および経済的妥当性の理由づけもまた違うのである。そしてこれら諸種の要素がそれによって混和される機構も同一でありえない。性的自由がどれほど大いに許容されようとも、いかなる人間の社会においても若い者等が恋愛の試みにおいて完全に無差別なすなわち乱婚的であることを許されることはなかった。三つの主要な制限の型が知られている。すなわち近親相姦の禁止、既往の婚姻義務に対する尊重ならびに外婚制と内婚制の結合しあった規則である。近親相姦の禁止は若干の些細な例外はあるが普遍的である。もし近親相姦が生物学的に有害であることが証明されうるならば、この普遍的タブーの機能は明らかである。しかし遺伝の専門家はこの問題について一致していない。しかしながら、社会学的見地から近親相姦のタブーの機能が最大の重要性をもつものであることを示すことは可能である。一般にきわめて人の心を乱しそして社会的に分裂力をなすところの性的衝動は既存の感情に革命的な変化を生ぜしめることなしにそれに入りこむことはできない。それゆえに性的関心は、親子間におけると兄弟姉妹間におけるとをとわず家族関係と両立することをえない。なんとなればこれらの関係は人間生活の前=性的時期にうちたてられそして非=性的性格の深い生理学的要求の上に基礎づけられているからである。もし性的情熱が家庭の内部に侵入することを許されるならば、それは嫉妬や競争的要素を打ち建て家族を解体するのみならず、あらゆる社会関係のより一層の発展が基礎づけられるところのもっとも基礎的な親族紐帯をもまた顚覆せしめるであろう。いずれの家族においても唯一つの性関係のみが許容されうるのであり、それは夫と妻との関係である。そしてそれは最初から性的要素の上に樹立されるものではあるが、家庭的協同のもう一つの構成分子にきわめて微妙に調和せしめられねばならぬのである。近親相姦を許容した社会は安定的な家族を発展せしめることができなかった。それによって社会は親族関係に対するもっとも強い基礎を奪われることになるのである。そしてこのことは原始共同社会においては社会秩序の不存在を意味するのである。

外婚制は一連の全社会関係すなわち氏族の男女関係から性を除去するのである。氏族は典型的な協同的集団を形成し、その成員は多数の法的、儀式的および経済的利害関係および行動によって結合するのであるから、外婚は日常の実際生活の協同から分裂的競争的要素を引き離すことによって、再び重要な文化的機能を果たすのである。婚姻における性的排他性という一般的防禦手段はかの婚姻の相対的安定性を確立する。そしてこの安定性はこの制度が競争的求愛の嫉妬や疑惑によって覆えされないならば必然である。近親相姦、外婚ならびに姦通の規範がいまだかつて絶対的正確さをもってまた自働的力をもって作用したことのない事実はただこの議論の剴切さを強めるものである。というのはもっとも重要なのは性の開放的営みの放逐だからである。この規範が秘密に回避されそして儀式の際にしばしば廃棄されることは、そのしばしば煩わしき厳重さに対する安全な逃口および反動としての機能を営むものである。

伝統的規範は求婚の時期、接近および求愛の方法、心をひきつけまた心を喜ばせる手段すらをも定める。もっとも伝統はまたそれに対して厳格な制限を置くとはいえ、一定の自由や逸脱さえも許容するのであるけれども。これらの制限は公然性、乱婚、言葉および行動の卑猥の程度を明らかにする。すなわちそれは常態的とみなされるものと不当とされるものを明らかにするのである。このすべての点において、性における人間の行動の真の動力は自然的生理的衝動から構成されるものではなく、伝統によって導かれる命令の形式における人間の自覚に到達するのである。制限内においては、性の強力な分裂的影響は自由な活動を与えられなければならない。規整された自由の主要な型は未婚者に配偶の自由選択を委ねることであるが、それはしばしば誤って原始乱婚の残存物とみなされてきたのである。婚姻前の性的放縦の機能を評価するためには、それを生物学的事実、婚姻制度および家庭内の親子生活と相互関連せしめねばならない。人をして性交にいたらしめる性的衝動は他の動因よりも圧倒的に一層強力である。婚姻が性的結合にとって欠くべからざる条件である場合には、他のすべての考慮を蹂躪するところの性衝動は、精神的にまた生理的に十分でも安定的でもない結合をもたらすであろう。高度の文化においては道徳的訓練とより広汎な文化的興味への性の従属が、婚姻における性的要素の排他的支配に対する一般的自衛として作用するか、でなければ父母あるいは家族によって規整される文化的に決定された婚姻が単なる性愛的気分に対して経済的および文化的要素の影響を主張するのである。ヨーロッパの農民の大部分の間におけると同様若干の原始共同社会においては、試験結婚が個人の適合性を確かめる手段として永久的婚姻制度に対する自衛として作用するのである。求婚の過程における婚姻前の自由を通して人々は性的愛着の単なる魅惑を価値づけることをやめ、そしてこれに反して人々はもし生理的不適性が無いならば人格的愛情によって一層ますます影響されることになるのである。かくて婚姻前の自由の機能は婚姻の選択に影響することであり、すなわちその選択は経験に基づき、盲目な性衝動よりもより広汎なまたより綜合的な考慮によって導かれることにより、慎重となるのである。それゆえに婚姻前に純潔でないことは、未熟な、経験の無い、粗野な性衝動を除き、そしてこの衝動を他の衝動と共により深い人格の評価に結びつけることにおいてその機能を営むのである。

擬胎分娩《クウヴァード》(*couvade*) すなわち妻が分娩に骨折っている間に男子が分娩を模倣する象徴的儀式は、これまた残存物ではなく、その文化的脈絡の中で機能的に説明することができる。

受胎、妊娠、誕生に関する観念、慣習および社会的規整の中で、母性たる事実はその生物学的事実を超克して文化的に決定されるのである。父性たることは諸規範によって対称的仕方で確立されるのであり、かかる規範によって父は伝統的に母に課せられたタブー、慣例、行為の規範を部分的に模倣し、そしてまたある結合せる機能をひきつがねばならぬとされるのである。子の生まれる際における父の行為は厳格に定められている。そしてあらゆる場所において、母と交わることを排斥されていると助力することを求められているとをとわず、母と子の福祉にとって危険とみなされると不可欠とみなされるとをとわず、父は一定の厳格に規定された役割を引き受けねばならない。暫くすると父は母の義務の多くを分担する。すなわち父は幼児に与える優しき監護のきわめて多くの点で母にしたがいまた母と交替するのである。擬胎分娩《クウヴァード》の機能は父の母に対する象徴的同化作用による社会的父性の確立である。古くなったあるいは不要な残存物あるいは痕跡ではなくして、擬胎分娩《クウヴァード》は家族制度の基礎にある創造的儀式的行為の一つにほかならない。その性質の理解はそれを孤立せしめることによってではなく、またその奇妙さを強調し、その自然の環境からそれを引き離すことによってではなく、それとは反対にただ擬胎分娩《クウヴァード》をその所属する制度の内に位置づけることによって、またそれを家族制度の統合的部分として理解することによってのみ可能である。

分類式称呼法（*classificatory terminology*）[1]はかつては親族の分類に対するなんらかの『理性的計画』（*intelligent plan*）――モルガンが提言したように――を体現したものと考えられた。モルガンの理論においてこの分類はほとんど数学的正確さをもって父たることの可能な者（*potential paternity*）の限界を与えるものであると想像された。より近時の理論、ことにリヴァーズのそれにしたがうならば、分類式称呼法は変態的婚姻のかつての明確な真の表現であった。諸種の理論の具体的見方がいずれであるにしろ、分類式称呼法という事実は婚姻進化の諸段階の継起に関する、変態的婚姻に関する、原始的長老政治（*gerontocracy*）および乱婚に関する、ある段階において家族の地位を占めた氏族あるいは他の共同的生殖の機構に関する洪水のごとき思弁の源だったのである。しかしながら分類式称呼の今日の機能に対して真摯に検討した者はほとんどないのである。マクレナン（McLennan）は分類式称呼は単なる挨拶の丁寧な仕方にほかならないのではないかと示唆した。そしてこの点彼を踏襲する若干の著者もあった。しかしこれらの称呼法はきわめて厳格に固執され、そしてリヴァーズが示したように一定の社会的地位と結合するのであるから、マクレナンの説明は放棄されねばならぬのである。

しかしながら分類式称呼法は、きわめて重要なそして非常に特殊な機能を果たしている。そしてそれはただ部族民の生活史を通じて、その称呼がいかに意味を発展せしめるかについての注意深い研究の基礎の上にたってのみ認識することが可能である。幼児によってえられる第一の意味はつねに個別的である。それは父母、兄弟姉妹に対する個別的関係の上に基礎を置いている。十分決定的な個別的意味をもった家族称呼を完全に身につけることは、なにかそれ以上の言語の発達がなされるまえにつねに達成される。しかしそれから一連の意味の拡大が生ずる。母や父という言葉は、まず第一に、それぞれ母の姉妹および父の兄弟に当てはめられるようになる。しかしそれらの言葉は率直に比喩的にこれらの人々に用いられる。すなわちそれは拡大されたそして違った意味をもち、そしてそれは生来の父母に用いられるときに、その最初の意義をけっして妨害することもなければ抹殺することもない。かかる拡大が生ずるのは、原始社会においては最近親者が父母の代りとして行動する義務を有し、父母が死亡するとか零落するときは子供の親代りになり、そしてあらゆる場合にかなりの程度に彼等の義務を分有せねばならぬからである。完全な養子縁組が生じるのでなければまた生じるまでは、代りの父母は生来の父母にとって替わるのではなく、またいかなる場合にもこの二組は混同されもしなければ同一視されるのでもない。彼等は単に部分的にのみ同化されるに過ぎない。人の名前をつけることはとくに原始共同社会においてはつねに準法律的行為である。養子縁組の儀式における際に実際の誕生の模倣があると同じように、擬胎分娩《クウヴアード》の際に疑似的の分娩があるように、血盟兄弟の契りの行為に血の交換のごとき擬制があるように、婚姻の際に象徴的な束ね、結び、結合あるいは共同の食事または共同の公示がしばしば行なわれるように。——ここでは部分的に確立され、派生せる親族関係が命名における言語上の模倣行為によって特徴づけられるのである。かくて、分類式言語慣行の機能は親族用語における拡大という拘束力をもつ比喩によって代理的親子関係の法的要求を確立することである。分類式称呼法の機能の発見は一連の新しき問題を開示する。親族関係の本源的地位、親族関係の義務の拡大、親族関係の義務の部分的移譲ならびにかかる拡大による従前の親族関係に生じた変化の研究である。これらは更に多くの思弁にではなく現地における事実のより完全なる研究に導く実証的問題である。同時に今日の社会学的実在によって分類式称呼法の行使の機能を見出すことは、未開人の親族称呼(*nomenclatures*)を人間の婚姻の過去の段階の残存物として説明して来た一連の思弁のすべての基礎を根こそぎにするのである。

家庭生活の装備は家庭生活の道徳的あるいは精神的様相の影響をおよぼす。その物質的基礎は住居、内部的配置、食事の装置および家具そしてさらに居住の様式すなわち地域に住居が分散する仕方から成立する。この物質的基礎はもっとも微妙に家庭生活の構成に入り込み、そしてその法律的、経済的ならびに道徳的様相に深く影響をおよぼすのである。文化の特徴である家の構成はそれが摩天楼であると、風除けであると豪奢なアパートメントであるとあるいは茅屋であるとをとわず、住屋の内部の物質的面と密接に結びつくにいたる。嬰児時代や幼児時代から、発情期および情緒の目覚めの時代を通じて、求愛および初期の婚姻生活にはいり老齢にいたるまで、住居との密接な個人的結合の無限の拡がりが存在する。これらの事実の感傷的および浪漫的寓意は現代の文化において、有名な人物の誕生地や生家を保存し、またこれをとくに留意することに認められる。しかし諸種の文化における家屋の建築技術、また家屋の構造についてすらもきわめて多くが知られておりそしてまた家族の構成についてかなり多くが知られているのではあるが、一方に住居の様式および家の装備の様式と他方において家族の構成の関係を取り扱っている説明は少数しかない。がしかし、かかる関係は厳として存在する。他のすべてから遠く隔たった孤立せる家は強い結合をもった自足的な道徳的にはもちろん経済的にも独立した家族をつくっている。村落共同体（*village communities*）へと結合された自足的家は派生的親族関係の中に更に密接な組織とより大なる範囲の地域的協同を許容するのである。集合的家（*Joint household*）へと複合せる家屋はとくにそれが一人の所有者によって結合されるときは集合家族（*Joint family*）あるいは大家族（*Grossfamilie*）の必然的基礎である。ただ分離せる炉と仕切りのみが諸種の構成要素たる家族を区別する大きな共同家屋は、更に一層緊密なる親族関係の体系に近づいている。最後にある共同社会の成年男子、独身男子、未婚の女子等が睡眠し食事しあるいは共同に炊事する特殊の宿《クラブ・ハウス》の存在は、明らかに親族関係が年齢階梯、秘密結社、およびその他の男女の結社（*association*）によって複雑化されている共同体の一般的構成と相関連しており、そしてまた通常、性的弛緩の存在あるいは不存在とも関連している。

社会学と居住および住居との関係が更にますます討究されてゆくならば、その双方がますますよく理解されることになる。一方において物質的設備の形式はその唯一の意義を社会学的脈絡から受容するのであるが、他方社会的および道徳的現象の客観的決定は物質的根底の点からもっともよく明らかにされまた叙述される。なんとなれば、それはある文化の社会的ならびに精神的生活を形成しまたそれに影響を与えるからである。家屋内部の装置はまた物質的なものと精神的なものの平行的研究の必要および相互関係を示している。原住民の貧弱な家屋、炉、寝棚、蓆および木釘は形式の単純さならびに貧困ささえも示す。しかしながらそれらは社会学的および精神的結合の深さと拡がりとを通して無限に意味深きものとなるのである。たとえば炉はその形式が変わることはきわめて少ない。すなわちどのように石が置かれるか、どのように煙が外へ出されるか、料理のための支柱がどのようにならべられるか、どのように火が暖房と内部を明るくするために用いられるかについての若干の説明が単なる技術的面からなされれば十分である。しかしこれらの単純な細部を述べるに当ってさえも、人は火の典型的用法、人間の態度および情動の表示、すなわち要するに炉をめぐって形成する社会的および道徳的慣習の分析をせざるをえなくなるのである。なんとなれば炉は家族生活の中心であり、そしてその使用される方法、火を焚き付け、保持し、消す慣習、しばしばその周囲に発展する家内宗教、炉の神話と象徴的意義は、家庭生活および文化におけるそれの地位の研究に不可欠の資料である。たとえばトロブリアンド諸島においては、炉は中央部に置かれねばならない。それは煙の媒介によって主として効果のある妖術が外から中に入るといけないからである。炉は女子の特有財産である。料理はある程度男子にとってタブーであり、そしてその接近は料理しない野菜物を汚すのである。それゆえに村落では貯蔵小屋と調理小屋との間に仕切りがあるのである。これらのすべては家屋の単純な物質的装備を社会的、道徳的、法律的および宗教的実体となすのである。

寝棚の配置は同様に婚姻生活の性的および親子関係的面、近親相姦のタブーおよび未婚者家屋の必要と相関連し、かかる家屋への接近は家族生活の隔離、財産および性道徳と関連する。あらゆる場所において形式がますます意義をもってくるときは社会学的実体とその物的装備の関係がますますよく理解される。理念、慣習および法律は物的装備を集成し、決定する。そして他方この物的装備はあらゆる新しき世代をその社会の典型的伝統的範型にはめこむ主なる装備なのである。

訳註1　分類式（あるいは級別式）称呼法は記述式（*descriptive*）に対するもので、後者は父母、兄弟姉妹等の名称を特定の親族関係ある個人にあてて指称するに対し、分類式はある親族関係にある者を総称して一つの通称を付するのである。

IV

共同体の第一次の生物学的欲求すなわち文化がその下において繁栄し発展しそして継続することができる条件は、第二次的あるいは派生的条件を課するところの間接的仕方において満足をうる。しかしてこれらは文化の手段的命令（*instrumental imperatives*）と称されうるであろう。物質的文化の全体が生産され、維持され、配分され、そして使用されねばならぬ。それゆえにあらゆる文化において、それによって食物が生産され、貯蔵され、そして分配され、物資が製造され、所有されまた使用され、道具が準備されそして生産のうちに体現されるところの行動、慣行および価値を決定する伝統的規範あるいは命令の体系が見出されるのである。経済組織はあらゆる社会において不可欠である。そして文化はつねにその物質的装備と接触し続けねばならぬのである。

規律ある協同はもっとも低度な未開人の間の食物の探索のごとき単純なる行動においてさえ存在する。彼等はしばしば大規模な部族の集合に食糧を供給せねばならない。そしてこのことが複雑な食糧給養の体系を要求するのである。家族内部においては社会的分業がある。そして地縁共同体の内部の諸家族の協同はけっして単なる経済的な事柄ではない。生産における効率主義の原理の支持は技術的、呪術的、宗教的および儀式的行動と緊密に関連している。土地、私有財産その他諸種の生産手段のかたちをとって存在する原始財産は、古い人類学が仮定したよりもはるかに複雑である。そして原始経済の研究は市民法の初期の形態とも称しうべきものへの多大の興味を発展せしめている。

協同は犠牲、努力、個人的利益と個人的性向の共同体の共同目的への従属、および社会的抑制の存在を意味する。共同生活は諸種の誘惑とくに性衝動へのそれを呈示する。そしてその結果として命令的規範と同じく禁止および抑制の体系が不可避的なのである。経済的生産は各人平等の使用と享受に無制限に得られるのではないけれども、人間に望ましきまた価値ある物を提供し、そして財産、占有および使用の規範が発展し強行されるのである。特殊の組織は必然的に階級、指導力、身分および勢力における差異をもたらすのである。階層性は社会的野心を発展せしめそして有効に承認されるところの自衛を要求するのである。これら一連の問題のすべては原始共同体において法およびその承認が特殊の制度の中に体現されることがきわめて稀である理由からして、著しく無視されているのである。部族規範の立法、法的承認（*sanction*）および有効な執行はきわめてしばしば他の行動の副産物として遂行される。法の維持は通常、家族、家（*household*）、地縁共同体および部族組織のごとき制度の第二次的もしくは派生的機能である。しかし特殊の法典化された規範の一体として規定されるのでもなく、また特別に組織された人々の集団によって遂行されるのでもないが、原始法の承認は、それにもかかわらず特殊の仕方においてその機能を営み、それの属する制度内に特殊の様相を発展せしめるのである。というのは、これまでしばしばなされたように、原始法が自働的に作用を営み、そして未開人は自然的に法を遵守する市民であると主張することは本質的に正しくない。行為の規範は教育を通してそれぞれの新たな世代に厳しく教え込まれねばならない。すなわち伝統という媒介を通して文化の継続のための規則がつくられねばならない。この第一の要件はその中に凝結させられた経験が一世代から他の世代へ手交しうる象徴的記号の存在である。言語はかかる象徴的記号のもっとも重要な代表物である。言語は経験を包含しない。それはむしろあらゆる人間の共同体における文化的経験の発展に伴い、そしてこの文化的経験の統合的経験の統合的部分となるところの健全なる習慣の体系である。原始文化においては伝統は口伝えで残存している。原始部族の言葉は固定した言いならわし、格言、規範および内省に満ちている。そしてそれは型にはまった仕方で一世代の知識を他の世代へひきつぐのである。民譚《フォーク・テール》および神話は言語の伝統の他の部門を形作る。高度の文化においては、口で語られる伝統を伝承するために文字が付加される。言葉が文化の統合的部分であることの理解を欠くことは、動物社会と人間文化との漠然たる、比喩的な、誤った並列化を導いた。そしてそれは社会学に対して多大の弊害を与えたのである。もしも言語なき文化が存在しないことが明瞭に理解されるならば、動物社会の取り扱いは社会学の一部たることをやめるであろう。そして自然に対する動物の順応は文化から明瞭に区別されるであろう。原始社会における教育は特殊の制度を強要することはほとんど無い。家族、広範囲の親族集団、地縁共同体、年齢階梯、秘密結社、入社式の幕舎、職業的集団、すなわち技術的、呪術的あるいは宗教的同業者の組合《ギルド》——これらはすべてその派生的機能の若干において、より発達せる文化における学校に対応するものである。

三つの手段的命令（*instrumental imperatives*）、すなわち経済組織、法律および教育は文化が人間の欲求の間接的満足のために要するすべてを尽し去るものではない。呪術および宗教、知識および技術はあらゆる具体的文化の根底に存する普遍的図式の一部であり、そして人間文化の統合的あるいは綜合的命令に応じて発生すると言いうるであろう。

原始的心性の特殊な非＝経験的、前論理的性格に関する諸種の理論にかかわらず、人間が道具の使用によって環境の支配を発展せしめるやいなやまた言葉が存在するにいたるやいなや、本質的に科学的性格をもった原始的知識が存在したに違いないことは疑うことが出来ない。もし文化の技術と技巧、文化の武器と経済的追求が神秘的非＝経験的概念および原理の上に基礎を置いているものとすれば、文化は存続することが不可能であろう。人間の文化が実証的、技術的面から研究されるとき、原始人が彼の常態的行動に影響を与えそして彼の生産の根底にあるすべての事柄に正確な観察、健全な概括化、論理的推理を加える能力のあることがわかるのである。しからば知識は文化の絶対的派生的必然である。しかしながら、それは目的に対する手段以上のものであり、そしてそれゆえに手段的命令に分類さるべきではなかった。文化におけるその地位、その機能は生産、法律あるいは教育の機能とはすこしく異なるのである。知識の体系は行為の諸種の型を連結するに役立つ。すなわち知識は過去の経験の結果を未来の計画に導入し、人間の経験の諸要素を結び合わせ、そして人間が自己の行動を結合し統合することを許容するのである。知識は精神的態度、神経組織の素因であり、そしてそれは人間に文化が人間をして行なわしめる仕事を継続することを許容するのである。その機能は文化の不可欠な行動を組織し統合することにある。

知識の物的な具体的表現は一連の技術および技巧、一連の技術的過程および工人の職能の規則に存する。とくに大多数の原始文化においてそしてもちろん高度の文化においては特殊の知識の道具——すなわち方位測定あるいは計算の補助具たる図表、地形模型、物差しがある。

原始人の思考と言語の関係は機能の重要な問題を開示する。言語的抽象、空間についての諸範疇、時間および親族関係および観念の連続を表現する論理的手段は極度に重要な事柄である。そしてある文化において、いかに思想が言語を通じて作用を営むかということはいまなお文化言語学の処女地である。いかに原始言語が作用を営むか、どこにそれは体現されているか、いかにそれは社会組織、原始宗教および呪術と関係するかは機能的人類学の重要な問題である。

知識の統合的機能はそれの与える将来への考慮および見通しによって、新しき要求を創造する。すなわち新しき命令を課するのである。知識は人間に前途に計画をたてる可能性、時と距離の広漠たるひろがりを包括する可能性を与える。すなわちそれは人間の希望と欲望にひろがりを与えるのである。しかしどれほど多くの知識と科学とが人間に彼の欲するものを獲得することを許すべく助力するとしても、それらのものは完全に機会を支配し事故を除去し、自然の出来事の不意の転換を予想し、あるいは人間の工作をあらゆる実際的要求に対して信頼可能なまた十分なものとなすことは不可能である。この分野において、宗教のそれよりもはるかに実践的な、明確なそして限界の画されているものとして、人類学が一括して呪術というレッテルを貼る特殊の型の儀礼的行動（*ritual activities*）が発展するのである。

V

原始人に知られている人間のあらゆる事業のうちもっとも冒険的なものは航海である。未開人は彼の航海の手段を準備し彼の計画を設計するに際し彼の科学を利用する。建造および航海中の知的に組織された労働と同じく注意深い作業は未開人の科学に対する信頼およびそれへの服従の証拠となる。しかし逆風やまったくの無風、荒天、潮流および暗礁は、つねに彼の最上の計画およびもっとも慎重な準備をも覆す責を負うのである。彼は彼の知識も彼のもっとも注意深い努力も成功を保証するものでないことを認めねばならない。説明しえないあるものがつねに入って来、そして彼の予想を挫折せしめるのである。しかしそれは説明しえないとしても、しかもなお深い意味をもつかのごとく、また目的をもって行動しあるいは行為するかに見えるのである。事件の継起や意義深き連繋はなんらかの内部的論理的一貫性を包含するかのごとく見えるのである。人間は自己の幸運を促進し鼓舞するためには、かの神秘的な要素あるいは力と角逐するなにごとかをなすことが可能であることを感ずる。それゆえに航海と結びついてつねに迷信の体系、多少発展せる儀礼の体系が存在する。そして原始共同体では航海の技術についての呪術が高度に発展しており、若干の有効的な呪術を熟知している者等はその力で勇気と自信とをもっている。カヌーが漁労に用いられるとき、事故および幸運あるいは不運はただ回漕だけでなく、魚の現われおよび魚を獲る条件をもさしていることがある。交易においては、それが海の彼方であると近隣との交易であるとをとわず、運が人間の目的あるいは願望を恵むこともあるいは挫折せしめることも可能であろう。その結果として漁労呪術および交易呪術がともにきわめてよく発達しているのである。

同様に戦争において、人間はどんなに原始的であっても、よく作られた攻撃防禦の武器、戦略、数の威力、個人の強さが勝利を保証することを知っている。がしかしそれにもかかわらず、夜の帳のもとに闘いが行なわれる時、伏兵が可能の時、遭遇戦が明らかに一方に不利で他方のみに有利の時には、予期せざる偶発的助けが弱者を勝利に導くのである。呪術は人間の装備と人間の力を超越して偶然を支配し、幸運をいざなうように人間を助力するあるものとして用いられる。恋愛においてもまた神秘的な説明しにくい成功の性質、しからざれば失敗への宿命が、外見上の魅力ならびにもっともよくたてられた計画や準備とは関係のない若干の力に随伴されているように見える。呪術は眼に見え説明しうる資質以上のものに頼ってなにか安心をうるために行なわれるのである。

原始人はその幸福を経済的営みに依存している。そしてそのやり方は彼をしてその不運をきわめて痛切にかつ直接に感ぜしめる。畑あるいは菜園に依存している民族の間では農業的知識とでも言うべきものが一般的に良く発達している。原住民は土地の特質、藪や雑草の徹底的伐掃、灰による肥沃化ならびに適切な栽植を知っている。しかしどれほどよく用地が選択され、また菜園がよく耕作されても偶然の災難が生ずる。もっとも不適当な季節にやって来る旱魃あるいは洪水は完全に作物を壊滅せしめる。あるいは枯凋病、昆虫あるいは野生の動物が作物を滅ぼすのである。また別の年に、人が貧弱な収穫しか得られぬことを自覚しているときに、万事が非常に円滑に好都合に運び、したがって期待してないよい報償がそれほどの価値無き園丁にむくいることもある。雨や日光の恐るべき要素、黒死病、豊産は通常一般の経験や知識以上の力によって支配されているように見える。そして人間は再び呪術に願っていくのである。

すべてこれらの事例のなかには同一の要素が包含されている。経験および論理は一定の限度内において知識が最高のものであること、しかしその範囲外においては合理的に基礎づけられた実践的努力によってはなにものをもなしえないことを人間に教える。がしかし人間は無為に対して反逆する。なんとなれば人間は彼の無能力を了解してもしかもなお人間は熾烈な欲望と強烈な情緒によって行為へ駆りたてられるからである。そしてまた全然無為であることは可能ではない。原住民は一度彼が遠い航海に乗出すとかあるいは争闘の中にあるいは菜園の発育周期のなかばに自己を見出すときは、彼の脆弱なカヌーを呪文によって航海に適するようにあるいは儀礼によって蝗虫や野獣を駆逐するようにあるいは舞踊によって彼の敵を撃滅しようと試みるのである。

呪術はその形式を変え、その基礎を変更する。しかしそれはあらゆる場所に存在するのである。近代社会において呪術は、同じマッチで点けられた第三番目の巻煙草、こぼれ落ちる塩とその塩を左の肩から抛げる必要、破れ鏡、梯子の下を通ること、硝子を通しあるいは左手に見る新月、十三という数、金曜日に結びついている。これらは西欧社会のインテリゲンチャの間に、単に不自然に増大するようにしか見えない些々たる迷信である。しかしやはりこれらの迷信および更に一層発達せる体系が都市の人々の間に強靭に存続しつづけ重要な考慮を払われているのである。黒呪術《ブラック・マジック》（悪霊を使う呪術——訳者）は敵の肖像を破壊する古い方法によってロンドンの貧民窟で行なわれている。婚姻の儀式において、結婚する二人に対する幸運はスリッパーを投げるとか米をふりかけるといったようないくつかの呪術的方法を厳格に遵守することによってえられる。中央および東ヨーロッパの農民の間では念入りな呪術がいまでもなお盛んに行なわれており子供等は魔女や魔法使いによって治療を施されているのである。世間一般では牝牛に乳を出さないようにし、家畜を過度に繁殖せしめ、雨や日光を生ぜしめ、人々をお互いに愛したり憎んだりする力を有すると考えられている。ローマ・カトリック教会の聖者は一般の民衆生活の中では呪術の受動的共同行為者となる。彼等は打擲され、籠絡され、連れ歩かれる。彼等は野原に据えられることによって雨を降らせ、熔岩の流れの前に立ち塞がってこれを止め、病気の進行を止め、また植物の枯凋あるいは昆虫の跳梁を阻止することが出来るのである。ある種の宗教的儀礼あるいは対象について行なわれる粗野な実用的な利用はそれらの機能を呪術的なものとなす。というのは呪術が宗教から区別されるのは、後者が価値を創造し直接に目的を到達するのに、一方呪術は実際的効用的価値をもつ行為から構成され、そしてただ目的に達する手段としてのみ効果を有するにすぎないことにあるからである。かくて行為の厳格に効用的な原因となる事あるいは結果あるいは行為の直接的、道具的機能がその行為を呪術的たらしめる。そして大多数の現代の確立された宗教はその儀礼の範囲内およびその倫理の中においてさえも真に呪術に属する多くを抱懐するのである。しかし現代の呪術はただにささいな迷信の形式あるは一連の宗教的体系の中に残存するのみではない。危険、不確実、事故の大きな確率および好機の存するあらゆる場合にしかして更に企業の完全に近代的な形態においてすらも呪術は生じて来るのである。モンテ・カルロ、あるいは競馬場、あるいは大陸の国家の富籤において、賭博者がこの制度を発達させる。自動車の運転、現代的航海はマスコットを要求し迷信を発達させる。あらゆる世間《センセイショナル》を騒がした海の悲劇をめぐってなんらからの神秘的・呪術的表徴を示すかあるいは災害の呪術的理由を挙げる神話が形成された。航空はその迷信と呪術とを発展せしめている。多くの航空士はどんなものでも緑色のものをつけている旅客を運ぶこと、あるいは金曜日に旅立つこと、あるいは空中にあって一本のマッチで三本の巻煙草に点火することを拒絶する。そして迷信に対する彼等の敏感さは加速度的に増加するように見える。ヨーロッパおよびアメリカのすべての大都市において、呪術は、未来を予言し、幸運な行為に対する実際的注目を与え、魔除け、マスコットおよび呪札のごとき儀礼的装置を切り売りする手相見、透視術者その他の予言者から獲得することが出来るのである。しかしながら、呪術のもっとも豊富な領域は未開におけると同じく文明においても健康のそれである。ここに再び古い神厳な宗教が呪術に欣然として力を貸すのである。キリスト教的精神療法（*Christian Science*）の主な機能は疾病と衰頽を思考によって紛らわすことにある。その形而上学はきわめて強度に実証的であり、効用的であり、そしてその儀礼は本質的に健康と幸福の目的への手段である。普遍的な救済と祝福の無限の範囲、整骨療法および脊柱按摩、食養学および太陽、冷水、グレープおよびレモン果汁、生食、断食、酒精あるいはその禁止による療法——皆ことごとくが例外なしに呪術に漸次に変化するのである。知識人がいまなお、直接にかあるいは水銀蒸発ランプを通してクウエ（Coué）およびフロイド（Freud）に、ジェーガー（Jaeger）およびクナイプ（Kneipp）に、太陽崇拝にしたがうのである——高給を受けている専門家の相手をそらさぬ態度はいうまでもない。常識がどこで終りそして呪術がどこで始まるかを発見することはきわめて困難である。

未開人は現代人ほど合理的でもなければ、また迷信的でもない。未開人はより制限されており、自由な想像と新しき発明の信用詐欺にかかりやすくない。彼の呪術は伝統的であり、そして彼は彼の知識の城塞、彼の実験的な合理的な科学の伝統を有するのである。原始人の迷信的あるいは前論理的性格はきわめて多く強調されてきたのであるから、原始科学と呪術との間に区別線を明確にひくことは必要である。呪術がけっして侵入することの出来ない領域が存する。火の製造、籠細工法、石器の実際の生産、紐あるいは蓆の作製、料理およびあらゆる細かい家庭的行為は、きわめて重要であってもけっして呪術と結びついてはいない。これらのうちの若干はすなわちたとえば火あるいは料理あるいは石器のごときは宗教的実践、および神話の中心となっている。しかし呪術はけっして生産と結合しないのである。その理由は健全な知識によって導かれる通常の熟練は人間を正しき道に置きそして彼にこれらの行為の正確なそして完全な支配の確実性を与えるに十分だからである。若干の職業においては呪術はある条件のもとでは用いられ他の条件のもとには存在しない。海産物に依存する海岸の共同体において、呪術は貝類の採集あるいは毒薬、魚梁《やな》および魚罠による漁労とは——これらが完全に信頼しうる限り——結合しない。これに反して漁労の危険で冒険的でそして不確実な型は儀礼によって囲繞されている。狩猟において罠を用いあるいは殺害する単純なそして信頼しうる方法は、知識および熟練によってのみ統制される。しかし獲物の重要な供給になんらかの危険あるいは不確実性が結びつくならば、呪術はたちどころに現われるのである。沿岸の航行は完全に安全でありかつ容易である限り、呪術を要求しない。海を渡る遠征はつねに祭儀および儀礼と結びついている。人間はただ機会と境遇が知識によって完全に支配されえない場合にのみ呪術に頼るのである。

このことはいわば呪術の体系とも言わるべきものの中にもっともよく見られる。呪術はその実践を背景としてはただ漠然とそして気紛れに結びついているにすぎぬ。ある猟人はある形式と儀礼とを用いることが可能であり他の者はこれらを無視することが可能である。あるいは同一人がある場合に呪術を用い他の場合には用いぬことも可能である。しかし呪術が用いられねばならぬ企業の形式が存する。戦争あるいは危険な海の遠征あるいは季節の旅行のごとき部族の大きな冒険あるいは大仕掛の狩猟のような事業あるいは危険の多い漁労の遠征あるいは農耕の常態的な一巡――これらは一般に全共同体にとってきわめて重大なものである――において、呪術はしばしば義務的である。呪術は実際の出来事と結びついた固定的結果のなかに伝わっている。そして呪術と実際の二つの秩序は相互に依存し合い体系を形成する。かかる呪術の体系は、一見した所では、能率的な仕事と迷信的な実行の分離しえざる混合のように思える。したがってそれは呪術と科学は原始的状態の下にあっては分離しえざるように融合しているとする理論を支持する反駁しえない議論を提供するように見える。しかしながら、更に十分分析するときは呪術と実際の仕事とは完全に独立であり、そしてけっして混同しないことがわかるのである。

しかし呪術はけっして仕事に代って用いられるのではない。菜園をつくる場合において、土地を掘りまたは開墾することあるいは垣根の強度、あるいはささえの品質は、それらに強い呪術がかけられているという理由でゆるがせにされることはけっしてない。原住民は機械的な構成は厳格な技術の規則にしたがって人間の労働によって生産されねばならぬことをよく知っている。彼は土壌の中に行なわれるあらゆる過程はある限度までは人間の努力によって支配されるが、それ以上にはおよばぬことを知っている。そして彼が呪術によって影響を与えようと試みるのはただこの限度以上のものである。というのは彼の経験および彼の理性はある事項において彼の努力と彼の知性がなんの役にも立たぬことを彼に告げるからである。これに反して呪術は助けになることが知られている。すくなくとも伝統は彼に以上のように告げるのである。

戦争、恋愛、交易のための遠征、漁労、航海、カヌーの製作等の呪術において、経験および論理の規則は技術に関しては同じように厳格に遵守される。そして知識および技術はそれに帰せられうるあらゆるよき結果のために妥当な信頼を受けるのである。未開人が呪術によって支配しようと試みるのは、局外の観察者が幸運、首尾よく仕事をやりこなす微妙な要領、僥倖あるいは好運のせいにするでもあろうところの説明しがたい結果にほかならない。

それゆえに呪術は原始的科学とははるかに異なるものであり、科学がその限界をもち、そして人間の精神および人間の熟練がときには無能力であることの明瞭な認識から生まれたものである。しかしてその誇大妄想狂的外観にかかわらず、また最近フロイドによって定義されたように「思想の全能」の宣告であるごとく見えるにもかかわらず、呪術は情動的爆発、空想への耽溺、強烈な、実現しえぬ欲望と大いなる親近性をもっている。

フレーザーとともに呪術が偽科学であることを確認することは、呪術が真に原始的科学ではないことを認識することであろう。このことは呪術は科学と親近性をもつかあるいはすくなくともそれはそこから科学が発展するところの素材であることを内含する――がこれは支持しえぬ含意である。呪術の儀礼はある力強い性格を示し、それはグリム（Grimm）およびタイラー（Tylor）からフロイドおよびレヴィ－ブリュール（Lévy-Bruhe）に至る大多数の著者に対して呪術が原始的科学の代りをつとめると主張することをきわめてもっともらしいこととなしたのである。

呪術は疑いなく交感的原理（*sympathetic principle*）によって支配される。(1) すなわち類似は類似を生み、もし呪術師が全体の部分において行為するならば全体がその影響を受け、秘儀的な影響は伝染（*contagion*）によって伝えられる。もし人が儀礼の形式にのみ注意を集中するならば、彼はフレーザーとともに呪術的世界観と科学的世界観の類似が密接でありそして交感的呪術の諸種の事例が思惟の二つの大きな根本法則すなわち類似による観念の連想および空間あるいは時間の接触による観念の連想のいずれかの誤れる適用であると正当に結論しうるであろう。

しかし科学の機能の研究および呪術の機能の研究はこれの結論を十分とすることに疑問を投ずる。交感はもっとも原始的状態のもとでさえも実証的科学の基礎ではない。未開人は硬い木でつくった小さな先の尖った棒を柔かい脆い木に擦るかあるいは穿孔するときは——両者が乾燥しているならば——火を生ぜしめることを科学的に知っている。彼はまた強い精力的な、だんだん速くなる動作が用いられねばならぬこと、その行為で火口がつくられるには、風を近づけず、火花をすぐ灼熱に煽りたてこれを炎とすることを知っている。交感も、類似性も、正当な全体の代りに部分を採用することも、伝染も存在しない。唯一つの連想あるいは連関は経験的なそれであり、正確に観察され正確につくりだされた自然の事物の連鎖である。未開人はよく操作された強弓は速い矢を放ち、広い舟幅は彼のカヌーを安定させ、軽い、形の良い舟形は速力をだすことを知っている。ここには類似性あるいは伝染あるいは全体を代表する一部分（*pars pro toto*）による観念の連想は存在しない。原住民はヤム芋やバナナの新芽を適当な土地の一部に植え、それが雨でよくしめらされないならば水をかけたり、灌漑したりする。

彼はその周囲の土地の雑草をとり、そして思い設けぬ災害を阻止すれば植物がよく成長することをよく知っている。再言すれば、この行為の中には交感の原理に近い原理は何等含まれていないのである。彼は完全に科学的なそして合理的な条件を創造し、そして自然をしてその仕事を営ましめる。それゆえに呪術が交感の成立のうちに存在するかぎり、観念の連想によって支配されるかぎり、科学とは根本的に異なる。そして呪術と科学の形式の類似の分析に基づいてはただ外観的なものが示されることはあっても真実は示されないのである。

交感的儀礼は呪術的機能におけるきわめて顕著な要素であるけれども、それはつねに他の要素との脈絡の中に在る。その主要な目的はつねに呪術力の発生と転移とに存する。それゆえにそれは超自然の雰囲気のうちに遂行されるのである。ユーベル（Hubert）とモース（Mauss）がすでに示したように、呪術の諸行為はつねに分離され、違ったものとみなされ、別々の条件のもとに認識され遂行されるのである。呪術が行なわれる時刻はしばしば交感的原理によってよりもむしろ伝統によって決定される。そしてそれが行なわれる場所はただ一部分のみが交感あるいは伝染によって決定せられ、より多くは超自然的および神話的連想によって決定されるのである。呪術に用いられる物の大部分は交感的物質である。しかしそれらはしばしば第一にそれが人間から引き出すところの生理的および情動的反応のために用いられる。儀礼的行為における劇的情動的要素は、呪術においてはるかに交感あるいは科学的あるいは偽＝科学的原理以上におよぶところの諸要素を組織づける。神話と伝統はあらゆる所においてことに呪術的呪文の遂行の中に埋まっている。しかしてその呪文の遂行は伝統的起原的ものに対する絶対的な忠実さをもって繰り返されねばならぬのであり、そしてその間を通して原型の力が呼び出される神話的事件が改めて数えられるのである。呪術の超然的性格はまた呪術師の非常態的な性格のうちにそしてまたその遂行を囲繞する一時的タブーによって表現されるのである。

これを要するに、交感的原理は存在する。すなわち呪術の儀礼は達成せらるべき結果への若干の言及を含んでいるのを常とする。それは結果を予表し、欲せられる結果を予期するのである。呪術師はたえず幻想に、象徴に、またいまから生ずる結果の連想にとりつかれている。しかし彼は彼をして呪術に助けを求めしめる情況の情動的強迫症にとりつかれていることはまったく確かである。これらの事実は粗野な観察および半ば論理的な演繹の誤れる適用として考えられる単純なる交感の図式に当てはまるものではない。呪術的儀礼の諸種の一見して支離滅裂な要素——劇的様相、情動的側面、神話的寓意および目的の予期——は、呪術を実証的理論に基礎を置く厳粛な科学的実践と考えることを不可能ならしめる。しかしてまた呪術は経験によって指導されることも不可能であり、そして同時にそれはたえず神話に舞い戻るのである。

定まった時間、決定せる場所、呪術の準備的孤立の条件、執行者によって遵守されるタブーは執行者の生理学的および社会学的性質と同じく、呪術的行為を超自然の雰囲気のなかに置く。機能的に言うとこの超自然の脈絡の中にあって、儀礼は特殊の効験あるいは力の生産および欲せられる目的に向けてのこの力の発動、方向づけあるいは促進を生み出すことにある。呪術力の生産は呪文、手振りおよび身振り、および祭式を行なう呪術師の適当な条件によって生ずる。これらの要素のすべては、欲求せられた目的あるいはこの目的を生ぜしめる通常の手段に向かう形式的同化作用への傾向を示している。しかしてこの形式的類似性は、全儀礼は憎悪、恐怖、憤怒あるいは恋愛的熱情の情緒によってあるいは特定の実際的目的を獲得しようとする欲求によって支配されるという説明のなかでおそらくもっともよく明らかにされるであろう。

呪術の力あるいは効験は自然的力としては認識されない。それゆえにプリェス（Preuss）、マレット（Marett）、ユーベル（Hubert）およびモース（Mauss）(2)によって提示された理論は——これらの理論はメラネシアのマナあるいは同様な北アメリカの概念をあらゆる呪術の理解の鍵とする——満足すべきものではない。マナの概念は呪術の特殊的効験とならんで個人力、自然力の卓越と効用を包含している。それは自然力ともまた人間の常感的性能とも違った絶対的に特殊なもの（*sui generis*）とみなされる力である。

呪術の力はただもっぱら伝統的に定められた祭式の中においてのみ生み出されることが可能である。それはただその職業への正当な入団とおよび厳格に定められた条件、行為および遵守の体系によってのみ受容されまた学ばれることができる。呪術が発見されあるいは発明される時においてすらも、呪術はつねに超自然よりの真の啓示として認識されるのである。呪術はある情況およびその情況の内部の対象あるいは現象の本質的および特殊的性質であり、それは対象と特殊にそして独自に結びつきしかも適当な人々によってのみ操作されることのできる手段によって人間の支配に左右される対象の中に存するのである。それゆえに呪術はつねに自然のうちにすなわち人間の外に存するのではなく、人間と自然との関係のうちに存するあるものとして認識される。人間にとってきわめて重要な、そして人間がそれに依存し、しかも人間が通常統御できないところの自然におけるこれらの対象および力のみが呪術をひき出すのである。

呪術の機能的説明は、個人的心理の言葉および呪術の文化的および社会的価値の言葉で述べることが可能であろう。呪術は人間が人間の知識においてあるいは実践的支配力において架橋しえない間隙、すなわち連鎖中断に遭遇し、しかも彼の仕事を続けねばならないときに、つねに期待されるのであり、そしてまた一般に見出されるのである。人間は彼の知識に見放され、彼の経験の結果によって挫折せしめられ、効果ある技術的熟練を適用することが不可能となることによって、彼の無力さを了解する。がしかし彼の欲求はただますます強く彼をとらえる。彼の恐怖および希望、彼の一般的不安は彼の組織のなかに不安定な均衡度を生み出し、それによって彼はある種の代償的行動に駆り立てられる。挫折せる憎悪および無力な憤怒に対する自然の人間の反応のうちに黒呪術の根底（*materia prima*）が見出される。報いなき恋愛は原型たる呪術の自発的行為を刺激する。恐怖はあるゆる人間を目的はないがいやおうのない行為にまで動かすのである。すなわち神明裁判に直面して、人はつねに強迫症的白昼夢に頼るのである。

完全な実際的満足を阻止された情動と欲望のもとでの観念の自然の流れは、人をして不可避的に積極的結果を予想するにいたらしめる。しかしこの予期的あるいは交感的態度が依存するところの経験は一般的の科学の経験ではない。それは白昼夢すなわち精神分析学者が願望実現と称するものにはなはだ近いのである。情動的状態が人間が彼自身への統制を失なうところの破壊点に達するとき、彼が発する言葉、彼が行なう身振り、このすべてに伴う彼の組織内部における生理学的過程は、この閉じ籠められた興奮が流出することを許す。かかるすべての感情の爆発の上に、原型的呪術のかかる行為の上に欲望された目的の強迫症的表象が宿るのである。生理学的危機がその中に表現されているところの代替的行為は主観的価値をもち、欲望された目的は満足に近いように思われるのである。

標準化された伝統的な呪術は、人間の無力——それは単なる知識および技術的能力によってあらゆる危険な出来事を処理しえない——から生ずるところの不可避的矛盾のなかに可能性ある解決を社会の成員に対して定立し、組織し、賦課する制度にほかならない。しかしてかかる情況に対する人間の自発的、自然的反応は呪術の素材を供給する。そしてこの素材は人間が欲望された目的およびそれを獲得する最上の手段の双方に執着しなければならないがゆえに交感的原理を包含するのである。言葉、身振り、およびかかる言葉や身振りが一種の力を有するとするほとんど神秘的な信仰のなかにある情動の表現は、自然に、通常の生理的反応を発生せしめる。呪術の根底（*materia prima*）には存在せず、そして発展せる体系の中に見出される要素は伝統的、神話的要素である。人間の文化はあらゆる所において人間の利害と仕事に関する素材を標準化された伝統的慣習に統合する。あらゆる人間の伝統において、決定的な選択はいくつかの可能性の範囲内においてなされる。呪術においてもまた素材は多数の行動の可能な方法を提供する。伝統はそれらの中から選択し特殊の定型を定めそしてそれに社会的価値の証印を賦与するのである。

伝統はまた呪術の効用の信念を特殊の経験の脈絡によって強化する。呪術の実証的真理が心理学的あるいは生理学的効力によってさえも保証されるという理由によって、呪術はきわめて深く信仰されるのである。なんとなればその形態においてそのイデオロギーおよび構成において、呪術は人間の有機体の自然の過程に対応するからである。これらの過程に包含される信念は明らかに標準化された呪術にまで拡大する。この信念はこれに服従する人々の能率を高めるゆえに有益である。それゆえに呪術は機能的真理あるいは実証的真理をもっている。というのは呪術はつねに人間の有機体が統合を失なった事情のもとにおいて発生するからである。呪術は真の生理的欲求に対応するのである。

標準化された反応——それは伝統的に呪術の素材から選ばれる——に与えられる社会的承認の証式は、呪術にさらに裏書保証を添加するものである。呪術および呪術の祭式、呪文あるいは個人的準備のみが呪術師をして運を支配することを可能ならしめるとする一般的信念は型をつくるとか塑成あるいは条件をつくる通常の機構を通してあらゆる個人をして呪術の存在を信ぜしめる。一方におけるある種の儀式の公共的挙行ならびに他のものを蔽いつくす秘密と秘儀の雰囲気は更に呪術の信用を付加している。呪術がつねに知識と強い個性に結びついている事実もまたすべての社会の眼に呪術の信用を高めるのである。かくて人間が特殊の伝統的な標準化された操作によって自然の力および人間の存在を支配することが出来るとする信念は、単にその生理学的基礎を通して主観的に真理であるのではなく、また単に個人の再統合に寄与するがゆえに実証的に真理であるのでもなく、それはまたその社会学的機能に基づく付加的証拠をもたらすのである。

呪術は単に個人に対する統合力としてのみならず、社会に対する組織力として作用する。呪術師が彼の秘密なまた秘教的な学問の性質によって結合せる実践的諸行為をもまた支配する事実は、通常彼をして共同体におけるもっとも重要な人物たらしめるのである。このことの発見は人類学に対するフレーザーの最大の寄与であった。しかしながら、呪術はただ単に人間に力を与えかくしてその者を高い地位にのぼらしめるゆえに社会的重要性をもつのではない。それは真の組織力である。オーストラリアにおいて部族、氏族および地縁集団の基本構成はトーテムの観念の体系の上に基礎を置いている。この体系の主な儀式的表現は植物および動物の呪術的増殖の祭式の中におよび成人となる入社式の祭式の中に在る。これらの儀式はともに部族の構成の基礎となっておりそしてそれらはともにトーテム的神話に基礎を置いた観念の呪術的秩序の表現である。部族の集合を司り、それを指導し入社式を指揮し、神話の劇的表現や公的な呪術の祭式における主役であるところの指導者等は、彼等が伝統的な呪術の相伝者たるがゆえにこの役割を演ずるのである。これらの部族のトーテム的呪術は彼等の主な組織的制度である。

このことはまた大部分においてニューギニアのパプア族、メラシア人、インドネシア諸島の諸民族について真実であり、そしてそこでは呪術的祭式と観念が明確に実際の行動のなかに組織的原理を補給するのである。ビスマルク諸島および西アフリカの秘密結社、スーダン（Sudan）の雨乞い人、北アメリカ・インディアンの呪医――これなすべての呪術力を政治的および経済的影響力に結びつけるのである。いかなる限度と機構とによって呪術が一般の通常生活を支配することになるかを査定するに十分な詳細はしばしば欠如している。しかし東アフリカにおけるマサイ族（Masai）あるいはナンディ族（Nandi）の間においては、部族の軍事的組織が戦争呪術と結びつきそして政治的事件および一般的部族の関心事における指導が降雨呪術に依存することが証拠によって明らかにされているのである。ニューギニアにおいては菜園呪術、渡洋交易の遠征、大規模の漁労および狩猟は呪術の祭儀的意味があらゆる実際の行動の統合をもたらすところの道徳的法律的構成を補うものたることを示している。

魔術（*sorcery*）はその主たる形式においては通常特殊化されまた制度化されている。すなわち魔術師が職業的でその執行が購買されうるかあるいは命令されうるものであるか、あるいはまた魔術が秘密結社もしくは特殊の組織に付与されているかのどちらかである。かくて魔術はしばしば威嚇のために用いられるつねに変わることなき保守的な力である。しかし一般には、慣習法あるいは権力を有する者の意思を強行するために用いられるのである。それはつねに既得の権利、組織化され、確立された特権のための自衛手段である。背後に酋長あるいは強力な秘密結社を有する魔術師は、彼がそれらの者に反対してあるいは単独に魔術をつかうときよりははるかに強烈に彼の技術を感ぜしめることが可能である。

呪術の個人的および社会学的機能は、かくて、呪術がそれを通して作用する機構そのものによって一層効果あらしめられる。この点および蓋然性の算定についての主観的様相——蓋然性の算定は成功をして失敗を庇護せしめるのであり、一方失敗は更に反呪術によって説明されうるのではある——において、信仰はあるいは最初想像されるほどには基礎の脆弱なものでもなくまた原始心理の誇張された迷信性に基づくものでもないことが明らかである。呪術のなかにある強い信仰は呪術のあらゆる重要な形態につねに随伴されて見出されるところの呪術的奇蹟についての流布された神話の中にその公的表現を見出すのである。他の社会に対抗してある社会を競争的に誇ること、顕著な呪術の成功の名声、異常な幸運がおそらく呪術に基づくものであったろうとの信念は、つねに有名な呪術師あるいは有名な呪術の制度を超自然的名声の光輝でもって囲むところのたえず新しく生まれる伝説を創造するのである。この流布された伝説は通常原始神話において回顧的に最高に達する。そして原始神話は全呪術制度に対して特許状と信任状とを与えるのである。呪術の神話は明確にその真理の保証であり、その相伝関係の系譜であり、有効性に対するその要求の特許状である。

このことは呪術的神話についてのみ真実なのではない。神話は一般に事物あるいは制度の起源についての無益な思索ではない。はたまた自然についての考察の結果やその法則の狂熱的解釈でもない。神話の機能は説明的でもまた象徴的でもない。それは異常なる事件の叙述であり、その異常事の発生はそれを最後として部族の社会秩序あるいはその経済的営みの若干、その芸術と技術あるいはその宗教的もしくは呪術的信仰と祭儀とを確立したものであった。神話は物語における文学的興味によって生命を保たれている単なる一片の魅惑的虚構ではない。それは共同体の制度と営みの中に生きているところの原始的実在の叙述である。それは現存する秩序を先例によって正当化する。またそれは道徳的価値、社会学的識別および義務、ならびに呪術的信仰の既往に遡る標準を補給する。かかる点にその主たる文化的機能が存在するのである。その形式の一様性にかかわらず、神話は文学あるいは科学の単なる物語でもまた原型でもなく、芸術あるいは歴史の一部門でもなくまた説明的偽理論でもない。それは伝統および信仰の性質、文化の継続、老年者と青年者の関係、過去に対する人間の態度と密接に結びついた特殊の（*sui generis*）機能を果たすのである。神話の機能は伝統を強化してそれをより高き、よりよき、より超自然的なまたより有効な最初の事件・実体にまで遡ってたどることによって大なる価値と威力を付与することあるのである。

訳註1　交感的原理はフレーザーが強く主張したので、彼によればすべての呪術はこの基礎の上に立つと考えられる。すなわち事物はかつてそれが接触していたかあるいはそれが全体の一部を構成していたということに基づく微妙なつながりによって、距離をへだてても相互に作用し合うのである。なおこの点についてはFrazer, *The Golden Bough* に詳しい（永橋卓介訳『金枝篇』岩波文庫版（改訳版）㈠五七頁以下を見よ）。

2　メラネシア人はあらゆる物質力から区別された力の存在を確信し、これが善にでも悪にでもあらゆる種類の様式で働くと信ずる。これがマナ（Mana）なのである。

VI

宗教の地位は文化の図式のなかでは高度の源から発した欲求の複合せる満足として、考察されねばならない。宗教についての諸学説は宗教をもって宗教的「本能」あるいは特殊の宗教的観念（マクドゥガル McDougall ハウエル Hauer）に帰せしめ、あるいはアニミズムの原始理論（タイラー Tylor）かプレアニミズム（マレット Marett）として説明するか、あるいは恐怖の情動（ヴント Wunt）、あるいは審美的恍惚および言葉の欠如（マックス・ミューラー Max Müller）、あるいは社会の自己顕現（デュルケーム Durkheim）に帰せしめるのである。これらの学説は宗教をして人間の文化の全構成の上位に置かれたある物、そしてそれはおそらくある欲求を満足せしめるがしかしその欲求は完全に自律的であり人間存在の苛烈に動く実体とはなんらの関係なきものとするのである。しかしながら、宗教は人間の基本的なすなわち生物学的欲求と間接にではあるが本質的に関連していることが示されうるのである。呪術と同じくそれは人間が野獣性を脱した日から人間にかけられた呪い、すなわち将来を考え想像するという性質から発するのである。この点に冒険的行為および危険な企ての実際的必要より生ずるところのものよりもより広汎な個人的および社会的統合という問題さえもが入って来るのである。人間の運命および宇宙における人間の地位に関する危惧や予知問題のすべてが、ひとたび人間が彼の身の回りの住民のみならず過去および未来の世代とも運命を共通にして生きることを始めるとすれば姿をあらわしてくるのである。宗教は瞑想や反省から生まれるのではない。いわんや幻想やあるいは誤解から生まれるでもない。それはむしろ人間生活の真の悲劇、人間の計画と実在との間の衝突から生ずるのである。

文化は人間の個性に深い変化を惹起せしめる。なかんずく文化は人間をして彼の自愛および利己の若干を放棄せしめるのである。なんとなれば人間関係は、外部から来る強制のみに依存するもの、あるいは主としてこれに依存するものでさえないからである。人間はただ個人的愛着および忠誠から生ずるところの道徳的力によってのみ他者とともに働きまた他者のために働くことが可能である。これらは主として親子関係および親族関係の過程のうちに形成されるけれども、しかし必然的に拡大され豊かにされて来るのである。親の子に対する愛情および兄弟姉妹間の愛情は、氏族員たることの忠誠、近隣的感情および部族の市民たることとの原型としてまたその中核としての役を果たすのである。協同および相互扶助は未開社会ならびに文明社会において永続的情緒に基礎を置くのである。

強い個人的愛着および死の事実の存在は、あらゆる人間の事件のうち人間の予測にとってもっとも転覆的な破壊的なものであるが、おそらく宗教的信仰の主な淵源たるものであろう。死は真実のものでなく、人間は霊魂を有しそしてそれは不死であるとの確信は、個人の破滅を否定する深い欲求から生じている。その欲求は心理学的本能ではなく、文化によって、協同によってまた人間の情緒の成長によって決定されるのである。死に面せる個人にとって不死の信仰、臨終の塗油式《アンクシヨン》の儀礼あるいは最後の慰藉（これにはいくつもの形式があるがほとんど普遍的である）は来世が存在し、そしてそれはおそらく現在の生活よりも悪いことはなくよいかもしれぬとの彼の希望を確実にするのである。かくて死の前の儀礼は人間の最高の争いにおいて死者が必要とするにいたったところの情緒観をかためさせるのである。死後においては、愛する者を失なった者等は感情の渾沌の中に投げこまれる。そしてかかる渾沌はもしそれが埋葬の義務たる儀式のためにあるのでなければ、個人的にはその者等の各自にとってまた全体としての共同体にとって危険となるかもしれぬのである。通夜および埋葬の宗教的儀式――すべては去り行く霊魂に与えられる助力である――は死後の継続および死者と生者との親しき交わりの教義《ドグマ》を表現する行為である。他者のために数々の埋葬の儀式をなし遂げた残存者は彼自身の死を準備するにいたるのである。彼が儀礼を通して行ない、また彼の父母、彼の兄弟および友人等の場合に実践したところの不死の信仰は、彼をして彼自身の未来の生命の信仰をますます堅固に育くましめるのである。それゆえに、祖先祭祀、家族宗教、埋葬の儀式およびアニミズムの基礎である人間の不死の信仰は、人間の社会の基本構成より発生するのである。

宗教の他の形式の大部分はそれらの機能的性格に分析されるときは個人および共同社会の深い本源に由来せる欲求に照応する。たとえばトーテミズムはその広い構成に関連せしめられるときは、人間とその周囲の世界との親密な親近関係の存在を確言する。トーテミズムおよび自然崇拝の儀礼的面は大なる程度に動物の増殖のあるいは動物の怒りをしずめる祭式の中にあるいはこれまた人間と彼の環境との間の連繋を確立する植物の性質を一層多産にする祭式の中に存するのである。原始宗教は多く人間生活の危機の神聖化に関連するのである。受胎、誕生、成年、婚姻は最高の危機である死と同じく、すべては神聖な行為を発生せしめるのである。受胎という事実は再生の信仰、精霊の移入および呪術的懐胎のごとき信仰によって取り囲まれている。誕生に際しては、人間の霊魂の形式に関する豊富なアニミズム的観念、共同体に対する個人の価値、個人の道徳力の発展、個人の運命を予想する可能性が誕生の儀礼と結びつくようになり、この儀礼のなかに表現される。成年において一般的である入社式の儀式は発達せる神話的および教義《ドグマ》的の内容を有している。守護霊、保護神、文化の創始者（*culture heroes*）あるいは部族のすべての者の父たる神（*All-Father*）は入社式の儀式と結びつくのである。婚姻のごとき契約的秘蹟、年齢階梯への加入あるいは呪術的もしくは宗教的友愛関係の承認は、最初は倫理的観念をもたらすものである。しかしまたきわめてしばしば神話および教義《ドグマ》の表現でもあるのである。

人間生活のあらゆる重要な危機は強い情動的激変、精神的闘争、および可能な分裂を包含する。都合の好い結果の希望は不安および凶兆と闘わねばならない。宗教的信仰は精神的闘争における積極的面の伝統的標準化の中に存する。したがってそれは社会組織の心理学的随伴物から生ずる一定の個人的欲求を満足せしめるのである。他方宗教的信仰と儀礼は人間生活の決定的に重大な行為と社会的契約を公的なものとし、伝統的に基準化し、そして超自然的承認に服従せしめることによって人間凝集の紐帯を強化するのである。

宗教はその倫理において、人間生活および行動を浄化し、そしておそらく社会統制のもっとも強い力となるのである。その教義において宗教は人間に強い凝集力を与えるのである。宗教はあらゆる文化から発生する。なんとなれば、見通しを与えるところの知識は運命に打ち克つことに失敗するからであり、また協同と相互的興味の生涯にわたる紐帯は、情緒を創成しそして情緒は死および別離に対して反抗するからである。宗教を求める文化的要求は高度の源から発しそして間接的である。しかし窮極において、文化のなかで人の原初的欲求が満足される仕方に根底をもつものである。

訳註1　アニミズムはラテン語の呼吸・生命・霊魂を意味するanimaから出ている。タイラーによれば未開人は万有に霊魂があると信じ、その多数の霊魂の活動が宇宙の全生命的活動を支持すると考え、アニミズムを霊的存在に対する信仰と規定される。したがって未開人が水・河・海・樹木・動物・トーテムを崇拝するのは、これらに宿る霊魂を崇拝することになるのである。

VII

遊戯、勝負事《ゲーム》、競技および芸術的な娯楽は人を日常の軌道から逸脱せしめ平凡な生活の緊張と規律とを除去する。そして気晴しの機能および人を日常の業務の完全な能力に回復せしめる機能を果たすのである。しかしながら芸術および遊戯の機能は文化におけるこの部分の分析によって示されうるごとく一層複雑でまた一層包括的である。幼児の自由な拘束を受けない身体の運動は遊戯でも勝負事でもなく、それは双方を包含する。有機体の生物学的欲求は幼児が彼の手足および肺臓を用いることを要求し、そしてこの自由な身体運動は幼児の環境への真の順応と同じく彼の最初期の訓練を提供するのである。幼児は彼の声音を通して彼の両親あるいは保護者に訴え、そして彼の社会への関係に入りこみ、しかしてこれを通して全体としての社会へ加入するのである。しかしながら、これらの行動すらも完全に自由なままではなくただ生理学によってのみ支配されるのでもない。あらゆる文化は筋肉の運動の自由——動くことのほとんど出来ない拘束されあるいは束縛された幼児から裸の幼児の完全な自由にいたる——に与えられうる範囲を決定する。文化はまた児童が泣き叫ぶことを許される限界を決定し、そして両親がそれに応ずる速やかさおよび慣習的抑圧の厳格さを指示するのである。もっとも初期の行動が形成される程度、言葉および行為が幼児の表現に織りこまれる仕方は、伝統がその人間の環境を通して若い有機体に影響を与えることを可能にするのである。それゆえに、人間の遊戯

——これは労働でもある——のもっとも初期の形相はきわめて重要であり、そしてそれは単に行動主義者の実験室あるいは精神分析者の診察室においてのみならず、民族誌学の分野において研究されねばならない。なんとなればその形相はあらゆる文化とともに異なるからである。

次の段階の遊戯と身体運動は、児童が言葉を語ることおよび彼の腕や足の使用を知る時において直接にもっとも初期の娯楽と結びつく。幼児期の遊び好きの行動の重要性は、その中に含まれる教育的影響とそれとの関係のうちに、他の者および他の児童との協同のうちに在る。後には児童は彼の両親あるいは保護者から独立するにいたり、その範囲は彼が他の児童と交わり彼等と一緒に遊戯する程度におよぶのである。しばしば児童はそれ自身の始源的な組織、指導者および経済的利害関係をもつ特殊の共同体を形成する——それはときによってそれ自身の食糧を準備する共同体である——そして両親の家庭から離れて完全に自由に日夜を過すのである。時には男の子と女の子は別個の集団で遊戯し、あるいは再び一つの集団に集まり合う。そしてかかる場合には恋愛感覚および性的興味が遊戯の中に入ることもあり、しからざることもある。勝負事は通常成年者の模倣であるか、あるいは若干のそれに対比されうる行為を含んでいる。それは児童が成年後において行なうところのものと完全に異なっていることはきわめて稀である。かくて生活に対する未来の順応の大部分は、この時期に学ばれるのである。道徳律が発達し、性格の顕著な特色が形成され、そして友人関係あるいは将来の生活の愛情が出発するのである。この時期はしばしば家族生活からの部分的分離を包含する。この時期は成年への入社式の儀式において終了し、そしてしばしばその際に氏族関係、年齢階梯、秘密結社および部族の一員たる資格という広汎な紐帯の形式が始まるのである。それゆえに幼年者の遊戯の主な機能は教育的である。そして一方青年が共同体の一般的作業に参加せぬあいだは、また参加しないかぎりにおいては慰安の面は実際に存在しないのである。

成年者の遊戯および慰安は、一般に児童のそれからの継続的発展を提示する。文明社会においても原始社会においても同様に、成年者と若年者の遊戯および慰安の間には鋭い分界線はない。そして頻繁に年長者と青年とは彼等の娯楽のために共同に参加する。しかし成年者の場合は、かかる営みの慰安的性質が顕著になるのである。興味の変化において、常態的および単調なものから稀な偶然的なものへの変貌において、文化はそれが人間に負わせている他の困難を塡補するのである。一層原始的な社会においては、慰安はきわめてしばしば定例の作業と同じように単調でありまた骨の折れるものである。しかしそれはつねに多様である。時間が、小さな対象の完成および完結に、舞踊を行なうことにあるいは若干の装飾板あるいは像の芸術的仕上げに費やされる。しかしながらその行動はつねに付加的である。通常の職業にあっては遭遇しないある型の手および精神の緊張は人をして重労働を行なうことおよび神経および筋肉の力の新しき源を開くことを可能にする。かくて慰安は単に人をして通常の職業から引き離すことに役立つのみではない。すなわちそれはまた構造的なあるいは創造的な要素をも包含するのである。より高き文化における好事家がしばしば最上の業績を生み、そして彼の最上の精力を彼のもっとも得意とするところに献げる。原始文明において進歩の先駆は、しばしば余暇と職務外の仕事の中に見出されるのである。技術上の発達、科学的発見、新しい芸術の動機は慰安の愉しい行為を通して濾化されることが可能となる。そしてそれらは、いまださほどまじめにはとりあげられない行動に結びつけられているかの最小限の伝統的反抗を受けるのである。

円座の勝負事、スポーツ競技および低俗な舞踊のごとき完全に非生産的なまた非構成的な多様な性格の遊戯は、この創造的機能をもつのではなく、その代りに社会的凝集の確立に一役を演ずるのである。くつろぎと自由の雰囲気はかかる共同の遊戯のためのより大なる集合の必要と同じく新しき紐帯の形成に導くのである。友情関係および情事、遠い親族あるいは氏族員についてのより深い知識、他の者との争いおよび角逐する組の内部における連帯性——すべてこれらの社会的性質は文明組織と同じく、原始的部族生活のかかる特徴を形成する公的遊戯会を通して発展せしめられる。原始共同体においては大仕掛な祭儀的遊戯会および公的余興の期間中に完全な社会学的結晶がしばしば生ずるのである。氏族制度が目立つようになってくる。家族および地縁的集団への分散性が抹殺される。新しき非地縁的忠誠が発展せしめられる。文明社会においては国民的娯楽の型は国民性の形成に有効な寄与をなすのである。

芸術はあらゆる文化的行動のうちもっとも排他的なそして同時にもっとも国際的なものであり、各人種の混合した(*interracial*)ものでさえもある。音楽はあらゆる芸術のうち疑いもなくもっとも純粋なものであり、知識的あるいは技術的な非本質的問題にによって不純なものにされることはもっとも少ない。単調ながら人の胸を打つ歌謡をもったオーストラリア人の夜間舞踊の歌であろうと、ベートーヴェンの交響楽であろうと、プェブロ族の舞踊に伴う歌あるいはメラネシア人の舟歌であろうと、芸術がひとりで意味を伝えるのであり、知的表象あるいは知的な約束事を用いることなくただ音の結合とリズムの直接の感応にのみ訴えるのである。舞踊においてリズムの効果は身体の運動によって、更にとりわけ声楽あるいは器楽と結合して行なわれる腕と脚との運動によって達せられる。装飾芸術は肉体の装飾、着物の諸種の色彩および型、対象の彩色および彫刻、抽象的線描画あるいは着彩画の中に存する。造形芸術、彫刻および建築、木材、石あるいは複合的構成は一定の審美的標準にしたがって作られる。審美的効果の産出のための言葉の使用であるところの詩および演劇芸術は、発展した形式においてはおそらくどこにも一様に分布していることはないけれども、それらがまったく存在しないということはけっしてない。

あらゆる芸術的表現は、第一に感覚的印象の直接の働きを通して作用する。人間の音声あるいは振動する絃あるいは膜の調子、リズムをもった噪音、人間の言語の語句、色彩、線、形、身体の運動は、生理学的に言うならば、感覚および感覚的印象である。これらは、これらのものの組み合せもまた同様に、芸術の根底(*materia prima*)であり、そして審美的魅力の本質を形成するところの特殊の情緒的魅力を生み出すのである。芸術的楽しみのもっとも低い段階においては、化学的な感覚的印象すなわち味や香りのそれがあり、そしてそれはまた限定された審美的魅力を生み出すのである。香りおよび食物の直接的感覚の魅力および麻酔剤の生理学的効果は、人間なるものが組織的にその肉体的経験の修正を渇望することまたは日常生活の単調な過程から異なった、変形されたそして主観的に方向づけられた世界へ上昇したいとの強い欲求があることを示している。感覚的印象およびその複合への感応、リズミカルな連続音、音楽における和声《ハーモニー》および旋律《メロディー》、図案の線および色彩の結合への感応は有機的に基礎づけられている。芸術的命令は原初的欲求である。すなわち混合せる感覚的印象の結合に対するこの人間の有機組織の切望を満足せしめることが、芸術の主たる機能なのである。

芸術は他の文化的行動と結びつきそして一連の二次的機能を発展せしめる。芸術は工芸の発展および経済的価値の発展における強力な要素である。工匠は彼の材料を愛し、彼の熟練を誇り、彼の手によって生まれ出ずるにいたる新しい形式に創造的興奮を感ずる。稀なそしてとくに取り扱い易いあるいはとくに困難な材料でつくった複雑なそして完全な形体の創造は、審美的満足の第二次的根底である。創造された形体は共同体のすべての成員を感動させ、芸術家に高き地位を与え、そしてかかる対象に経済的価値の確証を与えるのである。工匠たることの喜び、かかる完成された作品の中にある審美的満足および社会的承認は混り合いそして相互に反応するのである。よき仕事に対する新しき誘因が与えられ、そして価値の標準が各々の芸術あるいは工芸の中に確立される。しばしば金銭あるいは通貨で明示されるところの、しかし実際においては単に富の表徴であり熟練および材料の価値の表現である対象の若干は、これの複合せる審美的、経済的および技術的標準の例示である。稀な資材を特殊の熟練でつくったメラネシアの貝殻の円板、サモアの寄せ細工の筵、英領コロムビアの毛氈、真鍮板および彫刻は原始的経済、美学および社会組織の理解に重要である。

芸術と宗教の深い結合は開化せる文化においては普通でありそしてそれは単純な文化においても同様に提示されている。超自然的存在の造形的再生——偶像、トーテムの彫刻あるいは絵画——死、入社式あるいは犠牲と結合した儀式はそれに人間のあらゆる希望が集中するところのそして人間に深い危惧の念を生ぜしめるところの、すなわち要するに人間の全情緒的存在を動かし影響をおよぼすところのそれらの超自然的実体に人間を近づける機能を営むのである。それゆえに、いたる所において、埋葬の儀式は儀礼化された号泣、歌、死骸の変形、劇的な動作と結合している。ある宗教においてとくにエジプトのそれにおいては、ミイラ、墓所をめぐる芸術の集中および現世から来世への推移の劇的かつ創造的表象が、極度の複雑さに到達しているのである。中央オーストラリアの部族の粗野なしかし入念な行為からエレウシス（Eleusinian）の密儀[1]およびフリーメーソン（Masonic）の儀礼にいたるまでの入社式の儀式は劇的な芸術的な執行である。古典および現代の劇、キリスト教の神秘劇および東洋《オリエント》の演劇芸術は、おそらくかかる初期の劇化された儀礼のあるものに起源を有するものであろう。

大仕掛な部族の集合においては、共同の舞踊、歌唱および装飾芸術あるいは芸術的に調整された価値ある対象の誇示という美的経験の統合や、ときには蓄積された食物でさえもが、強い統一せる情緒で集団を結びつけている。階級および社会的差別の原理である階層制は、独占的装飾の特権、個人的に所有する歌謡および舞踊、たとえばアレオイ（Areoi）およびポリネシアのウリタオ（Ulitao）のごとき演劇組合のもつ貴族的身分の特権の中にきわめて頻繁に表現されるのである。

芸術と知識は強度に近い。自然主義的なまた表象的な芸術の中につねに周囲の研究への多くの正確な観察と動機が体現される。芸術のもつ象徴性と科学的図形とはしばしば強く結びつく。審美的衝動は知識を低い標準にまた高い標準に統合する。箴言、字謎（*Anagram*）および物語、なかんずく歴史的説話は、きわめてしばしば芸術と科学の混交であったのでありまたその発展せる形態においても同様である。

装飾的モティフ、旋律、あるいは彫刻された物体の意味あるいは意義は、それゆえにそれを孤立せしめることの中に、つまりその脈絡からそれを分裂せしめることの中には存しえない。現代の芸術批評においては、芸術の作品を創造的芸術家から彼の読者聴衆への個人的伝達として、一人の人間から他の人間へ芸術作品を通して解釈を与えられた情緒的あるいは知的状態の表現とみなされるのである。かかる概念はただ全文化の脈絡と芸術の伝統が承認されるときにのみ有用である。社会学的にはかかる概念はつねに正しくないのである。したがってテーヌ（H. Taine）およびその学派の仕事――彼等は芸術作品とその環境《ミリュー》との関係をあらゆる点で強調している――はすべての主観的および個人主義的美学にとってきわめて重要な矯正である。原始芸術はつねに変わることなく、一般人のすなわち民衆の創造である。芸術家は彼の部族の伝統を引き継いで単に彫刻、歌謡、部族の神秘劇を再生するにすぎない。かくて伝統的作品を再生せる個人は、つねにそれに対してなに物かを加え、その再生のなかで修正する。漸次に成長する伝統の中に体現されそして凝固するこれらの小さな個人的部分は統合し、そして一連の芸術的生産の一部となるのである。個人的部分は個人たる寄与者の個性、霊感あるいは創造的才能によって決定されるのみならず、芸術とその脈絡との多様の結合によって決定されるのである。彫刻された偶像がドグマ的なおよび宗教的な信仰の対象であり、また宗教的儀礼の対象であるという事実は大いにその形態、大きさおよび材料を決定する。神秘劇が部族生活の重要な中心である事実は、それが修正されまたそれが再生される仕方に影響をおよぼすのである。多くの他の人工物あるいは人間の製作物と同様に、芸術作品は制度の一部分となる。そしてその全成長はその機能と同じく、その制度的脈絡の内部において検討されるときにのみ理解されることが可能である。

訳註1　ギリシャのアッチケ地方にあった町。ギリシャでは密儀といわれるものにはデメテルが一般に知られているがこの地の祭儀は大密儀ともいわれ非常に神聖視された。

VIII

それならば、文化は本質的には、環境に対する直接の順応をはるかに凌駕する仕方において人間の欲求を満足せしめるために存在するにいたったところの手段的実体である。文化は人間に彼の解剖学的装備の付加的拡大を、防禦と自衛のための甲冑を、人間の直接の肉体的艤装が彼を完全に見棄てるであろう際には媒体を通して可動性と速度を与える。人間の蓄積的創造である文化は個人の能率の範囲および行動力の範囲を拡大する。そしてそれは他の動物の種には夢想されえぬ思想の深さと視野の広さを与えるのである。このすべての淵源は、個人の成果の蓄積的性質および共同作業のなかで分担される力のうちに存するのである。かくして文化は個人を組織化された集団につくりかえそしてその集団にほとんど無限の継続性を与えるのである。人間はその共同的行為が生理学的および内的資質に基づくものでしかもそれが全体の種に共通な型において遂行されるという意味において、たしかに集団的動物ではない。伝統的継続の結果である組織およびすべての共同行為は、あらゆる文化とっにて異なった形式をとっている。文化は人間の内的資質を深刻に修正する。そしてかくなすことにおいて、それは単に恩恵を与えるのみならずまた義務を課し、きわめて多くの個人的自由を共同の幸福のために犠牲にすることを要求するのである。個人は秩序および法律に服従しなければならない。彼は伝統を学びそれにしたがわねばならない。すなわち人間は彼の舌の動きを訓練し、各種の音に対して喉頭を調整し、各種の習慣に彼の神経組織を順応せしめねばならない。人間は他人が消費するところの対象を生産する。そして一方その代りに彼はつねに他人の道具に依存するのある。結局、経験を蓄積しそれをして将来を予言せしめる人間の能力は、新しき見通しを開き、また知識、芸術、呪術的および宗教的信仰の体系の中でうずめられる間隙をつくるのである。文化は最初は生物学的欲求の満足から発生するのであるけれども、その性格それ自体は、人間をして単なる動物的有機体と本質的に異なるあるものにするのである。人間は彼の欲求を単なる動物の様に満足せしめるのではない。人間はその要求をもっているのであるが、それは道具を作り道具を使用する生物として、集団に属する親しく交わり言葉をかわす成員として、伝統的継続の擁護者として、人間の協同体内部における労苦する単位として、過去によって絶えずつきまとわれあるいは過去を愛している者として、発生する事件が希望あるいは危惧を与えるところの者として、最後に、社会的分業および未来への準備が色彩、形体および音楽を享受する閑暇と機会を与えたところの者としてなのである。

参考文献

Malinowski, Bronislaw, "*Magic, Science and Religion*" in *Science, Religion and Reality* ed. by Joseph Needham (London 1925) p. 19～84.

Malinowski, Bronislaw, *Argonauts of the Western Pacific* (London 1922).

Malinowski, Bronislaw, *The Sexual Life of Savages* (London 1929).

Malinowski, Bronislaw, *Sex and Repression in Savage Society* (London 1927).

Spier, Leslie, "*Historical Interrelation of Culture Traits: Franz Boas' Study of Tsimshian Mythology*", and Lasswell, Harold. D., "*A Hypothesis Rooted in the Preconceptions of a Single Civilization Tested by Bronislaw Malinowski*" in *Methods in Social Science*, ed. by Stuart A. Rice (Chicago 1931) p. 449～457, and 480～488.

Boas, Franz, "*Limitations of the Comperative Method of Anthropology*" in *Science* n. s., vol. iv (1891) 901～908.

Boas, Franz, *The Mind of Primitive Man* (New York 1911).

Lowie, R. H., *Culture and Ethnology* (New York 1917).

Lowie, R. H., *Are we civilized*? (New York 1929).

Sapir, Edward, *Language* (New York 1921).

Goldenweiser, Alexander, "*Anthropology and Psychology*" in *The Social Sciences*, ed. by W. F. Ogburn and Alexander Goldenweiser (Boston 1927) ch. vii.

Wissler, Clark, *Man and Culture* (New York 1923).

Smith, G. Elliot, and others, *Culture* (London 1927).

Rivers, W. H. R., "*The Ethnological Analysis of Culture*" in his *Psychology and Ethnology*, ed. by G. Elliot Smith (London 1926) p. 120～140.

Wallis, W. D., *Culture and Progress* (New York 1930).

Thurnwald, Richard, "*Primitive Kultur*" in *Reallexikon der Vorgeschichte* ; vol. x (Berlin 1927～28) p. 251～264.

解説

江守五夫

I

本書の著者ブロニスロゥ・カスパル・マリノウスキー（Bronislaw Kaspar Malinowski）は一八八四年四月七日、ポーランドのクラカウで、著名なスラヴ語学者を父にもって生れた。彼はヤン三世公立学校を卒えたのち、〃東欧最古の大学〃として誇り高いクラカウ大学に進み、一九〇八年に物理学と数学で学位を取得した。だが彼は病に罹り、これらの学業を続けることを断念せねばならなかった。丁度その頃、たまたま彼はフレーザー卿（Sir J. G. Frazer, 1854〜1941）の『金枝篇』（*The Golden Bough*）――それは当時まだ全三巻にすぎなかった――を読む機会を得た。それは彼の魂をすっかり魅了しつくしたのであって、この『金枝篇』との出遭いこそが彼を人類学の研究に進ませる契機となったのである。

さて、かように人類学へ志すに至ったマリノウスキーはまずドイツのライプツィッヒ大学でカール・ブュッヒャー（Karl Bücher, 1847〜1930）とヴィルヘルム・ヴント（Wilhelm Wundt, 1832〜1920）の二教授に師事し、次いで一九一〇年に渡英して、ロンドン経済専門学校（London School of Economics）で大学院生となった。その後三年を経、一九一三年から一四年にかけて、彼は同大学の〃特殊問題担当講師〃として「原始宗教と社会文化」や「社会心理学」についての講義をおこなった。彼の処女著作たる『オーストラリア原住民の家族』（*The Family among the Australian Aborigines : A Sociological Study*）が発表されたのはこの時期、つまり一九一三年であった。まだ機能主義的方法を彼がとりいれる以前に書かれ、わが国では従来殆ど問題視されなかったこの処女作は、オーストラリアに対象を限るとはいえ、家族についての既往の厖大な研究文献を駆使し、それを体系的に整序したすぐれた民族誌的作業だったのであり、近時その学問的価値が評価され始めようとしている。その翌々年（一九一五年）、彼は『マイルの原住民』（*The Natives of Mailu*）という研究報告——それは英領ニューギニアの予備調査報告書である——を発表し、前記の処女著作とこの報告書により彼は一九一六年に社会学博士の学位を獲ち得たのである。

ところで、一九一三年から一五年にかけてのマリノウスキーのこれらの研究は、彼の現地調査研究の準備作業だったのであり、彼は一九一四年以降、オーストラリアを根拠地としてニューギニアに三度の踏査行を試みたのである。まず第一度目はロンドン経済専門学校の人類学教授セリグマン（C. G. Seligman, 1873〜1940）の勧告・援助により一九一四年から一五年にかけておこなわれた。彼はこの調査に入る前に、幸いにラドクリッフ・ブラウン（Radcliffe-Brown, 1881〜1955）とメルボルンで初めて会見し、調査についての手ほどきをうけたという。彼は一九一四年九月にニューギニアに到着し、主としてトゥーロン島のマイル族の調査を試みた。翌一五年春に一旦オーストラリアに帰り、同年六月に再びニューギニアへ第二次調査に赴く。そして翌一九一六年五月まで、その一諸島のトロブリアンドにおいて調査を実施したのである。さらに第三回目の調査は一九一七年一〇月から翌一八年一〇月までのまる一年間、再びトロブリアンド諸島を対象としておこなわれた。

マリノウスキーはこの第三次の調査を終えてメルボルンに帰還したあと、当時メルボルン大学の化学の教授だったマソン卿（Sir D. O. Masson）の娘を妻に迎えた。そして三回に及ぶニューギニア調査から得た多大の学問的収穫を携えて、愈々彼はヨーロッパへの帰途につくが、その途中、彼は結核の病に冒かされ、やむなくカナリー群島で一年有余の療養生活をおくるのである。因みに彼は一九二一年四月にこの大西洋上の療養地において、トロブリアンド諸島の調査研究書としては最初の著作であり、翌二二年に出版される『西太平洋の遠洋航海者』(*Argonauts of the Western Pacific*)の序文を書き認めている。ところでかかる経過を辿って英国に帰った彼は、一九二一年から二二年にかけ、再びロンドン経済専門学校で非常勤講師の職に就き、民族学関係の講義を担当し、二三年から二三年にかけては社会人類学の専任講師になり、そして二四年にはロンドン大学の人類学の講師となり、さらに二七年には同大学の人類学講座の初代の主任教授に就任したのである。

かようにマリノウスキーにとってロンドンは、少くとも一九二二年以後(彼の死ぬまで約二〇年間)、学問生活の中心をなしたが、ただその間といえども、とりわけ夏季には広くヨーロッパ各地を旅行した。ジュネーヴ、ウィーン、ローマ、オスロの各地では講義もおこなった。また一九三四年五月にはマリノウスキーはアフリカへ旅行し、同年の七月から十月にかけては、弟子たちの調査地を訪れながら南アフリカ東アフリカを廻った。とくにスワジ・ベンバ・チャッガ・マサイ・キクユ・マラゴリの各部族については、自らも人類学的調査を試みた。

さらにアメリカへもマリノウスキーは数度に亙って訪れている。一九二六年にはロックフェラー記念財団の招聘により、三三年にはコーネル大学への出講のため、三六年にはロンドン大学を代表してハーバード大学三百年祭に出席(その際同大学より名誉博士号を贈られる)のために、それぞれ訪米した。そして一九三八年に大学の特別賜暇制度を利用してアメリカに渡ったが、この渡米の旅は彼が死ぬまでの三年半の長期におよんだ。この最後の渡米中、一九三九年一〇月からイェール大学の客員教授に任ぜられ、四二年一〇月からは同大学教授の就任が決っていたが、一九四二年五月一六日、この教授就任をまたずに、彼はまだ働き盛りであるべき五八才を一期としてその輝かしい生涯を畢えたのであった。

II

マリノウスキーの右の如き一生涯を回顧して認め得るように、一九一〇年代こそは、彼の学問にとっていわば素地——その素地の上に一九二〇年代以降の彼の幾多の学問的業績が次々に生れる——が形作られる時期であった。彼がロンドンに出てきて人類学の専門的研究を開始したのもこの一〇年代の前半であったし、彼に豊富な民族誌的資料とその機能主義的分析の手がかりを与えたトロブリアンド諸島の調査もこの一〇年代の後半におこなわれたのである。だがここで注意しておかねばならないことは、この一九一〇年代は人類学の方法論の上でいわば変革期に当っていたということである。かつて全盛を極めた進化主義的方法の没落が決定的となり、新しい方法がそれに交代しようとしていた時期であった。マリノウスキーが一九二〇年代の初めに採りいれた機能主義的方法も、このような反進化主義的潮流の一つだったのである。それ故彼の人類学の方法を考察する前に、予め当時のヨーロッパにおける人類学の学説史的動向についての簡潔な展望を得ておくことが必要であろう。

周知の如く、進化主義人類学は、スイスのバッホーフェン（J. J. Bachofen, 1815〜87）の一八六一年の『母権論』(*Das Mutterrecht*) をもって嚆矢とし、全人類の原始・古代史の荘大な図式を展開したアメリカのモルガン (L. H. Morgan, 1818〜81) の『古代社会』（*Ancient Society*, 1877）によって、その理論的体系化が期せられたのである。そして爾来、一九世紀の多くの人類学者がモルガン学説を継承・発展させ、学説史上「進化主義学派」として呼ばれる一学派が形成されたのである。たとえば、ドイツの民族法学者のポスト（A. H. Post, 1839〜95）とコーラー（J. Kohler 1849〜1919）、英国のラボック（J. Lubbock, 1834〜1913）やタイラー（E. B. Tylor, 1832〜1917）、スイスのヂロー・テューロン（Girand-Teulon, 1839〜?）、フランスのルトゥルノー（Ch. Letourneau, 1831〜1902）、チェッコスロヴァキアのリッペルト（J. Lippert, 1839〜1909）、ドイツの社会主義者のエンゲルス（F. Engels, 1820〜95）とベーベル（A. Bebel, 1840〜1913）——等々である。この学派は、世界のすべての民族において人間は共通の観念（バスチアンのいう「原素観念」）に支配され、「人間性の同質性と合法則性」（バッホーフェンの用語）が妥当しており、それ故諸民族は人類共通の発展法則に服し、同一系列の諸発展段階を経過するのだ、という観方の上にたっていた。ただ、その発展には民族により遅速があり（進化の跛行性）、また個々の民族においても過去の文化要素がその本来の機能や目的を喪失ないし転化しながらも残存することがあるとされ、したがって発展の遅れた民族の社会形態から過去の発展段階を復原することができ、また「残存」からも一般に往古の段階を再構成しうると考えられた。そしてこのような方法論のもとに、たとえばバッホーフェンは「娼婦制《ヘテリスムス》」—「女人政治制」—「父権制」の三発展段階説をとなえたし、またモルガンも「乱交制」—「集団婚」（「血縁家族」—「プナルア婚家族」）—「対偶婚家族」—「一夫一婦制家族」という一連の原始婚姻家族史の諸段階を設定したのである。

さて、かかる進化主義人類学の方法論にたいしては、一九世紀の第四四半期より徐々に批判が提起されるにいたる。とりわけ批判をうけた点は、人類進化の一系性、つまり世界の全民族は同じ発展系列を辿るのだという方法論的前提であった。たとえば、母権制は、進化主義者が考えるように果して、どの民族のもとでも必ず経過せられたか、それはつねに父権制に先行したか、という点などが疑問視されたのである。そしてまたこの疑問と相通ずることであるが、進化主義におけるいわゆる「平行論」(parallelism) が殊のほか批判の対象とされた。すなわち一系的進化の理論からすると、どの民族も特定の発展段階に到達することによって、おのずからその段階に固有の諸制度・諸慣習を形成せしめると考えられるのであり、つまり各民族は互いに独自な立場で同一の発展系列を平行して辿るのだとみなされているわけだが、しかし一民族にとり、その社会変化がつねにかかる「独自的形成」によってなしとげられるであろうか、他民族との接触によって文化の受容(借用)がおこなわれる場合もあるのではないか、という批判である。この批判は実際、ライプツィッヒの人類地理学者ラッツェル(F. Ratzel, 1844~1904) のもとで移動説 (Migrationstheorie) という形をとって実った。彼は主として形態の類似せる武器(弓・矢)その他の用具について地理学的分布を明らかにすることから出発する。そしてこの形態の類似性が「事物の本質および目的からおのずから生じたものではなく、また使用された材料の性質からも理由づけられない場合」には、この類似性の認められる諸民族の間には、(その民族が互いにたとえ遠隔の地に現在住んでいても)、過去に何らかの接触が存在したと彼は認めるのである。実際彼は弓の形態から推してアフリカとメラネシアの「両民族が相互間に直接の関連を有していた時代」があったことを想定した。ともあれ彼のこの移動説は進化主義学派の「独自形成的観念」(freischaffender Gedanke) への批判として提示されたものである。この移動説は彼の弟子フロベニウス (L. Frobenius, 1873~1938) により文化圏説 (Kulturkreistheorie) へと発展させられることになる。彼は、文化の発生上の連関は、弓矢という個々の文化要素のみに限られず社会学的・神話学的・宗教的諸要素にまで及ぶとなし、この一つの有機的な共属関係が認められる圏域を「文化圏」とよんだ。だが更にグレープナー (Fr. Graebner, 1877~1934) が出て、文化圏相互の間に時間的前後の関連を実証しうるとなし、(その歴史性を表示すべく特に)「文化層」(Kulturschicht) の概念を採用した。次いでこの研究はウィーンのシュミット神父（W. Schmidt, 1868〜1952）にうけつがれ、大著『諸民族と諸文化』（*Völker und Kulturen*, 1924）において荘大な文化史民族学が体系化されたのである。

ところで進化主義学説への批判は決して以上の如き外在的な批判だけではなかった。進化主義の方法に立脚しながらも、モルガン以来の古典的学説へ疑問を投げかける内在的な批判も一九世紀末以来現われてきた。ドイツのクノー（H. Cunow, 1862〜1936）の一八九四年の『オーストラリアネグロの親族組織』（*Die Verwandtschaftsorganisationen der Australneger*）はとりわけ重要である。彼は類別的な親族名称――それからモルガンが集団婚理論を組立てたのであるが――が人々の世代階層を表わすものと考え、かつこの親族名称のもとでは父子関係が明白であったとし、（モルガンとは逆に）一夫一婦間の個別的な婚姻が最も原始的な段階に既に存在していたと論じた。その他、ミュラー・リャー（F. Müller-Lyer, 1857〜1916）やグロッセ(E. Grosse, 1862〜1921）も多かれ少なかれモルガン等の古典的進化主義説を批判する進化主義者であった。

さて、マリノウスキーが人類学を学んだイギリスでも反進化主義の傾向は一九世紀末以来かなり顕著に展開していた。既に一八九一年以来多くの版を重ねた大著『人類婚姻史』（*The History of Human Marriage*）の著者として原始一夫一婦制説の驍将たるウェスターマーク（E. Westermarck, 1862〜1939）は、フィンランド人でありながら英国の学界にも深く接触し（ロンドン大学教授の履歴あり）、英国の人類学に多大の影響を与えたが、二〇世紀に入ってからは、「伝播主義」（diffusionism）がマンチェスター大学を中心に興った。諸民族の移動・接触によって文化の起源とその伝播を明らかにせんとする学風であって、エジプトにおけるダム建設で発掘された古人骨の解剖学的研究に端を発し、本世紀の初めカイロのエジプト公立医学校で共に研究したスミス(G. E. Smith, 1871~1937)とペリー(W. J. Perry, 1887~1949)がその代表的存在である。スミスには一九一五年の『初期文化の移動』(*The Migration of Early Culture*)や晩年(一九三三年)の『文化伝播論』(*The Diffusion of Culture*)の主著が存する。彼は、伝播の原理によって全世界の文明が一つの根源から由来したことを明らかにしうると考え、実際、「現在信ずるにたる証拠によって、文明がエジプトに恐らく紀元前四千年に(正確には紀元前三千五百年以前に)発したという推定が正当視される」という断定を与えた。

以上の如く、一九世紀末から二〇世紀の二〇年代に至る迄の西欧の人類学界には、反進化主義の一大潮流がうずまいていたのであり、マリノウスキーがニューギニアの調査からロンドンへ帰り、愈々本格的な著作活動に入る一九二〇年代の初頭は、進化主義に代るべき新しい人類学の創出に学界が躍動していた時なのである。そしてマリノウスキー等の創始にかかる「機能主義人類学」もまた実にかかる時代的背景のもとに誕生したのであった。

III

さて、既述の如く一九二二年、マリノウスキーは『西太平洋の遠洋航海者』を著わした。「機能主義」(functionalism)の方法が彼によって採りいれられた最初の著述であり、丁度この同じ年にラドクリッフ・ブラウンもまた機能主義的方法にもとづく『アンダマン島民』(*The Andaman Islanders*)を公刊したので、学説史の上では機能主義は一九二二年を以て開始したとみなされている。ともあれこの著書においてマリノウスキーは、トロブリアンド諸島でおこなわれている儀礼的な循環的交換たるクラ（kula）の慣習を、その技術、経済、家族組織や身分的秩序、呪術と神話等との密接な関連のもとに描写したのである。彼の機能主義的方法は、文化のすべての要素が相互に関連しあって統合体全体を形づくっているという事態を重視し、一文化要素が社会的統合体のなかで現実にいかに他の要素と関連して社会的機能をいとなんでいるかを具体的に究明せんとするものである。彼自身、「機能ということによって、一般的な機構の内部において文化のある要素によって演じられる役割を意味するのである」（本書一一二頁）とのべている。つまり一種族の個々の文化要素が他の文化要素といかに有機的に関連し、また種族文化全体の中でいかに機能しているか詳細に分析することによって、その種族文化の現実の動態をあきらかにしようという方法である。

　ところでこのような機能主義人類学は、方法の上で、従来の人類学に対して次のような特色を有している。

（一）調査における参与的観察(paticipant obserbation)**の方法。**従来の人類学者の調査は、マリノウスキーによれば「伝聞人類学」(Hearsay Anthropology)であった。つまり、調査者はあらかじめ作製してある調査項目票にしたがって、〝かかる場合にいかになすか〟と尋ね、それに対する原住民の回答を記録するものであるが、その為、それによって得られた資料はすべて原住民の行動理念であって、彼らの現実の行動ではないのである（この点後述）。原住民の理念とはちがった彼らの実際の行動をありのままに知る為にはかかる聴取りの方法では不十分である。本書でも論ぜられているように（一〇三頁参照）、「原住民の生活を直接に観察し、事実を記録」するという方法、つまり調査者が原住民と十分近接した地点に自らも住居を設け、彼らの生活に参与して観察するという方法が採用されねばならない。

彼は云う。「われわれは人類学的現地調査の新らしい方向を要求しつつあるのである。すなわち、それは現実の生活で慣習規範がその機能を営む際に、これを直接に観察することによる研究である。かかる研究は法や慣習のおきてがつねに有機的に関連し、孤立しているものではないこと、その性質そのものは実にそれが社会生活の脈絡のなかに投ずる多くの触手のなかに存すること、また、それはそれが単に一つの環にすぎないところの社会的行動の連環のうちにのみ存在するにすぎないことを明らかにするのである」(本書一〇七頁)と。しかるに従来、原住民の生活についてなされた報告では、かかる脈絡や連鎖の関連から切断された孤立的な慣習が提示されたにとどまるのであって、かような連絡のきれた無機物的な慣習の掟に繋がれた未開種族なるものは、原住民生活の現実の動態を知ろうとするわれわれの視点からは、単なる画餅にすぎないのであると。

かようにマリノウスキーは限られた一地域社会に対する intensive な調査によって当該社会の現実の姿を浮彫りにさせることを人類学的現地研究の課題となしたのであり、実際また彼はトロブリアンド諸島について、その原住民の言語に習熟し、自らその社会生活に参与し、具体的な事件を追跡し、精緻な観察記録をかち得たのである。このような調査方法は当時においては画期的な試みであったが、ただしかし他面、その研究は微視的で、人類諸文化の巨視的な把握が犠牲にされたことは否めないのである。

(二) 現在的時点での文化の分析。 マリノウスキーの人類学はかように種族文化の生きた動態を明らかにすることを至上目的とするもので、その為に「ある事実をより簡単な諸要素に分解し、そして、これら諸要素間の関係を跡づけること」に最大の努力を払おうとするものであるが、まさにかかる研究方法の故に、それはいかなる進化的ないし歴史的な再構成にも頼る必要がなく、実際彼自身の人類学的研究において歴史的な認識が排除されたのである（本書一〇九頁）。

彼は云う。「われわれにとってもっとも緊急な必要は、原始的法律・経済・教育の機構に関する一連の理論的原則を発展せしめることにある。すなわち、その学説というのは、現地調査者をしてかれの材料から、誘惑的ではあるがしかししばしば幻想的な、過去の段階と歴史を構成しようとする回顧的欲望を生ぜしめることよりもむしろ現地調査者の興味と注意の焦点を研究の対象たる原住民の社会制度および文化的制度の現実の作用に集中せしめる学説である」（本書一五六頁）と。そして彼は、個々の慣習を特定の「進化的段階」に位置づけたり、ないしは更にそれ以前の「歴史的先行者」を探ろうとする進化主義者の作業をば、〃好事家的な興味〃として一蹴したのであって、〃余は仮説を弄ばず〃と云って歴史的復原・再構成を拒否してしまったのである（本書一一〇頁）。

かようにマリノウスキーは反進化主義の旗標を高く掲げるのであるが、彼の攻撃はまた同時に文化圏＝文化史学派に対しても浴びせられたのである。彼はグレープナー等の伝播理論を「博物館の生命なき収集品から得た着想」と酷評した。

マリノウスキーによると、文化とは「道具・消費財・種々の社会集団の憲章・観念や技術・信念・慣習からなる統合的全体」に他ならず、一文化要素は他の要素との多様な機能的連関にあってこそ生ける作用を営むものであるから、一文化要素の備える形態も、その文化的脈絡から切離されうるような特徴、それのみで伝播する自然的で独立の特徴として取り扱われてはならないのであると。つまり一文化要素をそれだけ単独に取上げ、その形態的異同性から文化の伝播を議論することは、抑々不可能なことであって、文化の伝播を論ずるが為には、予め各文化要素の機能について周密な研究が行われねばならない（『文化の科学的理論』四二頁）――と。

右述のようにマリノウスキーの機能主義人類学は進化主義的方法をも文化史的方法をも拒否するのであるが、ただ彼は再三に亘って、「決して進化主義的研究や歴史主義的研究の価値を無視したり否定したりするものではない」と断っておるのである（『文化の科学的理論』四九頁。本書一一〇頁）。けれども彼が実際に試みた研究は、文化要素の機能的連関の分析に終始し、あくまでも現在的時点に限っての研究であった。いな、彼は文化現象に潜む生物学的契機を重視することによって歴史的認識をより一層徹底して閉めだしてしまったのである。

（三）**文化の生物学的基礎づけ。** マリノウスキーの人類学の方法に関して見遁してならないことは、彼の文化理論が〃生物学的事実〃を基礎に構成されているという点であり、彼の超歴史的認識もまさにこの点と大いに関係しているのである。

マリノウスキーは、「個々の人間や種族のもつ有機的または基本的要求を充足させることは、明らかにあらゆる文化に課せられた最小限の条件である」という定言を以て出発する。「人間はまず第一に、有機体の一切の要求を充足しなければならない。人間は食物摂取・加熱・居住・衣類着用、あるいは寒気・風・あらしから身を守るために、装置をつくり出し、行為を遂行しなければならない」。このような人間の基本的生物学的欲求を充足させるための装置こそ、彼によれば文化なのである。だから、彼の人類学の中核概念たる「機能」とは、つまるところ、何らかの文化的行為によって人々がかかる基本的欲求を充足することを意味するものに他ならないのである（『文化の科学的理論』四二頁以下）。

ところでマリノウスキーはかかる基本的欲求として新陳代謝・生殖・身体の保全・安全・運動・成長・健康という七項目を掲げ、その欲求をそれぞれ充足させるものとして七つの「文化的反応」（たとえば新陳代謝には給養）を設定した。勿論、その文化的反応の具体的発現が各種族により差異のあることは彼も認めているが、しかし彼の関心はかかる生物学的基礎の上に「すべての人間集団および集団のあらゆる個体」が生存しているという人間の実存の共通性にむけられ、実際、彼は「人間性」という語を、「すべての文明に、またその内部のすべての個人に対し、呼吸・睡眠・休息・栄養摂取・排泄・生殖というような身体的機能の遂行を命ずる生物学的決定作用」として説明し、定義づけているのである（同前八五頁）。彼はまた、「飢え→食物摂取→満腹」とか、「渇き→液体の吸収→渇きとまる」とかの一連の生命活動系列を列挙し、それらは「すべての文化に組みいれられている」ものとみなし、「未開の段階と高度に発達した段階とを問わず、広大な範囲にわたるきわめて複雑にして分化した文化的行為のすべてが、直接間接の差こそあれ、一つ残らずさきに列挙した生命活動系列に関係していることは、はっきり分るだろう」と論じたのである。

かようにマリノウスキーは人間文化の窮極的基礎を人間の生理的作用に求め、それ故必然的に超空間的＝超歴史的な文化観を展開したのである。だが、当のマリノウスキーは、それにも拘らず、かかる認識方法がマルキシズムと共通性を有するものだと主張するのである。何故なら、「マルクス主義体系は、飢え→食物摂取→満腹という系列が、人間の一切の動機の究極の基盤であることを前提にしている」（前掲九二頁）からであると。なるほどマルクスやエンゲルスは、飲み・食い・住み・着るという諸欲求を充足するための手段の生産に、人間生存の窮極的基礎を見出している。けれども、マルキシズムにおいては、この欲求充足行為は決して生物的事実に還元されて考えられてはいない。人間は社会的な生産諸関係の真只中においてこの物質的欲求を充足しているとみなされているのであり、したがってまたこの生産諸関係の歴史的変化によって人間の社会的存在の形態一般（上部構造）も変化をとげると考えられたのである。

それはともかく、マリノウスキーの生物学的ないし心理学的な文化分析は本書でも度々試みられているが、人間の社会的諸関係の究極的要因を、生物学的個体としての人間の生理学的＝心理学的な契機に還元させる彼のこのような認識方法は、それが特定の民族（ないし種族）のおかれている歴史的＝

社会的諸条件をすべて捨象し、純粋に生物学的な「人間」像を設定するという立場にたつものであるが故に、必然的に超歴史的なものたらざるを得ないのである。かくて彼の文化観は、原始民族と文明民族との間の文化的=歴史的な「連続性」(continuity)という論理をすら展開せしめるのである。すなわち社会慣習ないし法が遵守される因由が原始人と文明人とのもとで心理学的に同じであるという観点から、「わたくしは、われわれ自身の社会と未開民族の社会との間の継続には、根本的な断絶は何も存しないと考えるものである」――と言明して憚らないのである(本書一二六頁)。

以上、私はマリノウスキーの機能主義人類学の方法について概述したが、ここで一つ付記しておく必要があるのは、彼が原始社会の分析に際してすぐれて individualistic な観方をとったということである。彼は氏族の団体としての実在性――〃氏族の統一性〃――に繰返し疑問を投げかけ、「氏族の統一(unity of the clan)とは一つの法的擬制(legal fiction)である」とすら論じている(本書一〇二頁)。しかもこれと関連して氏族共産制についても彼は否定的態度をとるのである。私はかつてこのような観方に反論を提起したことがある(『B・マリノウスキーの《原始法》学説について』)ので、この問題についてここで論ずることは省略しよう。ただ、この氏族共同体否認説が彼の機能主義的方法の一つの論理的帰結だと思える、ということをのべておく。すなわち彼は一切の社会関係を、おのおの異る機能を相互に演ずるいくつかの分子に解体して分析し、その際とりわけ心理的動機を重視するのであって、氏族・種族の如き団体についてもその構成員個々人の実際の機能的分担に焦点をおいて分析する結果、個々の構成員が団体内部で演ずる個別的な行動とその心理的動機(利己心・個人的愛着)が彼の脳裏に余りにも鮮明な形をとって映しだされたのだと考えられる。云いかえれば、各構成員間の個別的な役割分担についての分析ののちに、再び氏族・種族の総合的全体を綜合的に認識しなおすという作業がおろそかにされすぎたのではあるまいか。

IV

さて、本書には、第一にマリノウスキーの著書『未開社会における犯罪と慣習』(*Crime and Custom in Savage Society*, London 1926)、第二にホグビン(マリノウスキーの門下。H. I. Hogbin, 1904〜)の『ポリネシアにおける法と秩序』(*Law and Order in Polynesia*, London 1934) に付せられたマリノウスキーの長大なる序説、そして第三にセリグマンの『社会科学百科辞典』(*Encyclopaedia of the Social Sciences*, vol.iv, New York 1931) に収載の彼の『文化論』(Culture) が収録されている。最後の文化論は本邦初訳であるが、前二者は既に昭和一七年以来青山道夫教授によって飜訳されており、わが国の学界に多大な影響を与えてきた。私は前章で若干マリノウスキーの文化論にふれたので、以下では『未開社会における犯罪と慣習』ならびにホグビンへの序説を拠り所に、彼の民族法学について解説することにする。

マリノウスキーによれば、従来、原始的社会規範に関して二つの観方が支配していた。その一つ、古い考え方では、未開が放縦(lawlessness——法の欠如)と同意義にみられ、未開人のもとでは法や強制が存しないとみなされた。この観念は、未開人のもとで植民地経営に携わっていたヨーロッパ人に対して、その支配を正当化する口実を与えた。彼らは実際には未開人を強度に搾取し圧迫したにも拘らず、未開人に真の宗教・真の法律を授けて・未開人を人間らしい人間に導びてやるのだと嘯いていたからである。他方、ヨーロッパ本国でも自然法思想の哲学者・思索家たちが右の観念にとりつかれ、自然状態の下で生活する人間の汚れざる性質について牧歌的な著作をものしていたのである

（本書一一五頁）。ところが、原始的社会生活の特徴がかかる放縦性にあるよりはむしろ「規範の異常な発達」(hypertrophy of rules) という点にあるということが明らかになるに及んで、第二の新しい考え方が展開することになった。それは第一の観方とは全く反対した立場に立つものである。すなわち、未開人は〝遵法心あつき市民の一典型たるの賦性を具えている〟というのであり、未開人は己れの欲するところに従っても法をこえることのない存在だとみられたのである（本書二一頁以下）。

ところでマリノウスキーの民族法学は、以上の旧新二つの観方——いわば原始「自然状態」説と自動的遵法説——を、ともに否定することによってうちたてられた。彼によると、古い虚構も新しい虚構も、ひとしく、未開人の規範関係における極めて錯雑させる事態を、いたずらに単純化しているのである。未開人の法原則の構成は、「矛盾なき論理的図式ではなくて、衝突する諸原理の沸騰せる混合体である」。しかるに従来の人類学者がかかる現実の規範関係を究明し得なかったのは、彼らが、既にのべた「聴取り人類学」の方法に依拠していたからである。「原住民が、かくかくの場合に如何に行為せんとするや、と尋ねられるときに、彼が答えるところのものは、行為すべきとされている事柄なのである。すなわちその場合彼は、行い得るうちでの最上の行為の類型をば設定しているのである。彼が現地調査の人類学者への報告者として行動するとき、法の理念を詳しくのべることは、彼にとり何らわずらわしいことではない。彼の感情・彼の性向・彼の偏執・彼の放縦や、さらにまた他人の過失に対する寛容は、現実生活における彼の行動として留保されているのである」。

右のマリノウスキーの文にもあるように、従来の現地研究者は聴取りの方法により、その応答の結果として彼らのノートにいわば仮説的な原住民の≪法律大全≫を編纂したのであるが、マリノウスキーにとっては、「真の問題は、規範の単なる列挙にあるのではなくて、諸規範の実現せられる方法と手段に存する」とされる。つまり原住民の諸規範が彼らの現実の生活において、いかに遵守されているか、いかに違反されているか、あるいはいかに回避されているか——という規範の動態面の分析が重要視されているのである。このようなマリノウスキーの視角は、国家制定法と法的現実（生ける法）との相互関連性——両者の一致、矛盾ないし乖離——を究明せんとする法社会学の立脚点に共通するものとして私たちの注目を惹きつけるものである。

かくしてマリノウスキーは民族法学の新しい視角のもとに次の課題に取組もうとする。第一の課題は、彼の機能主義的方法の一つの具体的適用なのであるが、現地研究において諸事実をその「相関関係」において観察し、諸事実相互間の「動的関係」(dynamic relation) を明かにせんとする点にある。この問題設定は、「法の効力は制度内における諸規範の均衡のとれた集合あるいはその相互配置によってきわめてしばしば決定される」——という認識にもとづいている。彼によれば、「原始法は、一つの原理の上に基礎づけられ・首尾一貫せる体系に発展せられるような・同質的で完全に統一された一群の規範ではない」のである。なるほど、理念化された法は存し、それは一つの首尾一貫せる無矛盾の体系をなしているが、他面、その効力を否認するところの対立せる慣習ないし事実もまた現実生活の下で行われている。彼はかような「法の理念とその現実化との乖離、正統的な考え方と現実生活の慣行との乖離」の究明に、民族法学の最大の問題点を見出したのである。

この〝法の諸体系間の牴触〟の現象として彼がとくにとり挙げた事例は、トロブリアンド諸島における母系的な種族法の体系とそれを現実に修正し歪曲する父系的相続法慣習との間の矛盾・葛藤である（本書八七頁以下、『未開人の性生活』一九五二年版八一頁以下参照）。

さて民族法学の第二の研究課題は、社会規範からの逸脱の発生する過程と、それに対する反動力の形成される仕方とを実証的に究明せんとする点に求められる。この課題は、諸規範が原住民によって無意識に・本能的に・自動的に、服従されるものではないという、いわゆる自動的服従説への批判的な認識を前提とするものである。

マリノウスキーはこの問題をトロブリアンド諸島における近親姦禁忌の規範を素材として分析する。本書でも描かれている（六八頁以下）ことだが、キマイという少年の近親姦事件では、その罪が恋敵によって公衆の前で公然とあばかれるまでは、一般に内々非難されつつも彼は何らの制裁を課せられはしなかったのである。（罪が公に訴えられた際でもキマイは自殺という形で自ら刑罰を行使したのである）。またこの諸島では、近親姦を犯した者は超自然的な制裁をうけるという観念が存するが、興味深いことには、この制裁を回避する為のいわば〃解毒剤〃として「反対呪術」(counter magic)を行なうという慣習が存在するという。

かように違法な事実が発生しても、直ちにそれに対して社会的制裁が課せられはしないのであり、むしろある場合にはその制裁を緩和ないし回避するための措置が慣習的に行われているのであって、理念的法に対して原住民は現実的にはかなり伸縮自在な対応をみせているのである。

さて、マリノウスキーの民族法学が掲げる第三の課題は、社会規範の効力を支える積極的なサンクションの作用を瞭かにすることである。彼によれば、規範は刑罰的制裁によって保障されるばかりでなく、規範の遵守が人々の心理学的・生物学的欲求に一致することによって、規範が積極的に保障される場合も存する。マリノウスキーは、法に関する理論において従来、刑罰的制裁が過度に重視されがちであることに疑問を投げかけるのである。なるほど悪い市民にとっては刑罰的制裁は精神的な影響として役立つことは明らかだが、積極的制裁も少なくとも同程度には重要である、と。「実際もしわれわれが、日常生活の諸事実についての想像的統計表でも集めるならば、行為の規範は一個の破棄の事実にたいして千倍も保持されていることを見出すであろう」（本書一六九頁）。

このマリノウスキーの指摘は、上述の二つの課題と同様に、法社会学にとりきわめて示唆的であるといえる。ただこの場合、心理学的＝生物学的契機があまりに重視されることは危険だといわれねばならない。たとえば近親姦禁忌について、彼はこの掟が、その違反に対する刑罰への恐怖によって遵守されるよりは、親子間や兄姉間の自然的感情が性関係を拒否するという事実によって支えられているのだと説明するが、この考え方には少くとも私は従うわけにはいかないのである。

V

以上においてマリノウスキーの民族法学の理論を概観したが、彼の理論は法の現実的動態を把握するうえで、とりわけ法社会学の領域に対して大きな影響を与えた。彼の『未開社会における犯罪と慣習』がわが国では人類学者よりも法学者の間で好評を博しているのは、たしかに理由のあることである。私たちは卒直に彼の功績を評価しなければならない。だがしかし他面、私たちは彼の理論の限界点をも認識しておく必要があろう。

マリノウスキーの人類学は、その機能主義的方法によって種族文化の個々の動態面を精密に浮彫りにすることには成功したが、その種族文化を全体として把握するという綜合的な認識は実際には試みられなかったし、まして当該種族文化を全人類の諸文化の中で位置づけるという巨視的な認識は回避された。むしろ彼は、かかる試みの代りに、一種族文化において彼が見出した個々の事実を全人類に普遍的に妥当する事柄だとさえ考えようとした。たとえば母系制的原理のもとでも父子間の愛着が強く、母系相続制とならんで父系相続の脱法的な慣習が存するという事実が見出されると、彼はそれをその社会（トロブリアンド諸島）に固有な諸条件によって説明するかわりに、その現象が心理学的＝生物学的基礎に根ざすものであるとみ、それ故父子間の社会的結合を全人類に共通な賦性――彼のいわゆる「社会的嫡出性の原理」（principle of social legitimacy）――として考えたのである。しかし、一つの社会に併存する二つの異質的な規範体系の間に基本的矛盾が存在する場合、われわれがこの現象を、歴史的に発生基盤を異にする二体系間の相剋として把握することは可能であり、また必要なことさえあろう。マリノウスキー自身、矛盾せる二つの規範体系――（既掲の例では）母系制的種族法体系と父性愛に依拠する慣習――を、その社会統制の作用の上で決して並列的で同等のものとは認めておらず、一方の法体系――「厳格法」――が他方のそれ――「法律化された慣行」――に対して優越せる効力を有していることを承認している。けれども彼は、何故一方が他方に優越しているかの理由を分析しようとは試みなかった。私がマリノウスキーの文献から推測しうる限りでは、トロブリアンド諸島の共同体的秩序は現に母系制的に構成されているにしても、既に父系制への発展を内に秘めており、実際、婚姻居住規制の形態からみても、同諸島の avunculocal な形態が妻方居住制から夫方居住制への移行過程を示すものと考えるものであるが、この点大方の批判を仰ぎたく思う。

　いずれにしても、進化主義を否定する上で徹底していたマリノウスキーの人類学説は、その否定のあまりに、超歴史的＝超空間的な認識方法をとりいれ、そのことによってむしろ彼の学問的価値が低められる結果にさえなったと思えるのである。ブリフォールト(R. Briffault, 1876～1948) がマリノウスキーとの論争において、原始家父長制理論の方法をば嘲笑的に次のように云い表わしたのも、マリノウスキーの超歴史的方法に対する痛烈な批判だったのである、――「事物は、それが現に存在しているような在り方で初めからも存在していたし、かつ将来も常にそのように存在するであろう！」と――。

〔マリノウスキーの邦訳文献〕

（1）『原始心理における父』（松井了隠訳、宗教と芸術社、昭和一三年）
（2）『原始民族の文化』（松井了隠訳、三笠書房、昭和一四年）
（3）『神話と社会』（国分敬治訳、創元社、昭和一六年）
（4）『未開社会における犯罪と慣習』（青山道夫訳、改造社、昭和一七年。日本評論新社、昭和三〇年）
（5）『未開人の性生活』（泉靖一・蒲生正男・島澄訳、河出書房、昭和三二年。新泉社、昭和四三年）
（6）『文化の科学的理論』（姫岡勤・上子武次訳、岩波書店、昭和三三年）
（7）『未開家族の論理と心理』（青山道夫・有地亨訳、法律文化社、昭和三五年）
（8）『文化変化の動態』（藤井正雄訳、理想社、昭和三八年）
（9）『西太平洋の遠洋航海者』（寺田和夫、増田義郎訳〔泉靖一編『世界の名著　59』所収〕、中央公論社、昭和四二年）。

右掲のうち（1）より（4）まではすべて絶版となっており、本書は（4）の改訳版に「文化論」を新たに収録したものである。なお、（6）・（7）・（8）・（9）に付せられている姫岡・有地・藤井・

泉の各教授によるいずれも長文の解説は、マリノウスキーの人類学を知る上できわめてすぐれた文献である。そのほか研究文献はかなりあるが、ここではただ青山道夫教授の『民族法学序説』(酒井書店、昭和三〇年)と堀喜望教授の『マリノフスキー』(有斐閣、昭和三四年)をあげるにとどめておく。

〔邦訳文献追補〕

『婚姻』(江守五夫訳、社会思想社、昭和四七年)
『未開社会における性と抑圧』(阿部年晴・真崎義博訳、社会思想社、昭和四七年)
「原始言語における意味の問題」(石橋幸太郎訳(オグデン、リチャーズ著『意味の意味』所収)、興文社、昭和一一年。新泉社、昭和四二年)

新版　未開社会における犯罪と慣習

1968年12月13日　第1版第1刷発行
2002年4月15日　新版第1刷発行

著者＝B・マリノウスキー
訳者＝青山道夫《あおやまみちお》

発行所＝株式会社 新泉社
東京都文京区本郷2-5-12
振替・00170-4-160936番　電話03(3815)1662　FAX 03(3815)1422
印刷・萩原印刷　製本・榎本製本

ISBN4-7877-0203-3